家谈拍品

画

山论剑

近现代国画的拍卖与收藏

王志军 著

文物出版社

封面设计　涵　之
责任印制　张道奇
责任编辑　许海意

图书在版编目（CIP）数据
画山论剑：近现代国画的拍卖与收藏／王志军著．
—北京：文物出版社，2007
ISBN 978-7-5010-1987-8

Ⅰ．画… Ⅱ．王… Ⅲ．①中国画—拍卖—中国近代
②中国画—拍卖—中国—现代　Ⅳ．G894

中国版本图书馆 CIP 数据核字（2007）第 101437 号

画山论剑
——近现代国画的拍卖与收藏
王志军　著
*
文 物 出 版 社 出版发行
（北京东直门内北小街 2 号楼）
http：//www.wenwu.com
E-mail：web@wenwu.com
北京安泰印刷厂印刷
新华书店经销
787×1092　1/16　印张：13.25
2007 年 1 月第 1 版　2007 年 1 月第 1 次印刷
ISBN 978-7-5010-1987-8　定价：38.00 元

目　录

序 ··· (1)

一、艺术篇

（一）"病树前头万木春"
　　——近现代国画的回顾与展望 ······················ (3)
（二）"横看成岭侧成峰"
　　——优秀绘画作品的认知与评定 ··················· (14)

二、市场篇

（一）"东边日出西边雨"
　　——近现代国画的拍卖滥觞 ························ (17)
（二）"一半海水，一半火焰"
　　——画家与市场 ·· (26)

三、辨伪篇

（一）"假作真时真亦假"
　　——鉴定摹仿国画作品的心得 ··················· (29)
（二）"半江瑟瑟半江红"
　　——"鉴定家"与"理论家" ························ (42)

四、收藏篇

（一）"芝麻开门"
　　——艺术评判指引下的收藏投资 ··················· (46)

（二）含英咀华　"画山论剑" ································ (59)
　　1. 近现代山水画家点评 ································ (59)
　　2. 近现代人物画家点评 ································ (120)
　　3. 近现代花鸟画家点评 ································ (153)

序

对于收藏者来说，没有比在价格低谷时获得艺术价值的高峰更为畅快的了。

当年20法郎买到梵·高作品的人恐怕没想到会出现今天的天价。

左右着艺术品市场发展的不仅仅是市场规律，那些历史、文化、艺术等多方面冲撞所引起的浪花，有时会形成我们的快乐。

这是一个跌宕起伏、暗流涌动、变化无常的市场。

更是一个充满生机、无限风光、再造辉煌的市场。

让艺术丰富人生，让财富改变人生，应是每一个收藏者斑斓的梦想。

只有深入这个市场，去科学地、客观地认识它，研究它的发展规律，才能使激情与智慧结合，使放飞的梦想变成现实。

拍卖市场的出现，把艺术品收藏带入了金钱涌动的大潮中。

绘画艺术和商品市场相结合的巨大魔力，引领我们走过千年的时空，恍如隔世般地穿过拍卖市场的殿堂。中国画在海外26年与在内地14年的拍卖，槌起槌落，伴随着市场的风雨，就像是昨日盛宴，既历历在目又恍如隔世。

我们试图用文字和图表，探索往事的余韵，寻求艺术的精华，描绘风雨中彩虹的遗痕。

愿绘画艺术的美好——

燃烧我们收藏投资的激情，

放飞我们人生成功的梦想。

一、艺术篇

　　什么是真正的艺术？千百年来围绕着这个主题，人们激烈地辩论着，争夺着绘画艺术裁判者的光环。

　　刚刚走出黑暗笼罩着的中国近现代绘画对艺术的真谛，依然崇尚着官员说、权威说、传统说等错误理论，而拍卖市场的出现和火暴，又催生了市场说的膨发。

　　市场真是主宰一切的万能之所吗？

　　市场在有些人眼里永远是对的，认为它至少代表了一定时间内社会公众艺术标准取向和审美需求。但是，市场取向代替不了历史评判。有多少画坛的风云人物虽一时为市场所尊荣，最后却还是被时间所汰没。短暂的辉煌只不过是历史短短的一瞬。

　　无数历史证明，梵·高总是首先出现在忽视他的公众眼里，而不是拍卖市场的"天价"排行榜中。艺术品只有倾注画家的至真、至诚、至爱，才可谓真正的艺术。

（一）"病树前头万木春"

——近现代国画的回顾与展望

近现代绘画艺术如何评价，争论很多。从20世纪20年代徐悲鸿提出的"中国画学之颓败，至今日已极矣"的惊人之语，到20世纪后期李小山的"中国画穷途末路"之说，已有越来越多的有识之士在反思中国画的千年历程和未来方向。

只有20多年历史的中国画拍卖市场被描绘成"十全十美"、"欣欣向荣"，毫无颓败之象，早期国外和港台地区对艺术品的投资意趣，成为参与拍卖人士的意识主导。当14年前绘画拍卖首现内地并迅速发展后，拍卖中投资的理念得以认知和强化，并在近几年里向着投机的方向迅猛发展。

人们把绘画作品比喻成"挂在墙上的股票"，以同幅绘画作品拍卖价格逐年翻倍为鹄的，津津乐道。殊不知，我国首开绘画拍卖先河的香港，既有上百港元一股的"汇丰银行"股票，也有几厘港币一股的"仙股"。中国内地股票市场中百元一股的"亿安科技"，早已跌入尘埃、风光不再，那么中国的绘画艺术作品会像哪一类股票呢？

绘画作品的拍卖价格，并不能代表其艺术价值。尤其是现阶段，拍卖市场中的成交价格严重扭曲，人为炒作的迹象十分明显。错误的投资理念，谋取暴利的诱惑，不仅对拍卖业产生了伤害，并直接影响到画家们的艺术观念和创作动力。

收藏者和创作者的功利追求交织在一起，愈演愈烈，不可避免地将会导致绘画艺术价值的流失，画家良知的湮灭。

我们并不反对拍卖。相反我们认为，一个健康向上的拍卖市场将能促进绘画艺术的发展。学术价值、文化观念与拍卖价格的契合，将是先进文化的市场体现。

纵观中外历史，推动艺术发展的是人类思想文化的进步，而不是任何艺术商品价格的上升。

我们欣赏和收藏近现代中国画，靠的是客观的学习和认识，而不是拍卖成交的数字变化。所以，无论是收藏还是投资，对这一时期绘画艺术进行深层次研究都是十分必要的。

1. 传统中的守望：近现代国画发展的主流

鸦片战争的隆隆炮声，打开了清王朝闭关锁国的大门，在给中国社会带来巨大政治变革的同时，也深深影响了国画艺术的生存和发展。

近现代的中国社会动荡多变，画坛也充满变革的风云，它既是中国画艺术的终点，也是中国画艺术创新的起点。当我们展开近现代中国画的历史画卷，无不为众多人物的艺术成就所感叹。谁是绘画艺术旧时代的终结者？谁是绘画艺术新时代的开创者？这需要我们站在历史的高峰上客观、公正地去审视和评判。

近代中国画坛仍笼罩在复古遗风中，"家家一峰"，"户户大痴"，所谓"文人画派"仍掌握着画坛的话语权。而千百年来中国画就是在创新与保守的冲撞中，追求着真理和理想。

近现代的中国画坛，这种冲撞与追求更加直观、更加激烈。它让我们站在百年历史积淀的今天，看到的不只是拍卖场中漫天飞舞的钞票和钞票里的笑脸，不只是画纸上纵横交错的笔墨和斑斓的色彩，而是思想意识的交融和画家人性的操守。一幅幅绘画作品所勾画出的一个个鲜活多姿的画家影像正呈现在我们面前。

近现代大多数以传统为美的国人思想中，传统绘画思想是必须坚守的底线：中国画的发展必须是中国传统绘画的发展，中国画艺术的改良只能是传统绘画艺术的改良。

民国时期的传统绘画代表人物金城、周肇祥等人，在当时的总统徐世昌支持下，在北京成立了"中国画研究会"，以"精研古法、博取新知"为宗旨，开展了一系列对传统国画的创作、研究、展示、教学等活动，其目的是为了排斥已有所影响的西方绘画艺术的传播，宣扬传统绘画艺术的"国粹"。

这部分画家师承古人传统，群体庞大，笔墨功力深厚，对京津地区乃至全国的画坛产生了很大的影响。

北京从金代开始一直就是政治、经济、文化中心。尤其是明代以来，许多著名的书画家、艺术理论家、收藏家长期寓居北京，并有大量皇家和个人收藏的书画作品的传承。这对近现代绘画艺术的发展是十分重要的。从溥儒、金城、胡佩衡、陈师曾、陈半丁、秦仲文等人的山水画，徐燕荪等人的人物画，于非闇等人的花鸟画中，可以明显地体会出正宗的传统艺术，他们传承着京师画家的王气风采。

从某种角度上讲，他们的传统绘画艺术水准完全可以雄视海内。但与他们所宗的古人相比，笔墨功力却普遍稍逊一筹。强弩之末不穿鲁缟，中国传统绘画艺术的大旗在他们手中已经是摇摇欲坠、陈旧不堪了。

他们代表着官方的意志，代表着守旧的立场。可想而知，为什么他们在后来的绘画艺术领域中逐渐消失了。如果中国内地没有文物艺术品拍卖，他们的绘画作品只能在文物商店中扮演着出口赚汇的角色。

他们的绘画地位，在今天也只能位居二、三流之列。论创新，他们没有建树；论传统，他们不仅难比宋元古人，就是比起"四王吴恽"也难及项背。尽管他们在近现代绘画史上影响很大，但从美术史来看，他们画中许多东西，也是仅具欣赏价值。因为在中国传统绘画历史上，或开宗立派，或思想独到，或技艺超群，才有一席之地。他们毕生推崇某家某派，则意味着自身艺术生命的完结。

当时画坛崇尚传统，以传统为唯一发展方向的现象不仅存在于北京的画家中，像天津的刘奎龄擅画传统工笔花鸟走兽，陈少梅擅画山水、人物。上海地区的吴湖帆、郑午昌、贺天健、谢稚柳、陆俨少皆以明清山水画家为本，上溯宋元诸家；唐云、江寒汀、张大壮、朱屺瞻皆从任伯年、吴昌硕入手，略加变化。

上海是中国的金融资本中心，形成了独特的"商埠文化"。其绘画艺术，或多或少地吸收了西洋绘画的影响，形成了甜俗雅丽的"海派艺术"。它既不像京津的画家那样死守传统，也不像徐悲鸿、林风眠等人的画中充满了对传统的反叛。"海派艺术"的发展是以市场需求为根本，作品中有传统，但不生涩；有引进，但不热烈。思想性较少，世俗性较多。通俗地说，就是雅观、畅销。这一点在"海派"的中后期发展中十分明显。我们不能说江寒汀的设色不雅，不能说郑午昌的笔墨不精，不能说吴湖帆的山水不传统，但若细品，他们只是被动地表现形式上的雅、精和传统。

浙江地区有着悠久的历史传统和深厚的文化积淀，明清以来，画坛名人辈出。尤以林风眠、潘天寿、黄宾虹的影响巨大。

林风眠虽曾习传统绘画，但早年的赴法留学，对其影响更大。徐悲鸿和林风眠都曾赴法学习西方绘画，徐悲鸿的绘画艺术是画家自身意识与公众思想的结合，他既画出自身的感受，更力图表现出民众的心声。而林风眠的绘画作品更像是用中国画材料画的西方绘画，他画出的是个人内心的苦闷与徬徨、愁郁和无奈。

潘天寿的绘画艺术源于传统，受明清花鸟画家影响较大，构图、笔墨、设色均十分精到。

黄宾虹的山水绘画早期受新安画派影响较大，后受元人及龚贤、石溪等诸家影响，形成了"白宾虹"、"黑宾虹"两种风貌，尽管其晚年画风挥洒黑密，但仍未跳出传统绘画的藩篱。

南京的画家以傅抱石最为出色，早年留学于日本，对其继承发展传统艺术产生了一定的影响，其山水、人物画作受石涛影响，并开创了"抱石皴"法。

广州是中国内地最早开放的通商口岸，外来的思想意识与艺术影响纷至沓来，高剑父、高奇峰、陈树人赴日学习西方绘画艺术，融会中西绘画技法，创建了"岭南画派"。其中以高剑父的艺术成就最为著名。

上海与广州同为通商口岸和商品绘画艺术集散中心，两地的绘画艺术都是传统艺术的改良。"海派"画家多受晚清上海的虚谷、赵之谦、任伯年、吴昌硕等人影响；"岭南画派"的画家则以晚清的居巢、居廉为宗，并受日本绘画艺术影响较大。面对着文化品位不高的权贵商贾市场，他们的绘画题材都表现吉祥喜庆，绘画技法均通俗甜美。

总体说来，"岭南画派"的画家们受外来艺术影响比"海派"画家更深一些。但"海派"任伯年的绘画艺术却为两派之首。

与此同时，日后的两位画坛大师，正处于画艺大成前的萌动与积累。徐悲鸿远赴法国，开始了八年的西方写实绘画探索之旅；张大千则游走于千年间的传统画艺中，上追唐宋，下达明清，锤炼着自己的传统笔墨技法。为他们在日后能独步现代画坛，创开宗立派之地位，进行着坚实、广阔、深邃的修炼。

1949年10月1日新中国的诞生，拉开了现代社会的前进序幕。中国画艺术迎来了空前发展的新纪元。

中国画传统与西化之争，并没有因此而停止。齐白石留在了北京，张大千赴印度，经巴西，定居美国，晚年迁往台湾。张大千留给内地国人的印象主要是充满传统气息的各式仿作和一个跑到台湾画家的背影。他众多的学生和子女在画坛建树甚微，张大千晚年所创"泼彩"之法，虽有天成之誉，但喝彩者寥寥。其作品真正进入内地，让国人一睹风采，还是近几年拍卖热所带来的。

张大千的绘画思想和艺术在1949年以后对中国内地的画界影响甚微。而独领风骚者，非徐悲鸿莫属。惜徐氏英年早逝，但他的绘画思想，他中西合璧的绘画技法，他创办的绘画教育体系和管理架构，他遍及天下的桃李，对中国画坛都起了举足轻重无可替代的作用和影响。

徐氏"素描是一切造型艺术的基础"的理论，在争议中提出，在怀疑中发展，在完善中壮大。素描成为美术院校的必修课，任何班系，必学素描，还引入了前苏联美术院校中素描教法。直到上世纪80年代恢复高考后，美院国画系招生时在考素描、色彩外才加考白描，而此时的考生，知白描为何物者屈指可数。考美院的学生中，能画白描者更是凤毛麟角。北京，虽为金、元、明、清四朝的传统绘画的中心，但在20世纪70年代时期的青少年美术教育方面，只有北京市少年宫和东城区少年宫两家培训中国画的学习班。这种扬西抑中的教育方法，在某种意义上消解了传统美术继续发展的动力。传统绘画中许多画种面临着消失，有的已经消失。山水画中的工笔山水已很少有人能画，真正意义上的金碧山水、青绿山水亦无人能行，界画早已不见了踪影，工笔花鸟的整体水平和个体功力不及古人，改良后的工笔人物画和花鸟画更加趋向世俗化。

但徐悲鸿倡导的以素描为基础的中西结合的绘画却得到了很大发展。毛泽东《在延安文艺工作会议上的讲话》对这个时期中国画坛的发展方向起着决定性的指导作用，"文艺为工农兵服务"、"古为今用，洋为中用"成为绘画艺术的发展方针。这种强大的政治影响使许多已成名的画家们改变了画风，这个时期的中国画只是将传统绘画艺术和西方绘画艺术机械地糅合在一起，如作品中画上了许多表现现实生活的图景，以示反映生活的深入。

这时的山水画家，开始注重写生与笔墨的结合。江苏的傅抱石组织的"写生万里行"，北京的李可染、张仃、罗铭倡导的"对景写生"，均对画坛产生了很大的影响，傅抱石、亚明、宋文治、魏紫熙、钱松嵒为主体形成了"新金陵画派"。他们或在传统笔墨中加上写生构图，或在作品中直接加上新生事物，像傅抱石画的毛主席诗意和南京长江大桥，钱松嵒等人画的革命圣地，宋文治画中的轮船等等，这些尝试虽然有益，但多趋于形式。

李可染则尝试用西方绘画技法融入传统绘画艺术之中。从五六十年代的山水写生到八十年代的山水创作，可以清晰地看出李氏在追求西方绘画光作用下物象变化的表现形式，并影响了相当一部分画家，形成了独特的"李家山水"。虽然李可染的山水还不完美，但在同时代的山水画家中艺术成就还是很突出的。

这个时期，提出"一手伸向传统，一手伸向生活"的石鲁、赵望云和方济众逐渐形成了描绘西北风情的"长安画派"。与"新金陵画派"、"李家山水"一起，成为了中国画坛革新画派的主流。

"岭南画派"的后起之秀关山月、黎雄才、赵少昂，也是这个时期山水画家中的佼佼者。

由于强调文艺为工农兵服务，人物画得到空前的发展，并将西方绘画中的素描技法引入人物画创作中，形成了这一时期的独特风格。除早以创作《流民图》闻名于世的蒋兆和外，叶浅予、程十发、刘旦宅、姚有信、黄胄、刘文西、扬之光等人，成为这一时期人物画坛中坚力量。他（她）们画重大历史政治题材、画领袖人物、画英雄人物、画工农兵学商，甚至参与了少儿读物连环画的创作。

花鸟画仍唯齐白石马首是瞻，李苦禅、朱屺瞻、唐云、王个簃、钱瘦铁、王雪涛、郭味蕖、卢光照、许麟庐等人笔下也出现了生活中常见的动植物题材。许多饱含政治寓意的题材纷纷入画，像"犹有花枝俏"的梅花、报春的迎春花、战地黄花、"颗颗红心向太阳"的向日葵以及农作物中的粮、棉、蔬、果等等。

绘画艺术的发展推动了绘画人才的培养。国家在1949年以前的"北平艺专"、"国立艺专"的基础上，创建了中央美院、中央工艺美院和浙江美术学院等专业美术院校，并成立了全国美协及各地的分会，成立了北京画院、上海中国画院和"南京画院"等。"文革"后，又成立了"中国画研究院"等美术教育研究机构，北京的荣宝斋和上海的朵云轩则成了中国南北两个专门出售绘画作品的著名画店。

这个时期是中国绘画史上最独特的时期，是接受外来艺术影响和深入生活最深最广的时期。虽然有些变革带有半强迫和半自发的性质，但轰轰烈烈的变革主流推动了画坛发展。对这个时期的评价与争议一直延续到今天。

它的政治影响自不必说，对其后中国绘画艺术的发展影响，亦是巨大而深远的。

这一时期官方意识的偏重，弱化了对传统绘画艺术的传承，促进了西方绘画艺术在中国的发展，使中国画艺术走上了一条充满荆棘但前景光明的中西交融之路。但传统艺术之花逐渐萎缩了，失去了千年绘画艺术原有的光泽。这既是历史发展的必然，也是社会、公众对思想意识需求变化所产生的必然。

"笔墨当随时代"，应是中国画艺术永远的前进方向和追求目标。

2. 躁动中的创新：中国画发展的未来

中国的绘画艺术必须变革。但变往何方？革除什么？众说纷纭，莫衷一是。但从历史的高度回顾，还是可以看出一个大致的脉络。

主张坚守传统的日渐式微。社会的变更，儒学的没落，使他们既失去了社会民众的支持，又因自身笔下工夫不济，不用说发展，就是继承也有心无力。值得注意的是，一些人假传统外衣，行图利之便，玩起了理论游戏和笔墨形式，拣起了所谓"文人画"的垃圾。更有一些画界中的"投机派"，视书画市场价格变化及收藏界好恶而变幻着自己的标签。宋元时期中国画那种辉煌成就，只能是让我们仰慕的历史了，已不可能再现。

主张全面否定中国传统国画、用西方绘画体系来代替的观点，自出现后不久即向中西两种艺术结合的方向转变。随着中国国力的强盛和发展，公众从清末以来徬徨的阴影中走了出来，民族自豪感不断增强。不断发展完善的先进文化底蕴，已经使我们具备了自我取舍完善之功。

另有力推中西两法并行、互相承认、互不否定的主张，在经过多年的绘画创作实践和市场检验后，已与全面西化论衍生出的中西结合论合流，发展了中西绘画艺术相互借鉴、相互融合的新理论。

在各种理论的冲撞交融中，中国画艺术在实践中不断摸索和完善着自身的表现形式。

清初，比较完整地把西洋绘画艺术传入中国的是意大利传教士郎世宁，他曾给当时画坛带来了新意。但从其存世作品上看，与其说是郎世宁用西方绘画艺术影响了中国传统绘画艺术，倒不如说是在清朝统治阶级思想意识的主导下，中国传统绘画艺术影响了郎世宁的西方绘画艺术，使之变成了一种中化的西画。郎世宁的早期绘画着重体现物象在光作用下的表现，随着时间的推移，画中逐渐出现了中国传统绘画用笔的线条，到后期则把光、色反映与线条和墨染结合于一起，形成一种新型的中国画。当然，郎氏把中西两种绘画艺术结合得还比较生硬简单，用笔、线条和墨染的变化较少，更没有通过线条和染墨之轻重、粗细、顿挫、提按等变化所表现出来的情感，只是机械地结合在了一起。

郎氏绘画对当时及其后画坛产生的影响并不大。这说明其绘画艺术在当时并不被主流思想所认可，况且学习郎氏还需要很高的西画功底和解剖学知识。主客观的原因使西方绘画艺术初次传入中国便成了令人瞻仰的标本。

鸦片战争后，西方绘画艺术又一次传入。今天我们还能看到一些水平不高的商品油画，就是当时的职业画家所画，从中可以窥见西方绘画艺术传入中国后的演化脉络。

晚清著名画家吴历，曾学过西方绘画技法。从存世的绘画作品中，可以明显看出吴氏绘画虽仍用中国传统绘画笔墨勾皴染点，只在画面构图和设色方面受了西方绘画的影响。

任伯年是一个集花鸟、人物、山水于一身的全才画家，他有意识地把西方水彩绘画中撞水、撞粉之法融入国画创作里，不仅形成了新的风格，还直接影响了后代画家对西方绘画技法的摄入。

徐悲鸿、林风眠、高剑父等人赴海外留学，接触到了大量的国外绘画艺术的理论和作品，开始倡导反思与变革，催生了绘画史上西学东渐的春天，中国近现代绘画自此进入了多元躁动的时期。

从20世纪二三十年代受法国、日本等外国绘画艺术的影响所产生的初期改良性变革，到1949年以后受前苏联绘画艺术影响产生的中期交融性变革，再到80年代后的主动探索学习欧美绘画艺术精华的主动性艺术革命，短短的80年里，中国画艺术跨越了千年传统的束缚，打破了元代以后画坛尊古的陈习陋规，焕发出了五彩缤纷的光辉。

中国画艺术在千年发展历程中，出现了两宋和近现代两个艺术高峰。千年前的两宋时期，第一次把中国古代绘画艺术从符号图案化的抽象性艺术向写生全景化的具象性艺术的转变奠定了系统性的发展模式和基础。华夏民族绘画艺术在经过了史前时期的积累与商周到隋唐之间的磨砺，在两宋时期，终于如一轮红日喷薄而出，傲立于世界之林。中国画艺术出现了完整体系性艺术思想，并与绘画技法同步发展到了高峰。这个高峰的某些方面我们今天仍难以逾越。

西学东渐，又让近现代画家们站在了两宋以来巨人的肩膀上。这是一个融贯中西、推陈出新的时代。思想意识的冲撞与交融引导着艺术实践的发展，本土艺术与外来艺术融合，现代艺术与传统艺术合璧，形成了一片新天地。经过了近百年的冲撞、交锋和市场磨砺，中西绘画艺术的结合已经成为了发展主流。中西绘画艺术的结合，经历了第一代任伯年、虚谷等人的开创，第二代徐悲鸿、林风眠等人丰富，第三代李可染、吴冠中等人的传承，正在由第四代宋涤等人发扬光大，并在实践中走向完美与辉煌。

徐悲鸿凭借着自己对两个文明的艺术悟性，凭借着自身的传统绘画功力和对西方绘画艺术的深入学习，把当时中西绘画艺术的结合进行得最彻底、最有成就。

林风眠的中西绘画艺术结合，其思想意识方面的探索多于艺术形式方面的探索，结合得比较生硬，或者说他在追求着一种自我陶醉式的艺术。

高剑父等人的绘画艺术既带有西方绘画艺术的内涵，又融有日本绘画的特点，而市场需求却给他们的绘画打上了浓重的商业烙印。

所以，在中西绘画艺术结合发展的第二代画家里，以学术价值衡量，应首推徐、林二人。其中徐悲鸿绘画思想的开创性贡献，将永载史册。

李可染的成功，填补了大多数人热爱中国传统绘画艺术的遗憾。走遍山河写生立照，是李可染的绘画艺术信条，但他更偏重用传统的技法来构成作品的基本要素。以最大功力打进去，再以最大功力打出来，成为李可染对中国传统绘画艺术的理论基点。在对西方绘画艺术的吸收上，他60年代的写生作品中较为明显和直白，有的就像是在用毛笔和墨色画的素描。到70年代后期，才突出强调了光在物象中的作用和反映，形成了独特的"李家山水"。而同时期的山水画家傅抱石、石鲁等人也进行了不同程度的改革。

吴冠中的艺术成就，以其新颖的中西结合的表现形式后来居上，超越了许多画家，这是中国画艺术发展的必然。而在同一时代中，中国画与油画、水彩、水粉画各行其道，互不相融，既少有国画家学西画，又鲜有油画家学国画，凡能横跨中西绘画两种表现形式者，自然能有所成就。吴冠中正得益于此。他不仅继承了前人思想上的结合，还推进了艺术形式的结合。尽管对中国传统绘画艺术的浸淫稍嫌不足，使他没能真正圆融两种绘画技法，但他是一个聪明的画家，能扬长避短，把林风眠先生的艺术形式继承过去，并加以改动和完善，再借助西方绘画艺术中光、色变化所产生的视差，在宣纸上排线布色。看了吴冠中的画，不禁令人想起了他写的《笔墨等于零》一文。在吴冠中的国画艺术中，形式美多于内在美，西方绘画形式多于传统表现形式，这很容易让大多数人理解成缺少传统的内涵。

虽然市场是最好的试金石，但站在历史的高峰上，我们还是可以看到市场运行的偏差与扭曲。校正它的只有时间，就像吴冠中的画早年无人喝彩，今天又市场极度过热一样。

而人物画家蒋兆和、黄胄、李斛、周思聪等，花鸟画家李苦禅、潘天寿、刘继卣等人，都善于吸收西法，并进行突破了中西合璧技法的尝试。

但由于各自艺术思想不同，各自绘画技法的差异，遂形成了两大绘画艺术流派：一派以吴冠中为代表形成了以西画为主、中国传统绘画为辅的风格特点；一派以李可染为代表形成了以国画为主、西画为辅的风格特征。

这两派虽各有偏重，但多是在绘画表现形式上的游离。两种不同的绘画艺术如何从内在思想与表现形式上形成自然契合，化彼为我，成为共同的难题。中西两种绘画艺术的材质差异、技法差异、思想差异及接受人群的民族、文化、历史、意识形态差异，都在深深影响着中国画艺术的发展方向。从徐悲鸿到林风眠，从李可染到吴冠中，每一个大师的嬗变，都桎梏在两种表现技法的有机融合处。

宋涤的出现给中国画艺术再一次腾飞带来了曙光，他变革了原有的中西绘画技法简单复合的形式。这是一种革命性的变革，他打破了中西绘画艺术材质和技法之间的壁垒，古老的宣纸洁白柔软，并有着任何一种绘画材质所不可比拟的独特的吸附力，和随着水仿渗化而产生的奇妙效果。中国画家们把宣纸当成民族绘画的根，以期从中生长出灿烂的艺术之花。宋涤开创性地把传统国画中骨法用笔和墨气生韵，与西方绘画光影色的三维空间变化自然融合于水渗化作用下的生宣纸上，力求形式美、内在美、思想美的统一。从宋涤的山水、人物、花鸟画中，可以看出他向两宋写生唯美艺术的回归，画家的思想在墨色森林的两宋山水绘画和苍山如铁的祖国山河间飞舞跳跃，寻找着一种最完美的笔墨语言。

不做别人的重复，只画自己的创新，鼓舞着宋涤进行着艰苦的创新与尝试。为了捕捉光作用下的色彩自然变化，他开创性地在生宣纸上用复合色画人体，尝试色彩在生宣纸上的细微变化控制，利用鲜亮透明的色彩渗化突破了他人用粉性或油性色彩覆盖出的西式中国画模式。

为了探索光作用下的色彩变化与纸材渗化感应，宋涤开创了在生宣纸上画工笔花鸟，直接以色墨入画，吸收了西方绘画中光、色变化，并将水彩画中"撞水"技法与生宣纸的渗化功能结合，巧妙地弱化了传统工笔画中线条繁密、凸出画面的呆板感觉，使人观后，画中花草"其影婆娑"，画中禽鸟"其鸣悠悠"。

如果说宋涤的人体画是理性的创新，花鸟画是感性的创新，那么他的山水画则是理性、感性和知性三者创新的结合。在五年一小变，十年一大变的发展中，宋涤绘画由早期追随传统的感性认知，到中西绘画艺术契合之路理性认知的渗入，最终达到今天的艺术思想与绘画技法融汇完美的知性境界。

中国画走向世界是迟早的事。但凭借什么样的艺术思想，依靠什么样的技法语言，让世界理解，让世界接受，不是靠空喊能完成的，需要一代又一代像宋涤一样为艺术而献身的画家群体艰苦不懈的努力和牺牲。

这是一个充满变化、生机勃勃的时代。宋涤们的出现，正是时代发展的必然。他们艺到中年，既摄取了传统绘画艺术中的精华，又受到西方绘画的深刻影响，中国画中的创新奇葩必将在这一代人手中盛开绽放。

这个时期的画家王子武、范曾、沈道鸣、王明明、冯远、梁言、何家英、贾又福、卢禹舜等人，无一不在用时代创新之法，描绘着时代的美好和未来。"江山代有才人出，各领风骚数百年"，当投资者们在拍卖市场上"创造"大师的时候，真正的艺术大师就诞生在我们身边，就在社会民众之中。

（二）"横看成岭侧成峰"
——优秀绘画作品的认知与评定

优秀画家、优秀作品的标准是什么？各方人士众说纷纭：有持"学术至上"的学院派理论，有持"市场万能"的市场派观点，各执一词，莫衷一是。但由旧时统治者的个人喜好，发展到今天从学术角度的评价和市场方面的考量，已是有了很大的进步。

艺术是多元的，它具有创作艺术和欣赏艺术的不同层面，代表着不同的利益群体。符合某一群体阶层的思想要求，并在其思想要求下进行艺术创作，自然会受到这一群体阶层的赞同和欣赏，并转化为学术讨论和市场需求，反过来又推动着艺术的生存和发展。

同时，它还具有很强的独立延续性。人类文明的传承往往是文化的传承，反映到艺术发展领域，渐进而漫长。而这一渐进漫长的发展历程就形成了文化艺术的多样性和曲折性。在人类发展的过程中，群体阶层需求的不同变化，会促进生产关系的同步变革。绘画艺术正是各个群体阶层思想活动和变化的即时性或前瞻性文化表现形式。

这一切决定了每个优秀的画家和每幅优秀的作品产生的条件与基础、内在精神和外在形式。

1. 必须具有生活基础

艺术源于生活，服务于生活。

几千年的时间滤去了浮华，展现在我们面前的是艺术发展史上杰出的画家和杰出的作品，无一例外，他们都把毕生心血投入到火热的生活中去了。

历史是人民写的，画家只有热爱人民，歌颂生活，画家才能得到人民和社会的尊重。

2. 必须具有创新因素

在人类发展的历程中，文化的发展往往引导着社会的进步和发展。在艺术的大潮中，不进则退，鲜花和荣誉永远属于不断的进取者。创新是艺术发展永恒的主题，不断地创新推动着艺术进步和发展。中国画艺术的每一次飞跃，无不以创新为先导。而众多画家众多形式的创新，则给中国画坛带来了生生不息的朝气。

在漫长的岁月里，中国画经历了从原始符号向简单图案、从抽象理念向具体写实、从单一墨色向复杂墨色、从单颜色单层次向多颜色多层次、从低级表现形式向高级表现形式的渐变过程。历史证明：创新才是艺术发展的动力。

3. 必须具有高超的笔墨技法

绘画是一种文化现象，其外在表现形式既是一种存在构成，又是艺术思想与主题融和的纽带。只有得到当时和以后广大民众的认可和赞同，才能真正得到发展。永远得不到公众称赞的艺术，就不会是优秀艺术。因此，艺术家可以忍受市场对自己的冷漠，但不能忽视人民对艺术的要求，也要重视艺术的外在表现。

艺术与公众之间的呼应，首先表现在作品的思想内容，艺术表现形式随公众需求而变化，也源于艺术思想的进步和发展。任何一种文化艺术的表现形式都是随着历史、社会发展而发展的：从低级向高级，从简单到复杂，进行着嬗变。简单到点划、线条、设色的构成，大到构图、立意、思想的把握。综合体现着作品的技法难度，而这一切需要画家的长期磨炼。

所以，评判一个画家或一幅作品是否优秀，必须结合当时的时代环境，进行综合、客观、全面的考量。去观察它是否深入生活，是否坚持创新，是否掌握了高水平的技法表现形式。

那些收藏者只凭借着自己的财富和所谓画家地位、头衔及拍卖价格来认知、评判、收藏和投资所谓优秀艺术品者，正在埋藏着自己的财富和收藏投资的真理。

历史上优秀绘画艺术的认知与评判经历了无数次的曲折和反复，让我们看到了艺术评判的多样性和复杂性。但我们相信只有历史的公正。

二、市场篇

我国社会主义市场经济正处于初级阶段,诸多环节和方面亟须完善。同样,中国的文物艺术品拍卖市场也有着明显的缺陷,存在着许多弊端。这样的市场,是无法正确反映绘画艺术的发展和评定艺术优劣的。相反,市场的非理性往往在突显自身长处的同时,还会放大市场及其相关事物的不足。

从古至今,只见市场推出了许多艺术新人后又残酷地将他们埋葬。市场就像大浪淘沙的江海,它只能在外力作用下凸现金子,却不能造就金子。何况今天的市场,人为炒作还相当严重。

热爱艺术、追求艺术的人,应该客观地对待这个市场。因为造就艺术的是人类的生命和智慧,而不是市场中的金钱。

（一）"东边日出西边雨"
——近现代国画的拍卖滥觞

当一幅绘画作品进入市场的时候，除艺术价值以外，又获得了一种用货币衡量的市场价值，在政治、经济、文化等诸多因素作用下，不断地涨升跌落。这些变化，会给人们带来精神上的愉悦或悲伤。一夜暴富或一夜骤贫，凸现了绘画市场的无穷魅力。

在有着千年绘画艺术品交易传统的中国内地，1949年后相当一段时期内绘画作品的商品功能被极大地弱化。尤其是现代绘画，更趋向于反映人民政治思想活动，沦为政治宣传的载体，精神作用被最大限度地发挥出来。

改革开放以后，原被作为意识形态表现形式的绘画出现了缓慢地松动，流通功能也逐渐得以恢复。这使海外中国画的投资收藏群体感到了无法形容的兴奋。在他们看来，开放的中国内地无疑是一个蕴藏丰富的巨大"宝库"。

境外雄厚的投资，使得历代绘画作品通过各种渠道纷纷流向海外市场。

当中国内地民众从水曲柳木家具、电镀杆桌椅、自行车的爱慕转向电子表、收录机和彩电时，香港凭借着特殊的地理位置和雄厚的经济实力迅速成为当时海外的中国画艺术品收藏投资交易中心；当中国内地先富起来的那部分人转战于"山釜"、"明珠海鲜"、"香港美食城"中豪饮XO时，海外的文物艺术品争夺战已悄然拉开了序幕。1980年，苏富比和佳士得相继在香港举办了中国近现代书画作品的拍卖，随后又在美国纽约举办了中国古代书画作品的拍卖，一时间，香港和纽约成为当时中国画作品的两大交流中心。

与此同时，许多国内的书画家纷纷走出书斋，前往香港、台湾、日本、韩国等地举办个人绘画艺术展览。这也使得许多当代画家的作品流向海外，其中不乏精品，同时也为日后的中国画作品从海外回流埋下了伏笔。

这个时期香港拍卖的中国近现代绘画，多集中在"海派"画家吴湖帆、谢稚柳、程十发等人，"岭南派"画家高剑父、高奇峰、陈树人、关山月等人，和寓居海外的张大千、林风眠及当时早已享誉内地画坛的齐白石、傅抱石、黄宾虹、吴作人、于非闇、刘海粟等人的作品上。

随着时间的推移和香港拍卖市场的发展，画家的作品价格呈整体缓慢上升的趋势，并常有意外之举的收藏热点出现，推动着市场的进一步发展。

由于投资群体差异和法律壁垒等客观原因，同一画家同一绘画作品价格却始终保持着外高内低的现象。尽管随着时间的推移，这种差别在日趋缩小。

与内地相比，香港更容易受到国际环境的影响。上世纪80年代末的海湾危机与世界经济的变化，使世界艺术市场热度有所下降，香港的艺术品拍卖业不可避免地受其影响，绘画作品的单位拍卖成交价格和总成交量均有所下滑，这从许多画作的价格走势中可以明显看到。

正当香港拍卖业低迷之际，北京首开内地文物艺术品拍卖的先河。1992年北京国际文物艺术品拍卖会的举办，推动了中国内地文物艺术品收藏的蓬勃发展，尽管当时它还很弱小和幼稚。

当时上拍的绘画作品比较杂乱，被夹杂在许多特许出口的古代青铜器和精美的官窑瓷器中间，就连珠宝工艺品和红旗轿车也来凑凑热闹，各个品类都没分成专场，有些标的很高，以致许多拍品流拍。所以，这首次拍卖，法律开禁的意义远远大于拍卖的指导意义。

1992拍卖，与其说是一场商业运作活动，不如说是一次精彩的表演。海外收藏家蜂拥而至，纷纷前来一探究竟，100元一张的入场券，更可以写入中国拍卖史。国人们争论着拍卖是否等于卖国，而海外同行则担心内地丰富的文物藏品一旦放开是否会冲垮整个市场。14年过去了，内地的文物藏品并没有冲垮海外市场；相反，大量的赝品却让收藏者们苦不堪言。直到今天，市场日趋壮大，市场容量可见一斑。

拍卖让所有人看到了它背后的巨大商机。上海出现了朵云轩拍卖公司。北京也成立了嘉德和翰海两家专门从事文物艺术品拍卖的公司，并在1994年举办了各自的首场拍卖，绘画作品是拍卖的重要组成部分。

1994年的春拍中，出现了两幅高值拍品，张大千的《石梁飞瀑》和齐白石的《松鹰图》分别以209万元和198万元人民币成交。这一价格，远远高出海外的同类拍品成交价。这种奇怪的情形，在随后的拍卖活动中竟然愈演愈烈。

这恰恰说明了，当时正在崛起的中国内地收藏投资群体还很不成熟，还缺乏对画家作品优劣的辨别，还缺乏对市场节奏的把握，还缺乏对收藏市场走向的判别。另外，压抑了40多年对文物艺术品收藏投资的渴望和对文化财富的向往，一旦解禁，疯狂的热情像火山一样迸发而出。这股扑向文物艺术品拍卖市场的洪流，产生出强大的力量，使初生的内地拍卖市场冲过了理性的红线。这就是当时内地部分拍卖成交价超过了海外拍卖成交价的原因所在。而在当时拍卖的中国近现代绘画作品中，这一现象尤为突出，并由点到面，由个例到群体，形成了连锁反应，呈遍地开花之态。

中国内地艺术品拍卖业至今共经受了两次资金涌入洪流的考验。1994~1996年为第一次。如果把这次比喻成汹涌的江流，那么"非典"之后2003~2005年的第二次，则可称之为铺天盖地的"海啸"了。

1996年的香港、台湾等地经济不景气，中国内地也面临着宏观经济紧缩等局面，但拍卖市场却热闹依旧。傅抱石的《丽人行》横幅，拍出了1078万元的"天价"，并带起了内地各处拍场中的"傅抱石"热。这次拍卖，预示着中国内地的拍卖收藏热点将由古代书画转向近现代书画。

就在内地收藏拍卖界盛谈收藏回报时，海外的收藏者开始把早年的收藏成果拿到中国内地，来兑现他们的辛苦回报了。

1995年的香港杨永德在内地进行的齐白石书画作品拍卖专场，拉开了海外文物艺术品大规模回流的序幕。这些早年通过各种途径流向海外的民族瑰宝，又堂而皇之地登上了拍卖殿堂，回归内地。

同一画家大量作品的同时出现，考验了市场的承受能力：乐观者认为拍价很高，悲观者认为价不到位。但不高的成交率，说明了这时的拍卖市场已开始在犹豫中走向成熟。

由此可见，中国内地拍卖市场整体轮廓至此已初步形成，北京和上海成为一南一北两个文物艺术品拍卖交易中心。北京已占据拍卖市场的领袖地位，单个拍卖公司总成交额由初期的1000万元左右至此已逾亿元。单幅拍品成交价超过百万元的开始多了起来，1995年中的高奇峰《孔雀》拍到247万，齐白石的《草虫册》拍到198万，黄宾虹的巨幅山水拍到264万，傅抱石的《云中君和大司命》拍到396万，徐悲鸿的《三骏图》拍到154万。1996年，受整体经济状况影响，拍场上过百万的拍品逐渐减少，但表面热度不减。热门品类已经成为内地收藏市场的风向标，拍卖成为了一个新生的行业。

随着绘画艺术品收藏活动的大规模兴起，赝品也大量出现，并直接影响到拍卖业的声誉和发展。信誉是企业的生命线，香港和内地对待拍品真伪的不同态度和方式，导致了两地拍卖行为和结果出现了明显的分化，既有表象的，也有深层次的。表面上，内地的文物艺术品拍卖十分火暴。但只要拿两地同规模的两家拍卖公司进行比较，就会发现海外拍卖公司年度成交总额仍高于内地年度成交总额，但海外公司的拍品总量却明显少于内地拍卖公司；并且，许多文物艺术品的最高拍卖成交价也是在海外创下的。

种种迹象表明，内地的大量民间资金已开始流向海外，拍回了许多早年流失的文物艺术品。

亚洲金融危机涤荡着经济领域中的泥沙，同时给了海内外的文物艺术品拍卖业界一个浴火重生的机遇。1997年的内地仍将潘天寿《春塘水暖》拍出了660万元的高价、吴湖帆的《如此多娇》12开册页拍到214万元、张大千《泼彩山水》拍到222万元。而1998年香港佳士得的拍卖成交额比上年减少了一亿元港币，苏富化的拍卖成交额比上年减少了近一点五亿港币。中国内地拍卖市场所受影响明显小于海外。特别是近现代国画作品的拍卖成交额，更是雄踞半壁江山。傅抱石的《青山飞瀑图》和《龙蟠虎踞今胜昔》及《山水人物册》、《万竿烟雨》陆续成为内地拍卖市场中的亮点。而随着收藏家们对艺术认知的不断深入，使绘画拍卖中的亮点频出。

在山水画艺术创作成就方面远高于傅氏的李可染，此时作品价格也正在追赶傅抱石的市场的道路上。虽然李可染的艺术活动时间长于傅抱石，但李可染的绘画作品较傅抱石少，流通中的精品更少，在市场中难得一见。1998年拍卖的《九牛图》，确为李氏画牛题材中的佼佼者，330万元之价在当时也确属不低，平均每只牛价36.6万元，比傅抱石《丽人行》中的每个人29万元还高出了7万元之多。而此时的李可染作《井冈山图》仅成交了110万元，比起两年前所拍《韶山》的154元，有着不小的回落。这种现象，普遍存在于这一时期各公司的书画拍卖中。

2004年陆俨少《杜甫诗意百开册》拍卖成交的6930万元，让他登上了中国内地书画拍卖成交纪录的巅峰。而在1998年内地拍卖陆俨少大幅山水画成交价格还很少有突破20万元的，可谓往事不堪回首。

到1998年秋，内地中国近现代书画拍卖中，单幅超过百万元的就屈指可数了，整体价格呈下滑趋势。亚洲金融危机来势凶猛，加之此前相当数量的拍卖公司恶性竞争，虚报成交价格，谎报成交率，更有甚者，大比例地上拍赝品，破坏了市场环境，使内地的拍卖业过早地进入了"洗牌"期。

此前就有拍卖业界人士提出过"做市场"的概念，只不过，这做的市场规模越来越大，也越来越不规范。"做市"源于国外的金融市场，是指在法律允许的框架内，通过一系列市场手段来稳定市场秩序，后来便形成了"做市"制度。"做市"是一把双刃剑，在攫取利益的同时，也集聚着风险。中国内地的现行法律不允许人为的操纵拍卖市场。

盲目无序地做市只能是自掘坟墓。在中国内地，文物艺术品拍卖属于国家控制特许进入行业，且还处于初始阶段，货源的奇缺，使其一枝独秀，并在短时间内超越了环境的影响。但随着发展成熟，其内在和外在的矛盾就会逐渐显露出来，成为前进中的障碍。"亚洲金融危机"，正如催化剂一样，使市场逐渐趋于冷静，表面看来甚至有些萧条。当时内地全年的总成交额加在一起，尚不如同期股票市场中最萧条的一天成交量大。况且庞大的民间资本还始终没有大举进入到文物艺术品的拍卖领域。

随后的拍场中，中国近现代书画单幅拍卖成交额过百万者日渐稀少，许多大拍卖公司中往往单幅成交额超过10万元者，就可登上前十名的排行榜。书画拍卖已出现江河日下之疲态。

值得注意的是，2000年的大拍中就已有当代画家的作品单幅成交额超过了20万元，跻身于齐白石、张大千、李可染、傅抱石、林风眠、徐悲鸿、吴昌硕等诸位大师之列。这说明，中国内地的拍卖市场，在炒作完中国古代绘画和中国近代绘画后，又在向当代绘画领域进军。事实证明，这场风景来得更猛烈，更缺乏理性。

此时的海外拍场继续演绎着"东边日出西边雨"的景象。虽然中国古代瓷器的所有最高拍卖成交价的纪录都是在香港和海外其他地方创下的，只有部分中国近现代和当代绘画的拍卖纪录是在内地创下的，但同一画家的作品，也往往是内地拍卖的成交价高出香港很多。由此导致了海外拍品大量回流，这使有的拍卖书画专场中的一半拍品来自海外，拍卖公司的工作人员也远赴重洋去寻找那些早年逝去的精灵。

很早以前，笔者曾撰文指出过中国古代青铜器、现代中国油画、当代中国国画、当代中国水彩、水粉画也是收藏投资文物艺术品中的金矿。时至今日，现代中国油画，当代中国国画已在市场中有了火暴的表现。这当然不是笔者点金之功，但能提前预知到市场的某些变化，应是每一个收藏投资者必修之课。当代国画和油画在市场充满各式赝品的情况下，异军突起，打开了通往财富的大门。它的崛起，给正在走下坡路的中国画拍卖市场带来了一缕春风。

2003年春爆发的"非典"，是人类一场瘟疫，对拍卖业也是一场灾难。

但随着"非典"的平息，各级政府出台了各种振兴经济的措施，一切绿灯全力救市，拍卖市场中的变化也真可谓翻天覆地。"非典"使迟到的2003年春拍变成了秋拍，久违了的上千万元一幅绘画作品突然大量出现，傅抱石的《毛主席诗意山水八开册》1980万元，齐白石的《山水八开册页》1661万元，齐白石的《山水十二开册页》1452万元，徐悲鸿的《春山十骏图》627万元，李可染的《九牛图》550万元，黄胄的《广阔天地大有作为》550万元。近现代绘画拍品价格整体大幅上扬，大有一步登天之势。

2004年是内地文物艺术品拍卖诞生以来最火暴的一年。全国六大拍卖公司年成交额达30亿元，其中书画作品成交额近20亿元，有20多件中国画拍品的单幅拍卖成交价格突破了500万元大关。其中排名前几位的分别为傅抱石的《茅山雄姿》2090万元、陆俨少的《杜甫诗意百开册页》6930万元、徐悲鸿的《巴山汲水》1650万元、徐悲鸿的《十二生肖册》800万元、傅抱石的《云中君和大司令》1870万元、李可染的《井冈山图》1100万元、陈少梅的《二十四孝图》1495万元、潘天寿的《江天新霁》748万元。在这20件单幅成交超过500万元的近现代绘画拍品中，傅抱石的绘画作品有6件，陆俨少的绘画作品有3件，徐悲鸿的绘画作品有3件，潘天寿的绘画作品有2件，齐白石的绘画作品有2件，李可染、张大千、吴昌硕、黄胄的绘画作品各有1件。这20幅绘画作品的9位作者均已过世，除吴昌硕外，其余均经历了晚清、民国、新中国三个时期。中国近现代史正是在这三个时期发生了转折，中国画艺术也正是在此时打开了紧闭的变革之门。

尽管2004年的绘画艺术品拍卖还不能完全代表整个市场的走向，有些画家的作品可能还没有进入流通的领域，但这9位画家的20幅成交价超过500万元的作品，还是能比较客观地展示了权威投资的热点，和主流资金的流向及收藏投资者的价值标准。

抛开这些作品画幅大小尺寸、精细程度等因素，仅以拍卖成交价格高低而言，他们排序依次为陆俨少、傅抱石、徐悲鸿、吴昌硕、李可染、张大千、潘天寿、齐白石、黄胄。1990香港拍卖市场中，以单幅绘画作品的拍卖成交价排序前5名是李可染、吴作人、程十发、朱屺瞻、陆俨少。十五年后，这五个人中有三人的拍卖成交价格已不再领跑拍场。李可染的山水画艺术成就虽高于陆俨少，但排名恰好相反，让人在感叹世事变幻的同时，对金钱博弈学术的力量，又有了进一步的认识。

继十年前黄宾虹的巨幅山水突破200万元大关后，今又有几幅尺寸不大的绘画拍品成交价格也在200万元以上。黄宾虹生前预言自己画作待五十年后方为人所识，终被言中。

北京翰海拍卖公司首次推出"当代绘画艺术拍卖专场"，随后当代画家作品便成为各家拍卖公司的主打项目，并迅速打破了单幅作品拍卖成交价格100万元大关。

古往今来绘画艺术品的收藏目的不外有四：

一是自娱。吸引收藏者的只是作品本身的艺术思想和表现形式，拥有它会带来无比的愉悦。这是收藏行为崇高境界。虽然每件藏品的价值有高有低，但在当今收藏界很难说有谁会仅仅因为满足愉悦而在拍卖会上一掷千金的。

二是投资。投资与投机是同一个行为的两种表现形式，它们都是以获取差额利益为回报的。任何一项投资与投机行为都是回报与风险同在，用几百万元、上千万元投资于单一市场中单一品类里的某一器物，以期获取更大的回报，风险远大于收益。

假设用100万元买入国债，一年后至少可达到103万元，最小收益3%。用100万元在拍卖市场买入一幅画，还要付10%的佣金，这就是110万元。如果卖出，又是10%的佣金，即121万元。再加上原本买国债得到的3%，那就是124.6万元。通过计算，可以得知这幅画一年后必须增值24.6%，即24.6万元才能达到124.6万元。才能在拍卖中顺利拍出后扣除拍卖佣金10%，还剩112.2万元，减去原投资额110万元，收益2.2万元，远不及国债投资的收益。如果扣除拍卖中的保险、宣传等费用，收益会更低。所以，如果在拍卖场上用买入卖出之法获取投资投机收益，首先要考虑的是将有20%的价值送给了拍卖公司。若打算在市场行情或画家作品行情的低点买入，也只有买对后并长时间的持有，才能获得丰厚的回报。由此看来，这世间哪有用几百万元，几千万元一幅藏品代价堆出的行情低点呢?

三是研究。任何一件优秀绘画艺术品中都包容了丰富的艺术内涵,一个成功的画家在成长中都需要吸取前人和当代的艺术精华。收藏观摩绘画作品便是一项重要的方式,自古以来许多卓有建树的画家本人就是收藏家。但为学习一幅画而一掷千万金的画家至今尚未见到。历史上的许多研究者往往无雄厚资金支持;而有雄厚资金者,往往不去研究或者不求甚解。

四是把收藏文物艺术品当成文化产业化的组成部分。改革开放以来,中国内地出现了各种形式的私营企业,出现了逐渐庞大的私人资本,文化产业也是其重要组成部分。而许多私企业主的个人爱好,也是推动私企收藏投资文物艺术品的动力,尤其是江浙地区私人兴建博物馆蔚然成风,海内外拍卖市场便是藏品的重要来源。但私营馆藏与国有馆藏有一个重要区别,私营馆藏中的藏品有些可能还要投入市场。这就面临着一个初期资金投入的盈亏问题,尤其是作为文化产业来经营就必须考虑盈亏问题。

2004年是中国内地文物艺术品拍卖发展的第二个分水岭,不明来历的集团资金冲击着"天价"高峰。

拍卖就像儿时手堆的沙山,堆高了就会出现崩塌。刚过去的2005年,内地拍卖市场出现了降温,绘画作品过千万元的"天价"成交明显减少,大部分拍品成交价格中枢下移。唯有当代画家作品拍卖市场风光依旧,这与当代画家绘画作品的真伪问题得以保证密切有关,但部分当代画家与经纪人、画廊、收藏家们联手哄炒成交价格,也造成了作品价格虚高。

拍卖场上联手作势,哄抬拍价,已成为公开的秘密,而早在拍卖市场中引以为患的赝品横行,更是时时影响着参与者的信心。

2004~2005年也是文物艺术品拍卖市场的扩张期,仅北京地区注册从事文物艺术品拍卖的公司有几十家。2005年文物艺术类拍卖成交总额达到了90亿元。但这是表面上的繁荣,聚集着巨大的风险。

世界上任何一种经济行为也都摆脱不了产生、发展、衰退的循环周期规律,尤其是在市场经济中,更加明显。文物艺术品拍卖市场正是社会市场经济整体面貌的缩影,自身弊端和外部影响都阻碍着它的顺利发展。

拍卖市场审批准入制度,让早到者们饱餐盛宴;当审批准入制度有所松动时,拍卖市场发生了根本性的混乱,导致内地文物艺术品拍卖事业的发展很难再出现质的飞跃。

2005年底海外拍卖公司借道试水,虽声称为商标使用权的转让,实为进军内地的开始。但内地资金早在几年前就流向海外拍回许多文物艺术品,海外拍卖公司凭借着良好的信誉和传承有序的拍品,使许多内地资金争赴海外拍场一争高低。内地拍卖公司面临海外拍卖大鳄或明或暗的竞争,内外交困的结局只会是某种形式的存亡,没有了挑战的实力和机遇。

中国画已占内地拍场的半壁江山,而近现代绘画更是拍场中的常青树。近现代油画和近现代中国画的成交额在拍场中你追我赶,比翼双飞,已由早期到互无影响,各行其道,发展到今天两者题材、技法、价格的相互影响。可以预见,各种形式的绘画艺术品将成为保持拍卖市场的繁荣、推动拍卖市场发展的动力。

拍卖市场是反映公众需求的一个窗口,虽然它还不很完善,有着各种的弊端,但它自身的运行规律会逐渐克服缺陷,弥补不足,走向成熟。其客观、全面、公开的本质之特征会随着拍卖市场发展而日益突现,尽管这还需要一个过程。

市场成熟与不成熟都会给我们提供收藏与投资的机会,对于一个明智的投资者而言,关键的不是市场的成熟与否,而是有无机会的出现。目前中国近现代绘画的收藏与投资,就是一个正在从我们眼前掠过的巨大的机会。

日有升落,月有盈亏,任何一个事物都存在一个循环发展过程,中国画艺术正是在这种起伏跌宕中走向新的辉煌。拍卖市场的风雨,绘画价格的升跌,丝毫不会影响绘画艺术发展的主流趋势。尽管十四年前的一声槌响,搅乱了画家们的艺术之梦,那些发自心灵的没有受到商业干扰的艺术创作越来越少,但中国画艺术在经历了艺术和商业的双重的挤压后,必将出现新的"凤凰涅槃"。不过在当前拍卖市场纷乱的幻象中,浮现着时代艺术大师的身影,我们不是魔法大师和预言家,不能保证收藏像任伯年、徐悲鸿、李可染、宋涤这样画家的作品永葆收藏投资之快乐,尽管他们的画确实是好作品。

今天市场中的"东边日出西边雨"也许就会变成明天的"西边日出东边雨",唯一不变的,只有永恒的艺术。

（二）"一半海水，一半火焰"
——画家与市场

试图控制市场的画家是可悲的，也是可笑的。

市场离不开画家，画家离不开市场，两者相互依存、相互借重、共同发展。画家的艺术力量是巨大的，甚至可以影响到万代千秋。但他控制市场的能力却是渺小的。自古以来，从没有任何一个画家曾经控制了市场。画家有的只是独立的人格，其艺术道德和艺术表现方式可以不为市场左右，他可以用生命和鲜血去讴歌自己的挚爱，去完善自我，而不去考虑是否得到市场的认可。

市场往往是不公正的，只有随着流逝的时间才能客观地评判每个画家的艺术成就和历史地位。

宣传画家最好的广告，莫过于那些真正能描绘人类思想的作品。画家有权力像所有人一样追求享受美好的生活，但作为一个真正的画家，它首先要关注的是公众的权力，首先要履行的是社会责任。一个只关注自己作品卖多少钱的画家是很世俗的，它也终将会淹没在市场的波涛里。

每每有人谈起画家的润格，或者所谓的画家指数，都会以为价格是艺术的一部分。但郑板桥掷地有声的润笔诗句："闲来写就青山买，不使人间造孽钱"，却是向社会弊端的声讨和嘲笑，这回肠荡气的声音，穿透了市场的阴霾，成为画家道德风尚的榜样。市场可以不遵守道德，但历史不会遗忘用心作画的每一个画家。今天拍卖会上波浪惊天的大潮，也不过是历史长河中一朵小小的浪花。

在商品社会高度发展的今天，画家、艺术、市场有机地结合在了一起。画家的才情、智慧、生命燃烧出鲜红的火焰，市场的博大、永恒、多彩勾画成辽阔的海洋，两者在冲撞、交融中传承着人类真正的文明之光。艺术和市场就像画家的太阳与月亮，拒绝市场的画家和拒绝画家的市场都是不完整的。

内地有些画家过多看重和依赖拍卖市场，过多看重自己作品在拍场中的价格变化，甚至与画商、收藏者联手操纵作品价格，把原来承载人类文明语言的绘画作品，变成了为自己牟取利益的工具。这样的画家并不少见，画作的平方尺价格在不断地向上爬升，艺术思想在弱化，艺术水平在淡化，制造出了越来越多的艺术垃圾，逐渐从辉煌走向沉寂。更准确地说，这些画家的艺术从来没有真正辉煌过。炒作，只会造就"伪辉煌"的幻象。

"文章千古事"，绘画亦如是。画家理应义不容辞地承担起历史、艺术、道德等诸多责任和义务。当画家和其作品经受了历史和人民的检验时，才能真正的称之为"画家"和"绘画艺术品"，才会载入史册。

三、辨伪篇

　　中国的书画艺术有着悠久的发展历史，随着人类社会的进步，日益成为人们精神生活的重要组成部分。今天，书画艺术品、商品价值超常凸现，投资功能远远超出了欣赏收藏功能，书画艺术品不可再生性与需求者不断增加两者之间的矛盾被人为放大，推动着书画艺术品的市场价格不断上升，市场行情异常火暴。这就导致了书画艺术赝品大量涌现，如何辨伪识真、避免上当受骗，便时时困扰着广大的收藏投资者，这就需要我们不断强化自身鉴别真伪的能力。

（一）"假作真时真亦假"
——鉴定摹仿国画作品的心得

书画鉴定有着多种的切入点，大的方面，加强自身的理论知识学习，广闻博览，广交师友，虚心求教，开阔自身的认知眼界，是鉴定真伪的提高之路；小的方面，不仅要能识别绘画作品所用的材质，还要能识别绘画作品上的款识、题跋、内容、各类印章，以及绘画作品的幅式和装裱材质。这些是鉴定工作的基础，但最重要的是认知作品本身的艺术构成，它包括了作品的艺术思想、布局结构、笔墨特点等要素，而笔墨特点则是我们鉴定绘画真伪的核心关键，可谓重中之重。

笔墨特点，就是画家在创作绘画作品时的笔墨表现形式特征，任何一个画家的笔墨表现形式都有别于其他画家。尽管一个人的笔墨特点在形成的过程中受到师承、地域、时代、工具等各种内外因素的较多影响，但仍会保持着异于他人的不同之处，只有对它准确把握才能真正具备鉴定真伪的能力。

为此，鉴定界总结出了许多迅速掌握鉴定的方法。有些方法也确能在较短时间内达到一定的鉴定水平，颇有引路入门之效，但也仅此而已。但我们面对的是从古到今许多比我们更刻苦、更深入、更顽强的仿制者，鉴定书画的真伪只靠看、听、问是远远不够的，只有在学习绘画鉴定知识的同时亲自进行绘画实践，并摹仿一些有代表性的绘画作品，深入掌握画家的"笔性"，才能收到事半功倍之效。从古到今绘画鉴定的发展史，也印证了这一切。

不要轻视那些仿制者，他们之中确有少数吞舟之鱼，功力深厚、学识广博、眼力独到，综合水平并不亚于那些被仿者，有的甚至超过了他们。尤其是对当代绘画作品的仿制水准，早就走到了鉴定界的前面。从绘画实践中去悟思鉴定之道，才是艰难而又光明的唯一之路。

书画赝品自古有之，近来造假图利之风更是愈演愈烈，各种水准、各种名头、各种年代的赝品充斥于各种类型的拍卖会和艺术品市场。从来没有一个拍卖公司敢声明自己没有拍过赝品，赝品已成为文物艺术品市场发展的一大公害。

古之摹仿，原为艺林后学学习先贤艺术的一种最有效、最直接的方法。摹，分描摹、仿摹和背摹等。描摹是指将一纸蒙于画上，力求将原作的用笔、用墨、设色、构图等方面最大限度描摹下来，一笔不苟，尽善尽美。但此方法现已不常用，而常用仿摹，即临摹，将一纸置于画前，凭仿摹者把看到的原画用笔、用墨、用色、构图等特征一一完整地画在纸上。待照原作仿摹熟悉后，将原作收起背临，或称背摹。通过多次的"对摹"、"背摹"，熟悉原画特点，直至完全掌握，为进一步"仿制"与原作风格一致的"仿品"打下基础。

"仿制"综合了被仿者的用笔、用墨、用色、构图等方面的特点，并依照被仿制者的绘画创作思想与方法，画出与原作尽量没有差异的书画伪品。

摹仿，无论是"摹拓临写"还是"传移模写"，始终都是沿着由浅入深，由易向难，由低级向高级逐步推进的。这也为我们和掌握绘画鉴定提供了契机。能够亲手仿摹书画作品就是鉴定书画真伪的捷径。

1. 对各种典型原作进行对摹

这是一个最基本的阶段，也是最艰难的学习阶段。通过对摹，开眼界，练手功，在一遍又一遍的对摹中，训练眼睛对原作的笔、墨、色、构图等特点的认知能力，修正操手的差误，逐渐完善手上笔下的技法功夫。临摹作品的进步，实际上是手、眼之间配合默契完善程度的提高。

许多人的绘画天赋，就是在这一阶段中显示出来的。这一阶段是痛苦的，摹仿水平逐渐提高的欢乐与技法停滞不前的苦恼时时交织在一起，有80%以上的初习者，没有从这一阶段中走出来，从此与真正的书画艺术无缘了。

2. 背对书画原作进行临摹

少数临摹者的作品很接近原作的，可谓初窥门径。这就可以拿开原作，凭借多次"对临"的印象，背临原作。并反复用背临作品与原作比较，修正差误，增强脑、眼、手的记忆功能，这是一个强化眼、手准确的过程。可惜，能这么深临摹功夫的人在今天已然绝迹，绝大多数摹仿者无法经受这种苦练方式，鉴定界更是无人能识破这种功夫仿制出来的赝品。这就是鉴定家屡屡败北之故，也是其软肋所在。

3. 摹仿后的创作

将"对临"和"背临"磨炼出的对原作笔、墨、色、构图单体特点与原作者创作思想理解与掌握进行拼装组合，形成一幅新的"原作"。这是摹仿的最高形式，自古以来能成此道者凤毛麟角。许多摹仿者在稍通"对临"之法后，有的加入自己的风格，有的将自己所摹仿过的多位作者风格融入一体，形成有别于他人的独特绘画艺术风格，这也是历代书画大家的成才之路，如明之董其昌，清之"四王"，可谓此方面之"大画匠"。

现在学习绘画者大都没有"背临"功夫，往往临摹得有几分相像后便急于组合仿制，所以还达不到乱真的地步。但由于鉴定群体的水准普遍偏低，却也让仿制者屡屡得手。

对绘画作品的鉴定与摹仿，有着一个共同的基础，即对书画艺术各种技法的脑、眼、手活动规律的认知。双方都在努力提高自己的眼力、手法和思维，力争全面超越对方水平。这里的胜者不取决于法律和道德，只决定于实力。

鉴仿同源，古代许多著名的鉴定家，本身就有很高的绘画水平，作起伪来，往往人莫能辨。宋代大书画家米芾，擅长临摹仿制各家书画，常向他人借来古代书画摹仿，后却将摹本归还，米芾曾云："王诜，每余到都下，邀过其第，即大出书帖，索余临学……余适见大笑，王就手夺去，谅其他尚多未出示。"这里，米芾把罪过都归结到了别人鉴识水平不够上了。

鉴仿同源的现象一直沿袭到了 1949 年，近现代的老一辈书画鉴定家，虽不一定人人曾经作伪，但我们今天能看到他们之中许多人摹仿的书画作品，水平还是很高的。而今天活跃的书画鉴定者，无论尊卑长幼都鲜有擅书画者，讲课时粉笔板书的水平，实在难以恭维，其书画之技甚至可以说还没入门。

当今的鉴定者分文博系统和民间私人两大系列，无论是尺之所短还是寸之所长，但都不谙书画实践，只求理论堆砌，理论典籍的掌握更不敌古人，敷衍了事，徒有虚名。大多数鉴定者，远远不及造假者勤奋、好学、实干。大量水准不同的赝品充斥于各类文物艺术品市场，艺术道德的混乱，艺术真伪的混乱，艺术价值的混乱，艺术美丑的混乱，艺术良心的丧失，严重影响了书画艺术品的收藏。

辨伪识真，成为收藏者的当务之急。在魔道消长的环境下，更要求收藏者抛弃浮华、急躁、功利的心态，脚踏实地地从最基本处做起。当一个收藏者从作伪者的角度来审视、揣摩、训练自己的时候，就会学习得更为深入，进入一个鉴藏新天地。通过模仿原作，时时和原作相比，知道自己的短处与缺点，并时时修正之，就会在鉴定方面取得事半功倍之效。

同时，我们的对手——作伪者，也在时时从事着同样的工作，提高着他们的技艺和修行。双方激烈的博弈，靠的不仅仅是勇，还是智，更主要的是作为前提的技。

摹仿绘画作品，笔者个人实践的体会是先古后今、先工后写、先山水而后其他门类。首选以山水画为佳，一因在诸多画种中，山水画最受人们喜好，受众面广；二因山水画绘画技法全面，学成山水画后，再学人物、花鸟等画科，稍经点拨，即可取事半功倍之效。宜先从明清诸家入手后再上溯宋、元，后转学近现代诸家。明清诸家中，宜先习唐寅、华岩、龚贤、石谿、石涛等山水画名家。选其构图、用笔简单之作，临摹时笔墨技法容易掌握；待取得一定成绩后，再去临摹笔墨、构图复杂的原作；最后，全面体验古人局部笔墨和整体构图的妙处，达到对勾、皴、擦、染、点等诸法和整体构图的熟练掌握，进而体会绘画艺术的最高境界、神韵。

后再进行两宋之山水名作的摹仿，一一体会古人之精神，体会宋人虚实两法：实者，笔、墨之表现；虚者，布局变化节奏，合二为一，便是整体精神所在。于郭熙、范宽、马远、夏圭、李唐、刘松年等人之画作中，精选一幅尺寸较大、印刷精细者，仔细反复临摹，力争不出现丝毫差误，万不可误入歧途。

对明清诸家画作临摹，追求的是比较宽松的学习心态；对两宋画作的临摹，则要求的是严谨的笔墨训练，一松一弛有的放矢。明清诸家的画作笔墨中，往往十笔中仅有二、三笔可称道者；两宋诸家的画作笔墨中，则十笔中可有五、六处精微之笔，元人用笔亦如此。

元人用笔活而精，在学习两宋诸家之后，即可学习元代黄公望、倪瓒、赵孟頫等诸家，参以清代"四王"，以求由体会早期绘画作品整体的变化转向学习绘画局部笔墨本身的变化，为我们摹仿、鉴定书画的最终目标——近现代国画艺术的学习打好基础。

现在我们无论是鉴定还是摹仿，都无法获得宋元绘画真迹，无论国藏还是民藏，宋元真迹寥若晨星，市场中流通的宋元真迹不需鉴定即可判伪。摹仿的宋元绘画作品再像真迹，也不会有人相信。明清两代的绘画存世状况，也正向这种状况缓慢地发展。所以，近现代书画艺术市场，才是鉴定和摹仿两者交锋大显身手之地。我们上追宋元，下跨明清，苦苦地锻炼临摹功力，正是为了在近现代绘画领域上大显身手。您可能看过十本鉴定方面的专著，不如自己动手挥笔十天，去亲自体味个中奥妙。

4. 明代唐寅《坐石高谈图》的临摹鉴赏心得

唐寅（1470～1523年），字伯虎、子畏，号六如居士，出生于江苏省吴县的一个商人家庭。少年刻苦用功，有才子之名，十几岁当府学生员，二十九岁应乡试，中应天府第一名解元，唐寅书画作品上常钤一章"南京解元"即缘由此。后因科举案牵连，仕途无望，遂离家远游名山大川，归家后以卖画为生。

唐寅绘画师法明代著名画家周臣，而当时著名书画家沈周、文征明、祝允明等人与他有着良好的师友关系。独特的学习环境与师友们的熏陶，对唐寅书画艺术的发展起到了重要作用。

唐寅一生绘画内容丰富，山水、人物、花鸟无所不工。其山水画艺术，上溯两宋，下及元人，既参透了宋人雄浑伟健之势，刻画险峻之工，又融入了元人秀润疏朗之态，淡郁轻韵之笔。一人独具多种笔墨形式和绘画风格，这在古今画家中十分少见。

笔者临摹的这幅作品《坐石高谈图》（见图01、02），绢本，取法宋人李唐、刘松年之笔意。唐寅创作的书画作品中，绢本多于纸本，而绘制在绢本上的山水画，多为"院体"风格，占了存世真品的很大部分。

临摹《坐石高谈图》，宜选与原画大小相同的矾云母宣纸。因现在市面上所售绘画用绢，绢丝较粗，织造松垮，绘之有涩笔漏墨之弊。矾纸以厚实、表面平整光滑洁白者为佳。笔选狼毫、兼毫、羊毫，各种大小数支兼备。墨以安徽产上好油烟墨研制使用。颜料仍以"姜思序堂"制为佳。

临摹时，禁用炭条、铅笔起稿，恐划伤矾纸面后漏墨，或用橡皮擦改时将矾纸擦薄、擦脆，以免影响行笔。

首先临摹画面正下方的山石，用中号狼毫书画笔，浓墨勾勒山石轮廓，同时用此笔皴山石层次。重部勾皴时用笔尖，勾线用中锋，笔锋有时微侧，皴时用笔尖和笔尖下部不超过笔肚处触纸。待勾皴完墨色未干透之际，将原笔蘸水，笔上之墨自然变浅，续皴山石层次浅部。注意不要破坏原有勾勒笔迹，淡墨皴时不要压在深色墨的皴迹上，淡色线条要接皴在浓墨皴笔的下方，因浓墨皴迹未干，形成浓淡相接的皴笔过渡层。皴法应多用小斧劈皴。唐寅受南宋李唐，刘松年的影响很大，熟练掌握并发展了墨与水的运用关系，把斧劈皴的刚劲和染墨的润泽结合在一起，脱离了两宋早期山水画中在绢本上绘画先勾、后皴、再染的藩篱。

中下部山石画完后，依此法临画左部石壁和右部斜坡。

石间溪水用小狼毫笔锋勾成，注意用手腕的转动来表现水的流动感，后以极淡墨和花青色渲染水纹。水边平坡用稍淡墨临摹。人物勾画如勾水纹，纤细而有力度，并以极淡墨渲染细部。用比画中部山石墨色稍浅的浓墨勾皴画中的两棵松树。从原画上可以看出，唐寅勾皴松树的笔法完全受宋人影响，且功力深厚。

临摹松树时，用笔已与勾皴山石不同，临摹山石用笔虽讲变化，但基本多为中锋和小侧锋，中锋勾线，小侧锋与中锋相结合皴擦，勾皴变化较有规律；树干勾线多为中锋用笔，靠手腕的转动使勾皴随手的提、按、转、压产生线条的粗、细、折、曲等诸般变化，反映出树枝的质感。松针叶的勾画，应注意单个针叶的行笔起止和攒针成叶的规律，举一反三，在大面积画松针叶时注意各个松针叶群之间的疏密关系，既要有叠压，又要有单置，尤其边缘处须画得清晰、精彩。松针叶整体墨色有轻有重，要有层次感。

松树后的凉亭与杂树，在随意中寓法度。松树上方透出的远山，用浅墨画山石法勾皴。

各山石上之苔点，乘皴染之墨色未干透时稍点几处，使点染结合自然，略带晕化；大部分苔点，在各处山石墨色勾皴后染完色后再点；待染色干透后，再点几处苔点，使其苔点有变化有层次。苔点墨色仅比勾皴之浓墨稍重即可，切不要乱点，应注意原画中苔点的分布规律。

染色时，先染赭石色，后染花青色。宜先淡色渲染，注意两种不同颜色交接处的自然融合。待全画染完色后，再将矿物质朱砂调入轻桃胶水染，点松旁杂树夹叶和坡石上花卉。

鉴定书画时，作品上的题跋和印章也是鉴别真伪的重要依据之一。用学习鉴定的眼睛来观察、辨别、对比固然重要，但亲自动手，让大脑、双手与双眼相结合，理论联系实践将更有意义。

临摹完《坐谈高论图》的画面内容以后，对照看画上题跋再临摹下来。

画上文字有两部分，居中者为乾隆御题诗，画左为唐寅自题诗，两人书法均出自晋王羲之手，乾隆书法秀美规矩，唐寅书法秀逸随意。对题跋的临摹，无疑是近一步对两人的书画用笔进行了解的机会。临摹题跋后，可用点彩之朱砂摹绘乾隆和唐寅所钤用印，为的是了解印章的特点风格，体会古人刀下文字的韵律特征及奏刀方法。如能操刀治印，效果更佳。

这幅画第一遍临摹的比较成功，用笔用墨比较到位准确，构图比例关系接近原作，在临摹前仔细体会了原作的笔墨特点，仔细读画，看清了每一笔运行的先后、方向、效果。大胆下笔落墨，细心收拾，从画下部山石处画起后比较，顺手，并影响了临摹心情，以至于越临越通畅。整幅临摹作品画面干净清澈，勾皴染点繁而不乱，起止笔墨清楚。与唐寅的绘画风格十分接近。

当然，像其他临摹作品一样，不足之处是明显的。遗憾的是，有许多不足之处是粗心和懈怠造成的。在临山石皴染时，有的部位与原画相比，皴墨浅于勾墨，有些局部的皴墨由深变浅处缺乏原画中行云流水般过渡，松针叶组合变化较少，人物勾线的粗心，都有待提高。有的临摹部分，当纸上墨迹干后才发现墨色较浅时，怕破坏原有笔墨效果，不敢再复加皴染。实际上这么做也是对的，如果贸然涂改，不仅不能加强原来的笔墨效果，反而会把原有的笔墨效果破坏，并且打乱已经形成的笔墨浓淡规律，最好的办法是认真体会，积累经验，以备重画。

对原作上题跋的临摹属于学习的整体范围，应看原作或印刷清楚、且尺寸大的印刷品临摹。无论是古画还是近现代书画，许多临摹作品画得很好，但都在题跋上露了马脚，以至于许多作伪者在仿品画中甚至减少题跋字数。所以，鉴藏者应先从学习鉴定书法入手，这也算是一条鉴定的捷径。而古今书画同源，善书者，多善绘；善绘者，必善书。我们无论是临摹学习还是鉴定，亲自动手都十分重要。

临摹给笔者带来的启示是，要使临摹最大化地接近原作，首先在临摹用材上要做到与原作用材一致。古人云"欲先攻其事，必先利其器"，即此理也。在临摹用笔、墨、纸、色、印泥和装裱材料等诸物中，纸、墨、颜色、印泥至关重要，临摹技法因人而异，功夫高者可驾驭不同的笔来画出自己需要的笔墨痕迹，但材料的不可替代性仍至关重要，它决定着临摹作品能否取得观者的信任。临摹者还要多看原作，不仅体会原作者的笔墨技法和艺术风格，更要多注意不同时期不同作者所用材质的特点，如各种纸、颜色、墨色、印泥外观状态和入纸后的反应。笔者认为临摹古画只应作为一种学习研究的手段，不可将之图利，临摹的相同材料难寻，仅纸而论，现在能找到清代初期的书画用纸相当困难，且价格高昂。

鉴定者学习时宜多看原作，如果认为临池挥毫太辛苦，可将从古至今画家用纸，用墨、用色的特点作一总结，找出共性和个性，要做到一看就知画纸的制作年代，仿品即能被鉴出十之五、六。

从笔墨之法入鉴，也能取捷径。今天，宋元时期的书画真品在流通领域中极为罕见。明人书画，如文、沈、唐、仇之真迹，亦很难寻，所以临摹宋、元、明、清的绘画作品，为的是提高自己的艺术素养，完善理论联系实际的研学方式。况且近现代的书画大家也无一不从古人入手。临摹古代绘画，就掌握了临摹和鉴定近现代绘画作品的"金钥匙"。

近现代诸书画大家，与古人相比，传统功力青出于蓝者甚少。张大千与石涛的书画功力相比，黄宾虹与髡残的书画功力相比，陈少梅与唐寅的书画功力相比，谁更高呢？

所以，临摹书画对研习鉴赏和仿制等有着非常重要的作用。

笔者的体会是，仿摹开阔了眼界，训练了眼、手、脑相结合的功夫，每临摹一次古人书画，在艺术思想和技法上都有新的收获，临摹作品与原作是否相像是枝节，与书画大师的心心相印才是根本，你了解了他为什么这样用笔而不是那样，了解了他的笔墨渊源和出处，当临摹的越来越接近原作时，就会感到无比的愉悦与兴奋。

需要注意的是，临摹也需要多阅读相关书籍。另外，当临摹某位画家作品水平进步不明显时，可换临其他人的绘画作品。

反复观看原作和比你水平高的人临摹的书画，也是很有帮助的。学习临摹时，如果能跟随一位在书画理论和临摹实践方面都远高于你的人学习，进步会非常快。

笔者认为，唐寅的画很值得一临。他在山水、人物、花鸟、书法、诗词方面，都有着很深的造诣和艺术成就，精通宋、元诸家之法，绘画和书法作品更是有着一种雅俗共赏的美，画中笔墨交代得很清楚。初学临摹鉴定和欣赏者从此入手，既能学到真实的东西，又方便直白，而且他的绘画艺术变化很多，远非"院派"书画可比。另外，现存的唐寅绘画作品真迹，在各大博物馆中均有机会看到，而且印制精美清楚的印刷品也容易找到，便于我们更好的学习研究。

通过对唐寅绘画作品的大量临摹，虽不求达到乱真，但对唐寅绘画艺术作品中的艺术指导思想、构图、笔墨、设色等方面特点，都能一一明辨在心。在对照任何一件署名唐寅的绘画作品，都能从绘画作品的深层次方面明察真伪，这是基于亲笔挥毫的感受上所进行的被鉴之作与真迹的排列对照、查同寻异与去伪存真。

01　唐　寅　坐石高谈图
02　王志军　仿唐寅《坐石高谈图》

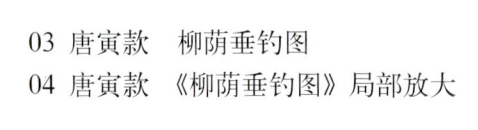

03 唐寅款　柳荫垂钓图
04 唐寅款　《柳荫垂钓图》局部放大

5. 唐寅《柳荫垂钓图》辨伪心得

这是一幅 2005 年香港拍卖的一件唐寅款《柳荫垂钓图》（见图 03、04），63.5×52 厘米，约 3 平尺。曾著录于：

（一）1998 年上海书画出版社出版的《中国书画全书》第十二册，第 256 页，方濬颐《梦园书画录》。

（二）1994 年江苏广陵古籍刻印社的影印本福开森著《历代著录画目》，第 256 页。

（三）1995 年新加坡博物馆出版的《潘受书画回顾》特刊，第 80 页。

鉴定题跋钤印：

  文从简（1574～1648 年）

  何瑗玉（19 世纪）

  方濬颐（1815～1889 年）"曾在方梦园家"

  容庚（1894～1983 年）"容庚秘箧"

  国内某鉴定委员钤鉴定名印

  潘受（1911～1999 年）"以应国器先生雅属"。

  景嘉（20 世纪）"六如居士真迹……"、"景嘉鉴定"

  杜无术（20 世纪）"中国艺术研究院书画研究中心艺术鉴赏"

最后以 200 多万元港币拍出，平均每平尺约 80 万港币，应是以唐寅真迹的市场价格拍出的。而拍卖图录上也清楚地注明这是一件明代大画家唐寅的作品，但笔者认为是一件带唐寅款的"伪品"。

唐寅作画，多为竖幅和少量手卷，此般大小册页很少，构图往往平中求险，树石交错，峰回路转，集古人高远、深远于一体，绝无构图平平之作。

此幅上拍的《柳荫垂钓图》，如从笔墨表现形式、题跋内容、字体风格、所钤印章来看，近于唐寅科举案归家后的风格，此时画风已经成熟。此画中以"平远"法构图，近景长坡垂柳杂树，半掩草庐，岸沚汀兰，几驳空舟横于柳下，江中的孤舟上一翁独钓；中景柳堤阡陌，小桥相连，树间烟霭叠嶂，一峰兀起，连绵起伏；远景中的山峰以淡墨染就。整体构图比较接近明代中期到清代初期江南一带的受"院派"影响画家，学自南宋李唐、刘松年笔意。其所追求的构图意境与唐寅的山水画作品真迹表现形式的差异虽不明显，但仍有本质的区别。这只要临摹和仔细遍览过唐寅的全部作品,熟知其总体风格面貌,就不难有此感觉。

这一时期唐寅绘画,画面内容与题诗往往会反映出唐寅内心世界苦闷、无奈、凄凉放任心态,尤其是把题跋内容与画面风格结合起来细品,能明显感觉出唐寅内心世界的惆怅灰冷。而此幅《柳荫垂钓图》虽题跋内容十分接近唐寅的一贯风格,但画面表现出春光明媚的气氛,却是唐寅作品中所没有的。

通过临摹唐寅作品可以深刻地感受到他的笔墨特点:中锋湿笔,勾皴用笔较长多以笔峰上半部完成,大多数用笔多在笔峰前的三分之一处,线条秀雅流畅,极少重复用笔,笔与笔之间组合关系清楚,无相互叠压破坏之现象出现。此幅《柳荫垂钓图》拍品,用笔之水之平较唐寅差距较大,虽作品大部分画面无摹仿呆滞之病,能一气呵成,但总体水平既明显低于唐寅的真品笔墨水平,笔墨特征上又与唐寅存在着表现形式上的差异。

在唐寅的山水画中,各个季节、各个科类的树木都表现得十分丰富。其中《落霞孤鹜》最为精彩,画中临水的敞轩阔窗前,一高士凭风而坐,风生水起,水天一色。拿其中柳树、山石、屋宇的画法与《柳荫垂钓图》中的柳树、山石、屋宇的画法相比,优劣高下,一目了然。《柳荫垂钓图》中柳树的树枝干与树叶组合的生硬分离,仰点式的柳叶虽有轻重之别,但缺乏真品中应有的层次,柳树的树干画法更为呆劣,不仅树干与树叶之间遮挡层次表现失当,树干自身用笔亦失当,虽然也是中锋,但笔颖质量似乎不高,笔锋似已用秃,用笔直出直入,无提、按、顿、转之变化,多处用笔有涂抹叠盖之现象,略显脏乱,形成败笔。树旁的数丛细竹,用笔软弱。杂树树干勾勒如它物,夹叶组合画法缺少变化,坡石勾皴较乱,与其说学自唐寅的小斧劈皴,不如说学自元代王蒙的乱柴皴。远树的点叶法有些凌乱,树干勾得更呆拙。远山之轮廓勾勒笔力软弱,皴法并无参透唐寅之真意,说其是小斧劈皴,不如称之为绢本上的披麻皴更为准确;用笔有生硬之弊,行走软弱,缺少唐寅真品中湿笔连勾带皴之秀朗挺拔之力。

题跋的摹写虽有三分形似,但无唐寅豪放洒脱之气势,笔势不连贯,有刻画之弊。

唐寅的作品,虽有精粗之分,但风格特点是一致的。虽自古以来每位大师巨匠有变法之举,但亦应越变越佳方为佳构,且唐寅的山水画作品一生中并无笔墨形式如此之变。而此幅《柳荫垂钓图》所显示出的笔墨特点、构图风格、作品意境,说明它不是唐寅的绘画真迹,但也不是一件纯粹的仿品,应是一幅旧时学

"院派"风格的画家作品，或为横披，或为长卷，被好事之人裁改尺寸后，添上唐寅的伪款，以充唐寅的作品真迹。由此可见，添改者可能并不真正了解唐寅作品的各种风格特征，遂成此错。当然，这件作品及后添题跋的时代，距今应有很长的时间，系一件旧仿品。

上述功课，对于有一定基础的鉴学者而言，稍加刻苦即可见效。并以此为中心，可向明代诸多画家扩展，尤其是相同画派、相近风格、相同师承的明代的画家进行有序排比，渐进临摹，熟悉他们的风格异同，然后对照市场中的流通作品，进行鉴定训练。

明代的画家以唐寅为基点，向明代其他画家扩散研究，熟知"明四家"及其他主要画派的风格特点，并可上追宋代元朝之风，下试清朝民国之法。

对宋元的诸家作一般性的了解，选数幅经典之作临摹，清代中可选"四王吴恽"及晚清诸家作品仔细临摹研究，为进一步临仿，鉴别近现代画家作品打下基础。

（二）"半江瑟瑟半江红"

——"鉴定家"与"理论家"

文物艺术品拍卖市场的火热，催生出了众多的"理论家"和"鉴定家"，他们的表现也成为了这市场中一道靓丽的风景线。望着市场中兜囊渐鼓的书画家和收藏家们，囊中羞涩的理论家便卖起文，鉴定家卖起名来。

近现代的绘画艺术发展中，理论家的作用功不可没。但曾经的某一时期，"理论联系实际"天天挂在口边，可真能将绘画理论和绘画技法融为一体者，却是屈指可数。

徐悲鸿是其中之佼佼者，他集绘画技艺、绘画思想理论于一身，并竭力实践推行之。今天中国画坛的中西融合变革之状况，徐君功不可没。他的伟大也将随着时间的推移，日渐显露出来。

没有实践的理论往往是苍白的、站不住脚的；没有理论的实践往往是盲目的、随波逐流的。今天的绘画理论家们太好当了，只要发表过几篇文章，就可自冠头衔。美术界已听不到掷地有声的批评声，大家或忙着开会走穴，或给拍卖公司撰文码字，或给画家结集书序……为画家写评论文章后向画家索画，更是公开的秘密了。文章中写的或是连自己都脸红的肉麻之笔，或是罗列出让人看不懂的词句，以炫耀自己观念的高深与超前。

80年前，徐悲鸿用自己的绘画思想理论和实践探索，指导了中国画坛的发展方向；80年后，读之仍耳目一新，无过时之感。这样的理论丰碑，今天有吗？

还有，不会画画的人，或者画不好的人，怎么能成为理论家呢！米开朗基罗、达·芬奇用他们的画笔和智慧，给后人们留下了不朽画作之外，丰富发展了绘画艺术技法和绘画艺术理论思想。中国画坛从古到今，都是画家们用艺术实践书写着理论心得，从北宋郭熙的《林泉高致》至清代石涛的《石涛画语录》，他们心境涤荡的灵光，照耀着后人前进的路途。

严格地说，许多优秀的画家虽然在理论方面有所贡献，但不能称之为理论家。理论家的思想必然学贯中西、融会古今、建立了完整系统的指导性思想体系。这一切都要建立在绘画艺术实践之上，并随着时代生活变化而发展，走在时代的前列。以此为鉴，齐白石是吗？傅抱石是吗？

但是，当理论家游离出画家的行列，并形成一个庞大的群体、一个日渐壮大的行业时，才是中国画坛的悲哀。在内地拍卖的十多年间，理论界也就出了敢讲真话的陈履生。

我们现在许多所谓的"理论家"，充实量只能算是个理论工作者。他们没有资格，也没有能力，更也没有良心指导中国画艺术的发展。收藏投资绘画作品，参与拍卖，必须洞察绘画艺术的发展，必须熟悉绘画理论的发展，才能明辨绘画作品的优劣。

理论切忌人云亦云。细读各代绘画理论，犹如站在历史的高峰上，享受着宛若山风般的先贤智慧思想的吹拂。

同时，绘画作品市场价格的变化，同时催生了另外两个群体的壮大：仿制者和鉴定家们。市场的接受就是给仿制者最大的奖杯，只不过没有掌声和鲜花。鉴定家们在接受掌声和鲜花的同时，让一张又一张的赝品成功登陆了市场。拍卖市场的出现和发展，把仿制者之矛与鉴定家之盾的较量展示给了公众。仿制者在完善自身的同时，用市场和鉴定家磨砺着仿制之矛。鉴定家们的陈旧知识和老化技能构成之盾已成千疮百孔，而私利诱惑，私心偏移将彻底毁灭鉴定家的自身存在意义。鉴定家们越来越多，而仿制者们仿出的赝品也越来越多，这说明了什么呢？

自古以来，善鉴者皆善画，已成为鉴定家必需之技能和市场中之铁律。可是今天，许多头顶"光环"的鉴定家们却写不出像样的粉笔字，更不用说让他试试目睹夜思的书画工具毛笔了。

学经读史、能书善画的传统鉴定家们多已年过古稀，渐行渐远。年轻的鉴定工作者们躁动在市场的浮华之中，只记了一些书画家的名头，了解一些拍卖成交行情，仓促上阵，让非常严肃的科学行为变成了表演的儿戏。这不是耸人听闻，这早已是假画横行的拍卖场中公开的秘密。这也是当代画家作品价格日渐走红市场，人们都到画家家中买画的间接原因。

可悲的是，面对这一切并没有什么好办法。

劝你离开这个市场吗？这个市场充满着极大的诱惑，无论是物质利益上的还是精神文化上的。

自己学鉴定吗？当一个名副其实的鉴定者，这首先要自己能书会画，再博古通今，非数年光阴难达小成，似乎时不我待。

委托有诚信的中介机构收藏代理？可诚信标准何在？诚信纪录何在？诚信机构何在？声誉不能代替真理，人情难抵私心，何况质疑诚信的浪潮早已在击打着拍卖市场了。

借助朋友帮忙？这世间朋友的故事太多，"画龙画虎难画首，知人知面不知心"的古训犹闻在耳。

期望一个好制度让坏人变成好人？《拍卖法》中对瑕疵的相关规定，消磨了我们久久等待的耐心。我们看见国外拍卖公司规则中有着关于退货的规定，国外拍卖公司的预展也在频频光顾内地，图录中的中文说明也越来越多，虽然国外拍卖公司也赝品频出，但他们凭借良好声誉走进内地拍卖市场是迟早的事情。到那个时候，理论家和鉴定家们又会是什么样呢？

四、收藏篇

　　14年前秋天的一声槌响，让中国画鲜活地走进了用金钱搭建起的拍卖场里。中国画艺术接受了从未有过的隆重的金钱洗礼。所谓的"盛世收藏"，不过是现代利益追求者的意指所为。

　　同时，绘画拍卖的发展，刺激了民间资本的投入，这将在某种程度上推动中国画艺术的向前发展。

（一）"芝麻开门"
——艺术评判指引下的收藏投资

今天的文物艺术品收藏，已不单单是对某种文化的向往，而是渗入了很多对财富的渴望，收藏的投资功能被空前强化。拍卖的出现，成为展现收藏行为的货币价值和投资回报的最佳平台。

被异化的拍卖，加剧了绘画艺术品中的学术价值、作品思想与市场价值的脱节与扭曲，金钱拥有者的喜好替代了社会公众的评判，艺术理论、艺术批评也在唯市场价值马首是瞻。金钱的涌入与搅动，使绘画作品拍卖市场在利益的引力下旋转翻腾起来。

这是一个跌宕起伏、暗流涌动、变化无常的市场。同时也是一个充满生机、无限风光、再造辉煌的市场。

你想参与它、了解它、驾驭它，只有站在历史的高峰上，才能体会和领略到收藏投资一览众山小的心境，才能取得收藏投资行为的成功。

时间是最公正的，它从来不会向金钱献媚，向权势低头。历史的长河，终究会淘尽了无数由金钱堆积、权势打造出来耀眼的浮华，给我们树立了一座座真正的艺术丰碑。

我们今天既不能漠视绘画艺术的学术价值，也不应拒绝收藏中的功利享受。让我们的每一次收藏行为，跨越过财富回报的羁绊，升腾到理想文化中的崇高境界。绘画作品收藏的成功，无疑是收藏人生的最高境界。

收藏行为的功利性导致了它的成功取决于两个方面，一方面是收藏者自身主动地完善修正认知事物的方法，另一方面是藏品被动地符合约定俗成的公众要求，两者在社会大环境下的统一结合，才能使收藏的结果完美。

社会环境的因素是必须强调的，尽管它在相当长的时间里往往被人忽略不计。

收藏可以成为职业，可以成为娱乐手段，可以成为个人精神文化支柱，但不能成为推动人类发展的唯一动力。

四、收藏篇

今天收藏指导类的书籍中，过分强调了收藏者自身的静态条件，像要有财力、眼力、运气等等，却弱化了收藏者自身的动态收藏技能和藏品被选择的细化标准。收藏种类的不同，要求也各不相同。绘画作品的收藏与投资既有雅俗共赏的可观性，又包含着深厚的文化内涵，它要求我们对历史、社会、人生、艺术、画家、作品等等一系列因素要有着深刻的认识和正确的评判。

对画家和作品分析评判，应从学术价值和市场取向两个方面入手，客观冷静地去思考和研究。学术价值方面，不要强调所谓"学院派"和"在野派"的区别。历史和艺术是公平的，它从来不问英雄的出处。几千年的中外绘画史中，画院待诏与民间画家、御用画家与职业画家都在各自不同的位置上，为推动绘画艺术的发展作出了自己的贡献。曾经赴法学习绘画的徐悲鸿，把木匠出身的齐白石请到美术专科院校中授课。我们回味这段佳话同时，还有必要再给画家们贴上"学院派"的金字标签吗？

"实力派"一词听起来有些可笑，今天自封的或被吹捧出的"实力派"画家往往是绘画技法的心虚派。市场中所谓"实力派"的技法水平非常低。当人们唯画价是尊时，只要你有钱，自己在拍卖会上举几个"天价"不成问题。拍场"实力派"便由此而生。而人们往往把拍场的"实力派"就当成了艺术水平的"实力派"。学术上的"实力派"一无继承可言，二无创新可表，有时市场上出现的赝品往往比号称"实力派"画家本人的原画技法都好。李可染一生中从来不说自己是实力派，"白发学童"伴其一生。可是今天有谁说李可染没有实力呢？

中国的画家太多了，大家都需要生存，为了有别于他人，就给自己起了许多称号"学院派"、"实力派"、"新文人画派"等等。但最终决定画家历史位置和市场位置的，是他手中的笔。学学梵·高吧，他也想卖画。但他除了用自己的鲜血和生命创作了一幅又一幅的佳作外，他在意过自己是什么流派吗？

作为收藏家，梵·高的绘画价格有过20法郎和几千万美元的纪录。笔者不能说收藏家的身边都有梵·高的身影，但我们要学会和掌握发现和收藏梵·高作品的方法。

一、画家作品中学术价值与市场取向的综合评判（后附有据此绘制的评分图表）

学术价值是指画家自身艺术活动及作品所具有的内在的所有绘画艺术的集合。它们分别包含于：

1. 画家自身艺术活动和作品中的绘画艺术思想

思想是绘画艺术创新的源泉，是绘画艺术发展方向的指导方针。没有思想的画家和作品是枯燥乏味的"行活"，重复别人的思想与"画匠"无异。但这类画家和作品从古至今还很多，充斥在拍卖场中，被历史湮没的往往是他们。

品评一个画家的思想，要看他的思想是否与现实社会相结合，是否与作品内容相结合，是否与绘画技法相结合。

思想与现实生活的结合，是打动观众，感动观众的最低要求；思想与作品内容的结合，是绘画成为艺术的基础，是区别艺术与技术的标准；思想与绘画技法的结合，是完善作品表现形式的最高境界。三者的统一结合，共同发展才是画家的毕生追求。

在当今拍卖场上"著名画家"的"天价"拍品中，有几件能体现出三者的结合呢？可以说，很少。

2. 画家对绘画艺术的理论贡献

绘画理论的贡献体现在有鲜明系统的指导性论断和理论指导下的绘画实践突破。理论贡献要求画家自身有着深刻的思想和长期的艺术实践，在从理论到实践、再从实践到理论的反复过程中，形成了鲜明而深刻的具有指导意义的理论系统，并能与自己绘画实践有机地结合应用。一个没有自身理论指导的实践是无法成功的。

纵观中国绘画史，凡有大成者，无不集高水平的实践与理论于一身。但我们应注意由古人的陈规陋俗和舶来的洋垃圾拼装起来"假理论"和一些从不绘画的所谓理论家的"伪理论"在学术界和艺术界的泛滥。

3. 画家艺术思想与具体技法相结合的发展方向

发展是生存的动力，中国画向何处发展，一直是人们争论的焦点和议题。一个事物，只有不断地扬弃，吐故纳新，才能适应环境要求，才能生存和发展。只有把传统艺术与现代艺术相结合，把本土艺术与外来艺术相结合，才能是中国画艺术发展的方向。

这是一个艰苦复杂的渐进过程。古代山水加上现代桥梁的结合在几十年前就出现过，这只能是一个良好的初级开端。但我们追求的不仅仅是表现形式的改变，而是画家思想与作品的内容、技法和现实社会的结合与艺术发展的方向交织在一起深层次变革，使中国画艺术的发展艳丽多彩。

百年以前西方绘画艺术的传入，使中西绘画艺术结合成为了一个新的发展方向，并在任伯年等人的艺术实践中渐进发展。而徐悲鸿、林风眠等人则是有意识、有目的地将西方绘画艺术尝试着引入改良，并取得了可喜的成就，使结合初期的生硬机械逐渐向丰富自然的方向转化。而之后的诸多画家都在走中西结合的发展之路，这是中国画发展的光明正确之路，这已被100多年来中国画坛发展历程和绘画市场风雨所证明。这也是我们以此为选择标准的重要原因。但做到这一点的，寥寥无几。

4. 画家作品中各种技法运用的水准

技法是画家表现绘画艺术思想理论的外在形式，是沟通画家思想理论与作品表现题材的桥梁，反映了绘画艺术中的传统与现代结合、本土艺术与外来艺术的结合。

绘画的技法水准，既包含了点、线、面、色构图等单项技法，也囊括了画家作品中的整体技法表现，即与理论发展同步的革命性技法、继承前人传统的改良性技法以及艺术继承中技法的倒退与老化。

近现代的中国画坛中，技法创新者少，技法改良者也不多，随波逐流者却占了多数。这从存世作品和拍卖场中可窥见一斑。

当代中国画坛中，追求创新逐渐多了起来，百花齐放般的创新与拍卖场上耀眼的金钱光芒交织在一起，它代表了中国画艺术新时代的到来。尽管其中良莠不齐、鱼目混珠，尽管大量的"伪艺术"逐利者们混迹其中，尽管"玩艺术"、"玩笔墨"、"玩技法"成为画坛和拍场的时尚。

中国画的画坛中很少有人能被称之为"炫技派"，原因很简单：技法超群者屈指可数。许多人的技法，比我们读者朋友高出不了多少，不要忘记：画技是一个画家的生存基础。

5. 绘画作品呈现出的多元化表现题材

题材是绘画艺术思想的重要表现形式，是联结现实生活与艺术思想的纽带。

古人绘画的题材门多类广，发展到今天，最终形成今天画坛的山水、人物、花鸟三大类绘画题材，并衍生出各有特色的表现技法。

山水、人物、花鸟的各个题材中又都衍生出了许多表现流派，且各有自己的代表画家。而能融贯山水、人物、花鸟题材为一体的，堪称大师。融会贯通意味着三者题材中的技法表现水平的同步一致。如果一个杰出的人物画家，只会画补景山石和花草，这不能算他融贯了山水、人物、花鸟诸画。

齐白石是花鸟画大家，但他笔墨生疏的人物和山水却比他所擅长的花鸟画价格高，为什么呢？好比一个演员，他的失误，有时会被当成创新之举，而追逐齐白石人物画和山水画的收藏者多是出于蒙昧和盲目，更是画坛缺乏真正理论批评的标志。

对于一个绘画艺术的收藏鉴赏者来说，学术价值的明辨与认知并不困难。只要多读书，多动笔练习，广交朋友，就可练就一双火眼金睛。读书中要敢于跨越历史时代的思想局限和市场价格起伏的诱惑，不唯权，不唯钱，善于变换视觉角度来观察研究事物。动笔实操体会绘画语言的感觉，了解绘画艺术的思想理论、题材、技法的水平高低，去探讨绘画艺术的学术价值表现。

多元化的表现题材考验的是画家本人的综合绘画能力和技法水平。小学生都知道要争当"三好学生"，而画家们更应该让自己的绘画技法全面一些。试想，当一名擅山水、人物、花鸟的全才画家和一名只擅其中一类的画家站在我们面前时，我们会把鲜花送给谁呢？

6. 市场取向的认知

市场取向是指在一定时间段内的某种地域范围内绘画艺术品市场对画家及作品的各种认知程度。它主要包含有以下几方面：

①画家作品的数量

画家作品的数量多少直接影响到作品市场价格的走势。对同一画家而言作品数量多，容易导致市场中供过于求，价格走低；作品数量少，则容易导致市场中供不应求，价格走高。

在关注作品数量的同时，还应细分作品中的早期、中期、晚期的各个数量比，应酬画、普通商品画与精品画的数量比。

实际上我们已经看到，画家认真创作的态度，毁弃不满意作品的做法，也会使作品数量减少，并已从作品市场价格变化中得到了回报。但实际上很少有人知道画家作品的数量，只能通过各种渠道推算出来。市场中流通的作品数量，绝大多数画家作品创作数量与流通数量成正比。也有画家同某种原因有所不同或恰好相反。

一般而言，画家在去世后随着时间的推移，其作品出现在流通领域中会越来越少，价格会越来越高，或越来越低。这样，其艺术价值才会真正体现出来。

但在市场化的收藏市场中,绘画作品往往会被人为地过渡包装或炒作,有时会集中在某个或几个藏家手中,人为地控制市场中流通的数量,以图少出高收之利。这一点应引起收藏者们的注意。

②市场中赝品的数量和质量

赝品的出现往往取决于被仿者作品是否有个较高的市场价格,赝品数量的多少又取决于作品的市场价格高低和仿制难易程度。

现在市场中齐白石和李可染的作品市场价格较高,但齐氏作品的仿品远远多于李氏,而李可染作品的赝品往往集中在牧童水牛题材方面,山水题材的赝品很少。这一现象的主要原因是仿制李可染画山水题材的作品难度很大。无论是用笔、用墨,都不易达到与原画相似的效果。但今天的仿制者已不管被仿者技法的难易,只要有利可图,一律仿制,仿制水平高的上拍,仿制水平低的上摊。

应当注意的是,许多赝品混在真品中或将全都赝品结集成册出版发行,迎合现代收藏者盲目注重著录的寻鉴方式。而鉴定家们鉴定技能的弱化和受私利所惑,也使许多低水平的仿品冠上了真品的标签。拍卖市场中多次出现的鉴定专家与鉴定专家之争,鉴定专家与被鉴作品的作者子女、学生之争,拍卖公司与作者之争,拍卖公司与买家之争,充分说明了赝品横行到了怎样的程度。

通过对市场的观察发现,现在拍卖场中旧时仿品数量不多但多已被当成真品上拍,俗称"老充头";现代仿品虽数量多但水平较低,而市场从业人员、鉴定工作人员的业务水平和道德水准则更低,遂使得赝品盛行。

③作品在市场中流通的时间

作品在市场中流通,一方面,是作者本人面对市场,用思想和画笔在打造市场范围和收藏者群体;另一方面,是市场集中了收藏界与学术界的力量在考量画家作品在市场中的生存能力和艺术水准。

受市场一时追捧的作者不一定是卓越的画家,这一论点已被历史所证实。但艺术水平卓越的画家作品终究会被市场所认识,被收藏界学术界所追捧,这只不过是时间的早晚。真正的画家应该从市场中听取正确的艺术批评和公众的要求,而不是去单纯为迎合买家和权贵的口味。

市场是永恒的,但它也是随着政治、经济、文化等因素的变化而发展的。

绘画作品在市场中流通时间越长,它的学术内涵被公众接受得就越全面,市场价格变化就会越贴切,就越能为我们观察、研究、分析、把握它的变化规律和真正价值提供可靠的依据。

④作品的流通市场范围

绝大多数绘画作品所流通的市场范围遵循着先小后大、先近后远、先国内后国外的原则。

职业画家成功与否取决于其作品流通市场的大小；市场大小决定了作品的需求量，更进一步决定了作品的价格。

画家成功走向市场的第一步，首先要获得区域性市场的承认，也就是说形成稳定的作品供需关系。第二步，要打破区域性市场界限，走向全国。市场中提人知名，闻名则知人，并有固定画廊经营的画家，立足于内地，进而迈向港、台市场。做到这一点很不容易，但随着内地经济的崛起，绘画作品流向港台地区，已不像早年那么重要，那么带有标志性了。第三步是走出国门。绘画作品包含着民族文化的思想观、价值观、学术观，要让不同民族互相接受，让绘画作品成为没有国界的艺术，是一件非常难的事情。内地画家作品的市场外延，往往先日本、韩国、新加坡、马来西亚等亚洲国家，最后才是欧美诸国。

这里要分清的是，自费去外国办画展，高价售画未果，再低价甩售一空；或赠送欧美政要，外交礼仪的接纳，均不能说是已打入了亚洲和欧美市场。

⑤作品单位面积的市场价格

中国书画惯以每平方市尺的面积论价。从20多年前现代画家的几元钱一平尺的收购价，到今天几十万元一平尺的拍卖价，产生了巨大的悬殊。对比单位面积的市场价格，发现市场价格差异与其艺术差异是否成正比，这些诸多比率差异中，就蕴藏着收藏投资机会。

所有人都明白，投资的一个重要手段便是"高抛低吸"。只有对比，才能知道孰高孰低，孰更能反映艺术的本来面目。单位面积的价格，就是它们的基点；而如何发现并掌握这些差异及其变化规律，正是我们要探讨的综合比较参数。

中国内地股票市场的诞生与发展，给全民普及了许多金融投资意识，高抛低吸、落袋为安成为获利的法宝，尤其是当你知道了单位面积的市场价格变化规律和未来走向以后。

今天如果你手中的近现代画家作品已达到了几十万元一平尺，应马上卖了。因为笔者敢肯定至今健在的作品已达每平尺几十万元的健在画家中不会出现第二个梵·高或李可染的，因为这种天文数字般的卖画收入会打倒任何一个有着梵·

高般艺术思想和天才的人。中国画的特殊绘画技法使大多数作品有时完成得异常迅速,我们可以理解成这是艺术思想和技法在长时间积淀后的勃发,但同样让人难以理解的是这种积淀转化成商品价值竟是这样简单。更何况这些高频出现的拍卖成交纪录中,又有多少不是人为炒作操纵的结果呢?画家作品的市场价格构成十分复杂,小到题材的不同、风格的不同、技法的不同、尺幅的不同、时期的不同、难易的不同、用途的不同,大到市场环境的不同、社会环境的不同、艺术价值取向的不同等因素,都可以使同个画家同幅作品的市场价格产生出多种变化。把这些变化导致的各种价格尽量全面地汇总综合,再形成一个平均价。如果当代画家每个自然年度中的各式作品加权平均价每平尺超过了5万元,它的投资价值会随着价格的继续上升而下降。

画家作品市场价格是多样化的。同一时间内的拍卖场、画廊和从画家处购买及私下交易,价格都是不一样的;有时同一城市、同一季节、同样尺幅、同类题材的作品,小拍成交价甚至高过了大拍成交价。所以,不能太迷信市场价格,应尽可能地将多个价格综合平均后再研究使用。

本书中市场价格的采集分为两个时间段。第一时间段为1980年至1995年,共15年,以香港地区拍卖成交价为准,同一时期的纽约地区拍卖成交仅为参考,内地画店中交易价格明显低于同期国际市场,亦仅为参考。1992年北京国际拍卖会,1993年的上海朵云轩拍卖会及1994年春秋两季嘉德和瀚海拍卖会的成交纪录,仅为参考。

第二时间段为1995年至2006年,共11年,以中国内地的各个拍卖公司成交纪录为主。其中有些拍卖成交纪录明显高于海外同类拍品,并有逐年数量上升趋势。尤以当代画家为甚,人为炒作的痕迹十分明显。

⑥画家成功的年龄

通观近现代著名画家的早期作品,水准平平者居多,多数著名画家往往是在自身艺术生涯的中后期才享誉画坛的。这并不是社会在埋没人才,而是因为绘画艺术的特殊性所决定的。"试玉须烧三日满,辨才要待十年期"。中国画特殊的技法和思想内涵,决定了一个中国画学习者要经过漫长的时间才能学习掌握它。而一个画家的成才,更面临着复杂的因素。

人对物体的三维立体系统理解,需是发育正常的10岁儿童才能做到。而中国儿童大都是从10岁左右开始学习中国传统绘画,且只能在业余时间进行。如果他要从事绘画类职业,就要舍弃或减少对中国传统绘画的学习,主攻西方绘画中的素描和色彩,还要参加各种艺术考试,才能从艺术类的中学考入艺术类大学。也就是说,他在18岁以前,只能对中国传统绘画有粗略的了解,当从艺术类大学毕业后准备当职业画家时,面临着三条道路要选择。一是搞实用美术,这是一个衣食无忧的高收入阶层,当年曾有工艺美院学实用美术专业的学生收入超过中央美院国画系教授的趣闻。二是当油画家,三是当国画家。这后两条要从绘画爱好者变成签约职业画家的曲折之路,充满了艰辛和苦难。曾有人统计,某艺术院校的绘画系本科毕业班中的学生只有50%左右的在从事绘画艺术,并多为从事与绘画相关的设计广告业,相当一部分人已搁笔多年了。

通过调查分析我们发现,1940～1960年之间出生的画家的成功时期往往在40岁以后,也就是在1980～2000年之间。根据人类生理机能的发展变化,我们认为这一代画家的辉煌期普遍比前辈人提前了,应在50岁至70岁之间。这也是应对画家年龄有所注意的原因。促使我们把评定画家的高分值年龄定在45岁以后,而不是齐白石成名的70岁以后模式。

⑦画家和作品有无包装和炒作的现象

探讨这个问题时,要首先区分开正常的市场波动、合理的包装和非理性的炒作。

分析本书中上百幅价格变化曲线图,可以看出相当数量的画家某一阶段的作品被非理性炒作过。前面分析过影响绘画作品市场价格波动的很多因素。像海湾危机、亚洲金融风暴等国际大环境的变化,都影响了绘画艺术品的价格下跌。而近年来中国经济实力整体发展,又推升了绘画艺术品价格的上升。我们发现,个别画家作品价格背离或超越了市场变化,普遍下跌时,他不跌或少跌;普遍上涨时他上涨速度和幅度又大于其他画家。这既有作品自身艺术价值高于别人带来的价格异常,又有围绕作品的投机力量大小所导致的价格异常。发现这些异常,可以使我们远离炒作的风险,获得收藏的愉悦和投资的回报。

在绘画艺术高度商品化的今天,合理的包装已被市场所接受。画家经纪人的艺术眼光、从业经历、资金实力等因素都影响着包装的方式水平。许多画家都是由经纪人发现包装后再推向市场才取得成功。但近几年里,一些急功近利的经纪人的进入,使市场增添了无数的变数。他们粗通艺术,套用其他投资领域中的投机方式,凭借资金的雄厚或与画家联手,或包养画家,由媒体宣传,辅以艺术评论，在收藏市场中翻云覆雨，炒作出一些高得离谱的画价，让人咋舌不已。一幅没有艺术思想、没有深刻主题、缺乏绘画技法与表现力的作品，被人炒得再高，最终也会回落到应有的原点。

由于中国内地早期的拍卖业中迟迟没有开征所得税，使近现代绘画拍卖成交价格愈加疯狂。对此，给大家的忠告是："对于用五分钟时间就能画出五万元一平尺的画，不买。"笔者不能保证按照本人的观点收藏的绘画作品就一定能升值，但它一定会是一张让收藏者引以为豪的好画。

图例说明：

1. 每位画家简评后的价格走势图，是以年为单位进行统计的。即把每年每次拍卖的单位成交价格合并后求出平均价格，逐年连线，显示出整体走势。这样，便克服了以次为单位的剧烈变化，因而更加平实。虽然短时间内的频繁变化显示具体情况，但笔者认为这种变化的可操作性不强，并且人为痕迹较重，故以年为单位更加真实。建议投资者可结合有关网站的详细线图，综合考量更佳。

2. 在对每位画家进行简评时，本着客观、公正的原则，难免有未尽溢美之词。因为，画史上的"大师"不是哪个人封的，历史会告诉我们谁是真正的"大师"。

3. 收藏投资建议写得很简短。实际上，每个画家作品价格的变化是不同的。笔者的建议也只是抛砖引玉之言，具体的操作方式还需要您在实践中具体把握。

4. 画家的选择上，本着艺术价值与市场取向相结合的原则，尽量克服个人偏好。书上诸多观点，来自于笔者多年读画的心得及师友的教诲。不求权威，但力求客观，文中之词或誉美，或贬瑕，均自心言。这是保证笔者立场公正的关键。

5. 在其中多有"释出"之句。无疑是建议藏家兑现回报现金为主。等上三五年，让市场跌透后再挟资金而来。按上海股民话讲是来拣"皮夹子"。

6. 每个价格的构成，包括了早期与晚期、精品与应酬画的总体平均价格，其中也不乏有争议的"真品"，其市场价格自然低于许多当代画家的现有价格，只供参考。而书成之日，可能价格又有所变化，个中臆断，读者不可拘泥。

画家综合评判图表 1

学术价值构成类型		类型内容（需达到的 13 项要求）	得分	操作规则	成功画家最低要求	著名画家的标准	开宗立派型画家标准
学术价值	（一）画家自身和作品中包容的艺术思想	① 艺术思想与作品内容的结合 ② 艺术思想与作品技法的结合 ③ 艺术思想与现实社会的结合	6 分 6 分 6 分	可单独或合并选择计分	6 分	6 分 6 分 6 分	6 分 6 分 6 分
	（二）画家对绘画艺术的理论贡献	① 有鲜明的指导性思想理论见解 ② 理论指导下的作品创作实践已取得一定成就	6 分 6 分	可单独式合并选项计分	6 分	6 分	12 分
	（三）画家的作品实践展示出绘画发展的探索方向	① 传统与现代结合的发展方向 ② 外来艺术与本土艺术结合的发展方向	6 分 6 分	可单独式合并选项计分	6 分	6 分	6 分
	（四）画家作品中绘画技法的水准	① 与理论发展同步突破的创新技法 ② 继承前人技法后的改良 ③ 继承前人技法中的倒退	8 分 4 分 -2 分	只能选择其中之一项计分	4 分	4 分	8 分
	（五）作品呈现出多元化的表现题材	① 山水题材 ② 人物题材 ③ 花鸟题材	6 分 6 分 6 分	可单独式合并选择计分	6 分	6 分	6 分
	共 5 个方面	13 个类型	共 70 分		28 分	40 分	50 分

注一：表中各项，均在前页有详细解释
注二：表 1、表 2 为一张图表，因篇幅所限，故分两处，可任选画家按表中各项打分，得出总分后与表 3 对照。

画家综合评判图表 2

八个方面		31 个类型	得分	操作规则	成功画家最低标准	著名画家的标准	开宗立派
	一、画家创作作品的数量	①数量多（年创作 250 幅以上） ②数量一般（年创作 150 幅） ③数量少（年创作 80 幅以下）	-1 分 0 分 2 分	只能单独选择一项计分	0	0	2 分
	二、市场中流通的作品数量	①数量多（150 幅/年）以上 ②数量一般（100 幅/年） ③数量少（50 幅/年）以下	-1 分 0 分 2 分	只能单独选择一项计分	0	2 分	2 分
	三、市场中赝品的数量	①数量多（总量 1/5 以上） ②数量一般（总量 1/10） ③数量少（总量 1/20 以下）	-1 分 0 分 2 分	只能单独选择一项计分	0	2 分	2 分
市场取向	四、作品在市场中流通时间	① 5 年 ② 10 年 ③ 15 年 ④ 20 年 ⑤ 25 年	1 分 1 分 1 分 1 分 1.5 分	累加合并计分	10 年 2 分	15 年 3 分	25 年以上 5 分
	五、作品的流通市场范围	① 国内 ② 港、澳、台和东南亚 ③ 欧美地区	1 分 2 分 3 分	累加合并计分	国内 1 分	港澳台东南亚 3 分	欧美地区 6 分
	六、作品单位面积的拍卖价格（各种题材、拍卖的平均）	① 1 万元/平尺 ② 2 万元/平尺 ③ 3 万元/平尺 ④ 4 万元/平尺 ⑤ 5 万元/平尺以上	2 分 2 分 1.5 分 0.5 分 0 分	只能选择一项计分	2 分	2 分	
	七、画家的年龄	① 35 岁以下 ② 35 岁~45 岁 ③ 45 岁~55 岁 ④ 55 岁~65 岁 ⑤ 65 岁~75 岁 ⑥ 75 岁~85 岁 ⑦ 7.85 岁以上	0 分 1 分 2 分 2 分 2 分 2 分	只能单独选择一项计分	2 分	2 分	2 分
	八、画家和作品有无包装炒作迹象	① 过度的炒作包装 ② 正常的市场波动	-2 分 2 分	只能选择一项计分	2 分	2 分	2 分
			共 30 分		9 分	15 分	共 21 分

画家综合评判图表 3

	学术价值 （共 68 分）	市场取向 （共 23 分）	总分 （91 分）	得分说明
成功画家的最低综合标准	28 分	9 分	37 分	37 分为成功画家的最低标准，37 分以上分数的增加，则说明由成功画家最低要求向最高要求发展直至著名画家
著名画家的最低综合标准	40 分	16 分	56 分	55 分是著名画家的最低标准，55 分以上分数的增加非常困难，这也说明了著名画家的真实分量
开宗立派画家最低综合标准	50 分	21 分	71 分	谁都说自己是开宗立派的大师，看一看逝者如斯的历史长河中，过江之卿般大师们远去的身影

（二）含英咀华　"画山论剑"

1. 近现代山水画家点评

近现代是中国山水绘画发展的一个重要转折期，总体呈现出多元化发展的面貌。这是时代的变化所致。

鸦片战争的炮响，轰开了闭关锁国的大门。比起船坚炮利的军事侵略，文化意识的渗入更加隐秘无声，西方的绘画艺术以平静自然的形式首先影响到了近代中国的职业画家。

由于山水画在中国画中的首要地位和巨大影响及其表现技法的复杂，以至于西方绘画艺术在刚传入时首先是从花鸟和人物画中开始的。当晚清的任伯年把西画技法引入花鸟画并形成了一种模式后，中国的山水画坛还笼罩在某皴某笔的陈规旧俗中。从这个时期的绘画作品和传世理论中，我们还看不到西方绘画艺术对中国山水画有什么明显影响。如果我们把中国画艺术比作一条蜿蜒奔腾的大河，那么这个时期河中最美的浪花，当数"海派"的花鸟绘画艺术。

从这个时期的"海派"和"岭南画派"画家们所创作的山水画中，西法的掺入远不及花鸟画的发展成就。晚清吴历的山水画中对西方绘画艺术构图和用色的引入宛若一闪的灵光。其后的陈师曾、溥儒、吴湖帆、郑午昌、贺天健、冯超然、陈半丁等人的画或宗两宋笔意，或学明清墨韵，传统的绘画表现形式仍主导着近代山水画发展的主流。

直到"新文化运动"的兴起，陈独秀、徐悲鸿等人对西方绘画艺术与中国传统绘画艺术结合的认识及徐悲鸿等人的身体力行，才真正启动了山水画发展的脚步。

思想理论的冲撞，带来了艺术表现形式的百花齐放。无论是以徐悲鸿为主导的改革派，还是以金城为首的"传统派"，都在理论和实践方面扩大着自身的影响。

这一时期的"改革派"阵营中，还未出现一位集中西绘画艺术为一体的山水画巨匠，"海派"和"岭南画派"的花鸟画家还游走于传统和创新之间。徐悲鸿在人物画、花鸟画领域中推广着自己的理论和实践,并不断地扩大着影响。

"传统派"中张大千异军突起,初以石涛为本,上追宋元诸家,把古人绘画传统汇于一身,形成了浓厚的传统山水绘画风格。石涛的艺术影响,一直留在张大千的身上。陈少梅宗法两宋山水,独取明代唐寅之风骨,传统功力之深厚,不在张大千之下,独领一时画坛传统绘画艺术之风骚。其他诸多传统山水绘画之名家,上难抵古人之功,旁不比张、陈之能。

1949年,既是新的历史时期的开端,又是中国画艺术发展的分水岭。

前苏联绘画艺术体系的引入,强化了徐氏西方绘画艺术替代传统艺术的教育理论与实践。而随后开展的为祖国山河写照,终于使中国山水绘画的发展走入了一个新的天地。

"长安画派"是这一时期中国山水画变革的先驱。"一手伸向传统,一手伸向生活"的理念,使其山水绘画一反陈习旧貌,并对其后的中国画坛产生了深远的影响。石鲁、赵望云、方济众用自己手中的画笔描绘着充满西北风情的家园。

聚集在紫金山下的画家们,也走向了自然,用画笔歌颂着新生活、新山水。傅抱石、亚明、宋文治、钱松嵒、魏紫熙等人形成的"新金陵画派",尝试着用新形式来探索中国山水绘画的发展之路。

李可染、张仃、罗铭的写生联展,把改革中的山水绘画推向深化。

所有这些艰苦的实践和卓绝的努力,彻底埋葬了旧式山水中南北宗之论。山上有红旗,山间有汽车,山中有隧道,钢铁桥梁和无边稻田,高耸的楼房和欢呼的人群,替代了传统山水中枯木独桥、野芥江汀、草亭孤楼和游僧高士。这一与历史同步的变革,使中国山水绘画进入到了一个新的发展时期,或主动或被动地追随时代,产生出了多种多样的笔墨表现形式。但总体而论,这一时期中的绝大多数山水画家所追求、所达到的,还只是形式上的改良。

唯江西画家黄秋园,长期游离于正统画家行列之外,苦心经营着自己胸中的传统山水绘画艺术。黄秋园的成功是中国画艺术的悲哀。黄秋园既非世承书香,名师之后,也非官办的画院画家,一介布衣,孜孜不倦,淡泊名利,潜心于两宋风骨与山樵墨韵之中,虽笔下云烟起伏,却长时间无人喝彩。李可染于其遗作展上易画,惊醒世间,惶惶中仿佛唯与传统肖似才是中国画之出路,则是从一谬误入又一谬中。黄氏山水绘画取宋人之构图,实则"二石"之笔墨,传统功力不让张大千,但观之恍若隔世,可作传统艺术传承之标本,不可成后世山水绘画艺术发展之楷模。

1980年以后的绘画艺术思想彻底变革，使中国山水绘画艺术打破了所谓正宗传统艺术的桎梏，新一代艺术家们为中国画艺术走向世界吹响了进军的号角。在中国画穷途末路的争论声中，绘画艺术实践的变革早已悄然生起。

此时李可染的山水画也已走出了前人的阴影，其以黑白分明的"光影"变化之法，独创了"李家山水"。"废画三千"的苦学派，让我们看到了传统艺术创新的艰辛与魅力。李可染山水画的成就，得益于早年对山川江河的写生积累和对艺术真谛的不懈追求。他在画里仅用墨和花青、淡绿、赭石等寥寥数色就描绘出厚润华滋的山川变化，体现了传统笔墨的无穷魅力。

当传统的山水画家们尝试着引入西方绘画技法进行创新变革之时，许多在研习西方绘画艺术领域中已有所心得的画家们却纷纷步入了传统的殿堂，他们凭借着早已熟谙的西画技法和艺术理论，重新审视着中国画的变革内容和方向。吴冠中的绘画直接挑战中国传统绘画艺术中的"笔墨"，他的中西绘画结合比前代画家走得更远。这是一种可贵的尝试。但这种只注意外在表现形式的尝试注定了它从诞生之日起就有着先天不足的局限性。但吴冠中的变革，已不同于前代人孤军奋战式的改良。这一时期开放而多元的政治思想直接影响了绘画艺术思想和绘画实践、画家们整体的活跃和发展，反思的浪潮涵括了绘画艺术思想在内的整个理论界，人们对绘画艺术新生事物的观念由1949年以前的反对，到1949年以后的30年中的被动接受，已经发展到了1980年以后主动的自我完善和自我变革。

中国山水画家们彻底打破了绘画艺术"本土化"的学术道德枷锁，撕开了"只有民族的，才是世界的"的"遮羞面纱"。

"让中国画走向世界，成为世界民族文明的一部分是我们的责任。"画家宋涤这么说的，也是这么做的。当有些人为创新无路而苦恼，有些人为画价炒升而欣喜的时候，宋涤却沉浸于永远画不够的彩墨世界里，汲取两宋传统山水笔墨的精髓；而西方绘画艺术中光、色的三维变化，让宋涤把自然山川的鲜活充分地展示在人们面前的生宣纸上。

宋涤画中的传统并不排斥创新，创新也不抛弃传统，纵观中西绘画艺术的发展之路，无一不是在传统基础上的创新。未来中国画艺术的创新应是有机契合于外来文明、扎根于民族传统上的创新。中国山水绘画艺术的发展，创新是动力，是灵魂，自身传统和外来影响只能是创新的表现形式。生活是发展的基础，是发展的源泉。只有二者有机的融合才能使中国画艺术不断的发展延续下去。

近年来文物艺术品拍卖市场的兴起与火暴，又给中国画家们增添了新的诱惑，中国画艺术在学术价值与市场取向之间徘徊，金钱和学术两者争夺着话语权。

这个时期的中国山水绘画，虽然呈现出多种多样的风格面貌，但也带着浓重的商业气息。而短时间内的市场取向，不仅无法淘尽金中之沙，反而推波助澜，使部分画家理想与信念流失，学术与道德弱化，艺术失去了教化引导大众的责任，为市场和权势所引诱。黄秋园、陈子庄式的画家再不会出现了。

另一方面，将中西绘画艺术共同融合于实践的画家多了起来。毋庸置疑，这将成为中国画发展创新的主流。

中西绘画艺术的结合，在经历了晚清以任伯年为代表人物的"海派"浸淫，民国时期以徐悲鸿、林风眠为代表人物的"留学派"改良，新中国成立后以李可染、吴冠中为代表人物的新中国画家群体改革，取得了很大的成就。但这些改革，始终进行的是形式上的替代，如何让作品的思想内容与表现形式形成统一和谐的整体等一系列深层次问题，还时时困扰着中国的山水画家们。实际上，有些画家虽然具有强烈的革新意识和超前的艺术思想，但缺乏艺术表现能力的支持；有些画家虽然画技领先一时，却因缺乏艺术的创新意识而在成就面前止步不前。事实证明，这两类眼高手低或手高眼低的画家最后都只会如同常人，而真正的绘画大师只能产生于苦苦追寻的少数人之中。

自古以来，中国山水绘画占据着画坛的半壁江山。山水绘画的繁荣与发展，往往会带动整个画坛的进步。一个欣欣向荣的社会必然会涌现出众多的杰出山水画家，改革开放带来的社会巨变同时让中国山水画坛更加辉煌。

宋涤、刘永明、杨延文、陈辉、徐希、贾又福、刘懋善、宋雨桂、卢禹舜等画家，用他们各自手中的画笔，或遵循传统，或锐意创新，推动着中国山水画艺术的向前发展。

创新成为这个时期山水绘画发展的主流。他们比起前代画家更多也更系统地接受过西方绘画艺术的训练，对外来文明有着更深的认识和感受。而国家的富强民族的昌盛，推动着文化艺术的繁荣发展。客观的必然导致了主观的必然，激发了画家艺术思想的嬗变。

宋涤正是这一时期中国画家中的佼佼者。

早年立足于传统花鸟画的宋涤,时时被两宋时期的写实性山水和西方绘画艺术中光色变幻所震撼,首创"破彩法",尝试着以复合色直接入画,色墨交融,既不同于传统的墨笔勾皴彩色填染之笔,又不同于创新者或彩或墨直取刷涂之法,而是发挥传统生宣纸之特性,以色带水,以水活色,加之生宣纸上无限丰富的水变化,赋予了丰富的色彩表现。现代的空间感和科学的光感变化,及生宣纸产生的诸多彩墨活性变化,是任何西方绘画中都不具备的。即使是西方水彩画,也只能是利用水色作用在专用水彩纸上产生些不渗化的流动和沉淀痕迹。生宣纸的特性,使宋涤的写实山水画更加灵动。

传统艺术的学养,使宋涤的写实性山水自创作伊始就跳出了写生绘画的樊窠,融写实技法与现实主义表现于一体;而广览名山大川,精研传统笔墨,使画中题材广泛,技法面貌多元。他在中西绘画艺术融合运用方面,远远超过了前辈画家的水平。

任伯年融会西法而形成的撞水撞彩之法,用于近似水彩纸的矾纸矾绢上效果最佳,但无法更准确地展现中国传统绘画之精奥。徐悲鸿、林风眠虽将中西绘画两者结合运用得更广泛、更深入,但二人画中往往会出现线条与墨、色块面的失调:有时在精彩的线条旁出现的色、墨用笔平平,有时在精彩的色、墨明暗块面旁出现的线条用笔一般。这种水平不同步、结合不和谐的情况出现,往往形成了作品整体构成的不均衡,成为发展中的缺憾。

李可染、吴冠中的中西绘画结合运用得更熟练,也更有个性。李可染绘画仍以传统为主线,从材质、工具到笔墨形式,都遵循着传统表现模式。吴冠中则以西方绘画方法为中心,笔墨不过是为其所用的形式。虽然注重了线条的力度、排列方式、表现目的,并点以墨、色,但传统只不过是吴冠中绘画中的部分表现形式。李、吴两人都有不少有名气的艺术追随者,这些也预示着这种画法仍具有一定的生命力。

宋涤的山水绘画创新,以中西绘画艺术融合运用为心源,以深入山川自然为造化,寓有鲜明风格的艺术个性,当之无愧地成为了新一代绘画艺术创新的旗手。

在传统与创新的博弈中,人们关心着中国画未来的发展方向。而绘画艺术的未来发展,直接影响着绘画艺术品的收藏与投资。

中国内地油画市场的逐渐火暴,中西绘画艺术结合在中国画中逐渐普遍的应用，预示着人们思想意识的变更和审美情趣的变化。绘画艺术的发展并不取决某个人或某个团体的意志，今天全球一体化的发展决定了中国必须走改革开放之路，决定了中国画艺术必须走中西结合之路。世界需要中国，中国需要世界。

值得注意的是，当前国内某些"现代派"山水画家的理论和作品随海外"现代派"的影响而高涨时，又有一些打出所谓"恢复传统"旗号复苏的现象。传统应该继承，应该发展，但对于一些连临摹都做不好的"画家"，又有何资格谈继承传统呢？

如果画山水的只能把"四王"的小册页改大，不敢去碰王原祁，更不用说黄公望的大幅了。这种倒退回去的传统，能把多少公众拉回到山水画殿堂中呢？

中华大地960万平方公里的山山水水，云吞万壑，海纳百川。哪一片云，才是中国山水画艺术的天呢？

画家点评：

溥 儒	金 城	陈少梅	陈半丁	陈师曾	吴湖帆
冯超然	贺天健	郑午昌	张大千	李可染	张 仃
石 鲁	黄宾虹	启 功	董寿平	白雪石	黄秋园
赵望云	方济众	何海霞	谢稚柳	陆俨少	傅抱石
宋文治	亚 明	钱松嵒	魏崇熙	关山月	黎雄才
黄君璧	吴冠中	宋 涤	刘永明	陈 辉	宋雨桂
宋玉麟	卓鹤君	刘懋善	姜宝林	于志学	杨延文
卢禹舜	陈 平	程大利	张 凭	赵准旺	徐 希
王 镛	杨 彦	龙 瑞	薛 亮	冯大中	贾又福
方 骏					

05 溥　儒　岱庙苍松
06 陈少梅　竹溪高士图

07 陈半丁　富贵长青
08 吴湖帆　江深草阁
09 张大千　岗阜怀古图
10 李可染　雨后春山
11 张　仃　江帆

12　石　鲁　柳荫孤舟
13　黄宾虹　游山图
14　白雪石　万点桂山青
15　何海霞　暮山江浑

16 谢稚柳　云壑松风
17 陆俨少　雁荡秋色
18 傅抱石　韶山
19 宋文治　江乡春早

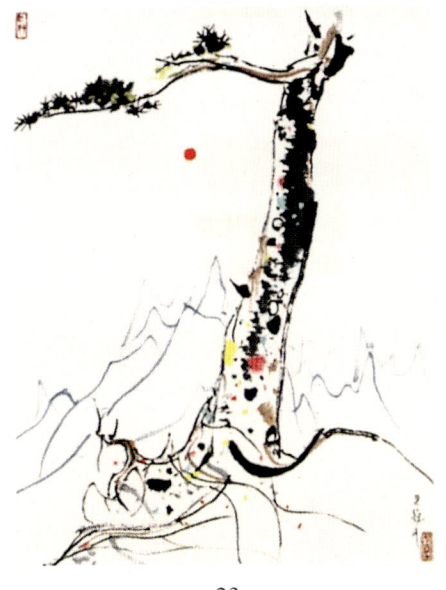

20 亚　明　赤县神州
21 钱松嵒　蜀道行旅图
22 关山月　漓江烟雨
23 吴冠中　岭上松

24 宋　涤　暮山图
25 宋　涤　女人体
26 宋　涤　根
27 宋　涤　漓江雨霁
28 刘永明　香山碧云寺
29 陈　辉　太庙余辉

溥 儒

溥儒（1896～1963年），字心畬，号羲皇上人，又号西山逸士。北京人。擅画山水，兼作花鸟。幼承家学。山水学"四王"，虽无"四王"之深厚功力，但能除世人躁气，画风清逸；人物学等人李公麟，得其神妙；花鸟宗两宋诸家，却仅初窥门径。

溥氏绘画成就，得益于自身的学养，虽无穷尽传统之功，但亦能随心所欲，不受前人之羁绊，处理得恰到好处，尤以小品最精致。

收藏投资建议：

溥儒的作品出现在20世纪80年代的香港市场上，起点并不高，偶有起伏，但不剧烈。其存世作品较多，赝品混杂其中，并有代笔作品传世。赝品占总体数量的50%以上，小品中真迹稍多，尺幅稍大的多为代笔和赝品。90年代内地出现艺术品拍卖以后，不成熟的市场让溥儒的作品风靡一时。后复归平静，2004年的整体市场火暴、诱使许多近现代画家和当代画家的市场价格出现了异常。溥儒作品也不例外，2003年后期出现了加速上升之势。

如手中藏有溥儒作品，可于现在全部释出。

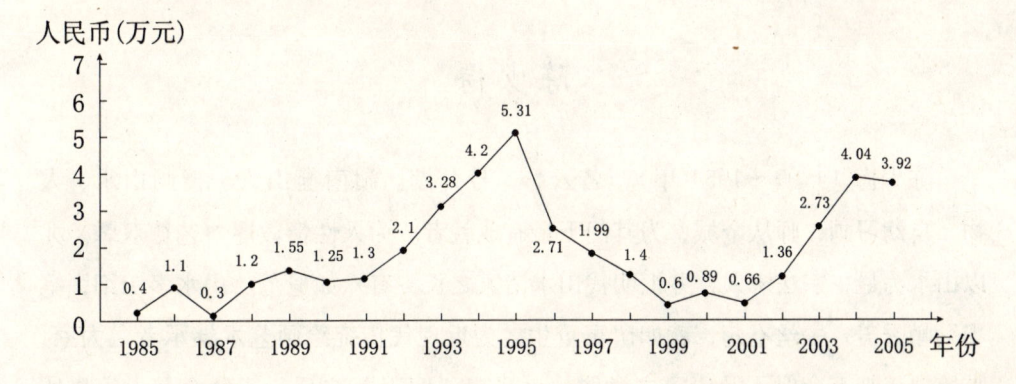

人民币（万元）

年份	价格
1985	0.4
1986	1.1
1987	0.3
1988	1.2
1989	1.55
1990	1.25
1991	1.3
1992	2.1
1993	3.28
1994	4.2
1995	5.31
1996	2.71
1997	1.99
1998	1.4
1999	0.6
2000	0.89
2001	0.66
2002	1.36
2003	2.73
2004	4.04
2005	3.92

金 城

金城（1878～1926年），字拱北，号北楼。浙江湖州人。擅山水花鸟。幼极喜画，曾赴英国学习法律。归国后创办"中国画学研究会"，力倡传统绘画艺术，反对西方绘画艺术的流入与传习，为近代京津地区画家崇古之领军。

所绘山水花鸟，以摹古人笔墨为能事，常作高头巨幅山水、笔墨雄浑深厚构图层层堆砌。多取宋元笔意。唯虽崇尚宋元。但笔墨功力并未登宋元堂奥，仅得宋元笔墨皮毛，流于形式。

收藏投资建议：

金城的作品很早以前就出现在市场上，1949年以前的金城作品市场价格很高，其于当时画坛地位，如今日之李可染，后日渐衰败，数年前每平尺仅千元左右。如现在手中有其作品应全部释出，并在以后不纳入收藏投资范围。

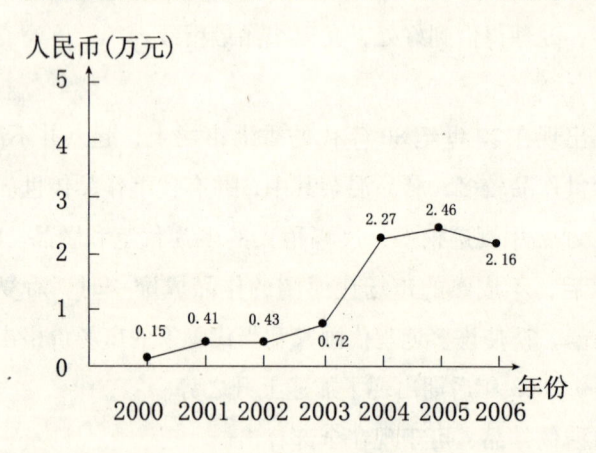

人民币（万元）

年份	2000	2001	2002	2003	2004	2005	2006
	0.15	0.41	0.43	0.72	2.27	2.46	2.16

陈少梅

陈少梅（1909~1954年），名云彰，号升湖。湖南衡山人。擅画山水、人物。自幼习画，师从金城，为其门下最有成就者。为人性情敦厚，艺德双馨。尤以山水为最，宗法宋人，并汇明代山水诸家之长，有六如遗范。山水多工细，笔墨劲峭秀美，一丝不苟，就如唐寅重生，为近现代传统绘画艺术继承者之大家，唯笔墨工细有余但不及唐寅之洒脱。自清初"四王"之后，能融会前人笔墨所长，画自家山水者，唯此一人耳。其人物画法虽工，但不及山水艺术成就之大。

收藏投资建议：

陈少梅的作品很早就进入了市场，但一直市场价格不高。内地开始艺术品拍卖后，价格始逐渐走高。现如藏有其作品，精品可留，一般作品择时而出。

陈少梅的作品不多，偶见赝品，其市价之高昂与其画风工细有关，这种现象也同时出现在刘奎龄的身上。细细想来，何家英的作品价格变化亦如此。更巧的是，三人皆为天津画家。

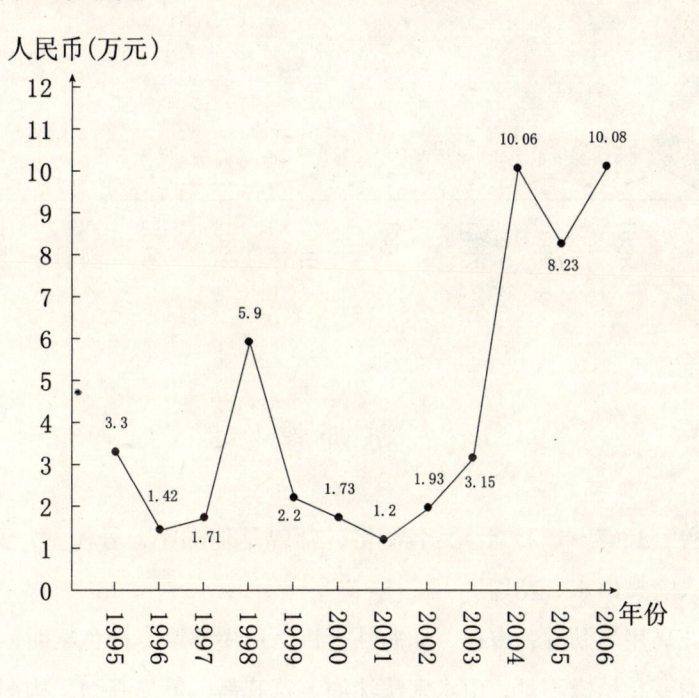

人民币(万元)

[图表：1995—2006年价格走势，数据点为 3.3、1.42、1.71、5.9、2.2、1.73、1.2、1.93、3.15、10.06、8.23、10.08]

陈半丁

陈半丁（1877～1970年），名年，字半丁，一作半痴，又字静山。浙江绍兴人。擅花卉、山水。自幼习画，花卉学吴昌硕，以书入画，老辣遒劲，墨气浓郁，设色艳丽，唯笔力不敌吴氏。山水学"四王"及石涛，虽能自成面貌，对后学有所影响，但功力不及前人，用笔粗放，未得古人神韵。

收藏投资建议：

陈半丁的作品在20世纪80年代中期出现在香港的拍卖市场上，价格很低。90年代初期开始了上升。虽幅度较大，但绝对价值仍不高，2003年后随市场整体行情火暴出现上涨异动。如有所藏，可在现阶段全部释出，并在今后不纳入收藏投资范围。

人民币(万元)

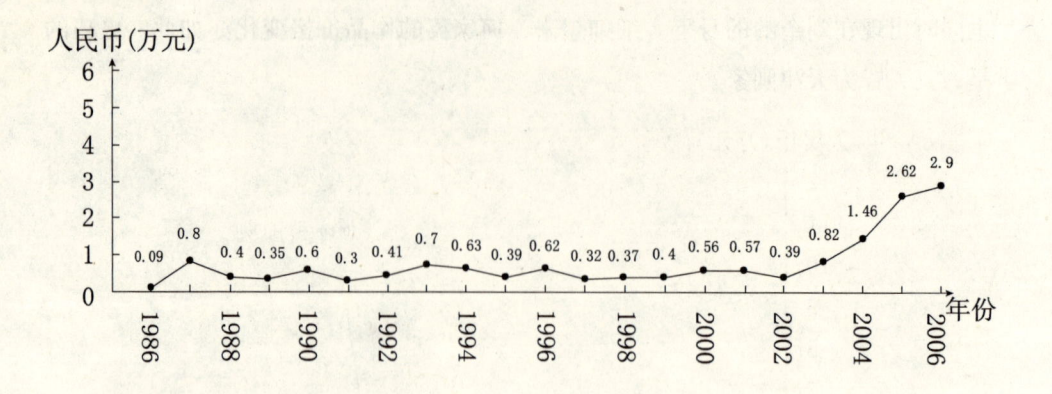

图中数据点（1986-2006年）：0.09、0.8、0.4、0.35、0.6、0.3、0.41、0.7、0.63、0.39、0.62、0.32、0.37、0.4、0.56、0.57、0.39、0.82、1.46、2.62、2.9

陈师曾

陈师曾（1867~1923年），名衡恪，师曾是他的字，号槐堂，又号垢道人。江西修水人。擅山水、花鸟。

陈氏花鸟用笔劲健，古拙，如曲铁折钗，用墨浑厚，设色雄丽，有吴昌硕之风，唯笔力变化稍嫌不足；山水宗法沈周、董其昌，笔墨苍劲，构图雄浑，以书入画，唯少明人山水之秀逸之气。

收藏投资建议：

陈衡恪的作品在20世纪80年代初期就出现在香港拍卖市场上，价位一直很低，平稳，无较大起色。偶见精品的高价拍出。90年代以后内地出现了艺术品拍卖以后，陈衡恪的作品时有小高潮，但不稳定。如现藏有其作品，可择机全部而释，并在今后不纳入收藏投资范围。

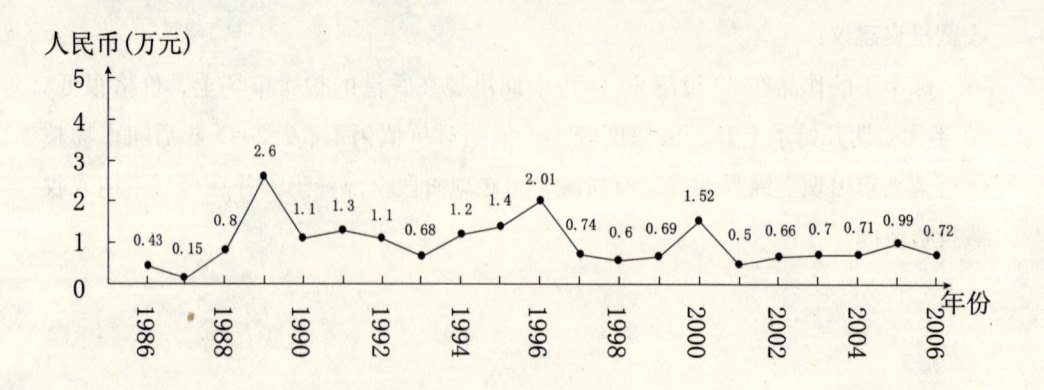

人民币(万元)

图中数据点（1986-2006年）：0.43、0.15、0.8、2.6、1.1、1.3、1.1、0.68、1.2、1.4、2.01、0.74、0.6、0.69、1.52、0.5、0.66、0.7、0.71、0.99、0.72

吴湖帆

吴湖帆（1894~1968年），名倩，号倩庵，别署丑簃，翼燕。江苏苏州人。擅画山水，间作花鸟。幼承家学，山水初学戴熙，后宗"四王"、董其昌等明清诸家，上追宋元，已登传统绘画艺术之堂奥。吴氏构画平逸，用笔勾皴中求变化，用墨染涂中生苍润，设色绮丽清婉，确得"四王"之真髓，堪称近代"海派"画山水之众画家中唯一集大成者。由于吴湖帆是一名职业画家，创作目的唯市场所右，故其作品中生活气息不浓，而对传统的继承也只是局限于清代"四王"的小圈子里。

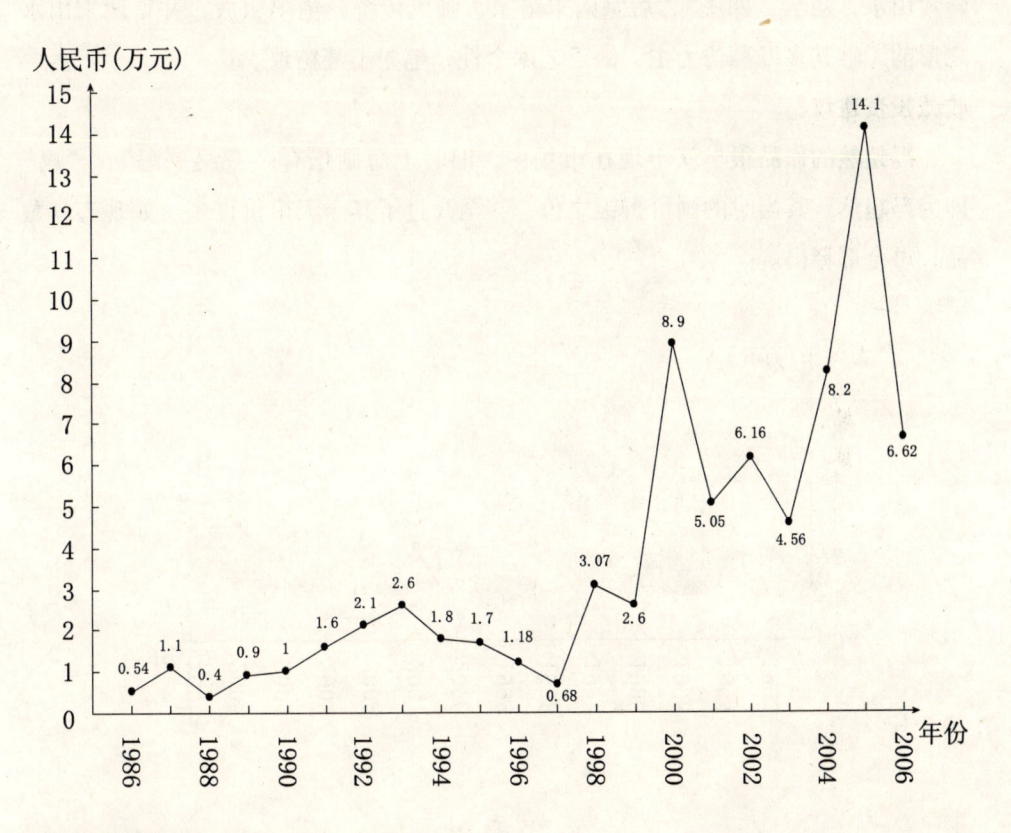

人民币（万元）

年份	价格
1986	0.54
1987	1.1
1988	0.4
1989	0.9
1990	1
1991	1.6
1992	2.1
1993	2.6
1994	1.8
1995	1.7
1996	1.18
1997	0.68
1998	3.07
1999	2.6
2000	8.9
2001	5.05
2002	6.16
2003	4.56
2004	8.2
2005	14.1
2006	6.62

收藏投资建议：

吴湖帆的作品很早就进入了市场。早在1920年时每尺润资就已是4元（合今人民币每尺280元），1931年每平尺45元左右（合今人民币每尺2500元左右),1940年时画每尺售价50元左右(合今人民币每尺2750元左右)。

20世纪80年代香港出现拍卖市场后,吴氏的作品每尺达5000元人民币左右,并保持了稳定的上涨速度。90年代内地出现了艺术品拍卖市场以后,吴湖帆的作品市场价格时有波动。在近现代传统的画家中,其艺术地位和市场价格是一直靠前的。2003年以后出现异动,价格上扬。故现如藏有其作品,除精品外,其他作品宜在现阶段择时而释。

冯超然

冯超然(1882~1954年),名迥。江苏常州人。擅山水。早年习画人物,后转攻山水,初学"四王",后宗南宋诸家,画风传统,笔墨粗放,并得两宋山水之形韵。唯其多以摹仿为主,缺乏艺术个性,笔墨不甚精致。

收藏投资建议:

冯超然的作品很早就出现在市场中,旧时上海画坛有"三吴一冯","冯"即为冯超然。其当时的画价折银之价,甚至高过了其今天市价许多。如现有其藏品,可全部释出。

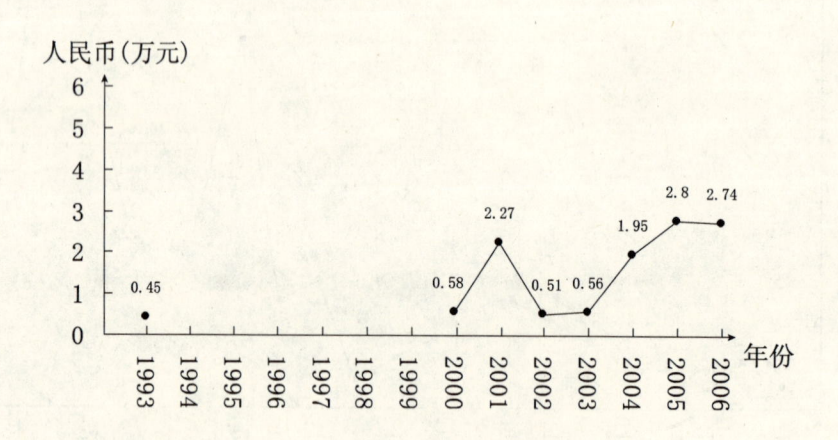

贺天健

贺天健(1891~1977年),名丙南,号纫香居士。江苏无锡人。擅画山水,间作花卉。早年学画,受石涛、吴历影响较大。中年后去上海卖画为生,渐融入

"海派"商业风格,山水画取巨然长披麻皴之法,纵笔挥洒,颇见气势。但画中笔墨,一无石涛之灵动,二无巨然之古逸,用笔不活,用墨无韵,实为商业画一大弊端。

收藏投资建议:

贺天健的作品很早以前出现在市场中,虽价格不如"三吴一冯",但也是当时有名的职业画家。1949年以后,贺天健作品的市场价格长期在低位徘徊,2004年以后在书画市场整体火暴后出现异动。如手中藏有其作品,可择机全部释出,今后不纳入收藏投资之范围。

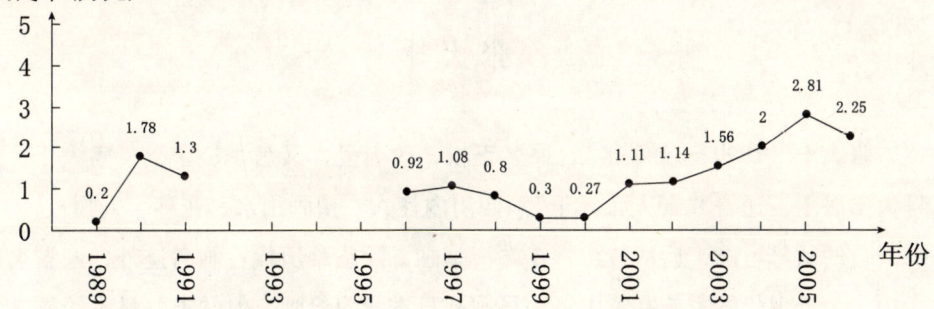

人民币(万元)

年份	1989	1990	1991	1996	1997	1998	1999	2000	2001	2002	2003	2004	2005	2006
价格	0.2	1.78	1.3	0.92	1.08	0.8	0.3	0.27	1.11	1.14	1.56	2	2.81	2.25

郑午昌

郑午昌(1894~1952年),名昶,字午昌,号弱龛,丝鬓散人。浙江嵊县人。擅山水花鸟。

郑氏绘画宗法明清诸家,上追宋元,用笔繁密,构图高远。画风后受"海派"影响较大,秀逸中显奔放,细腻中露疏朗。但郑氏的绘画艺术生涯只是对传统的继承,且对古人之法奥只窥皮毛,用笔之勾皴缺少变化,直入直出,有呆而不活之病。这也是"海派"山水画的通病。

收藏投资建议:

郑午昌的作品出现在20世纪80年代的香港拍卖市场上时,市场价格较低,一直以来随市场整体变化而波动,未出现独立的价格变化。90年代以后的内地拍卖市场上的郑氏作品,也一直在低位徘徊,未见起色。2003年以后,随市场整体变化而出现异动。如手中藏有其作品,可在高位处全部释出,今后不将其纳入收藏投资之范围。

人民币(万元)

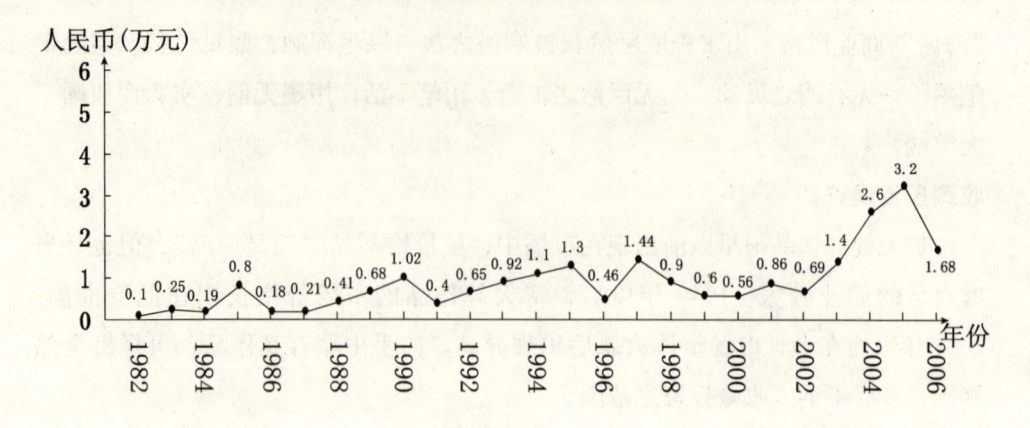

[图表：1982-2006年价格走势，数据点：0.1、0.25、0.19、0.8、0.18、0.21、0.41、0.68、1.02、0.4、0.65、0.92、1.1、1.3、0.46、1.44、0.9、0.6、0.56、0.86、0.69、1.4、2.6、3.2、1.68]

年份

张大千

张大千（1899~1983年），原名正权，改名爰，又名季、季爰，字大千，别号大千居士，迳署"蜀人张大千"。四川内江人。擅画山水、花鸟、人物。

自幼从母习画，后从曾熙、李端清学画，除临摹历代古画名迹外，遍游名山大川，为近现代画家首登黄山者。虽曾赴日本学习绘画，但并未受日本绘画艺术过多影响，此时期画风深受石涛、八大的影响，几可乱真。

历时两年半的敦煌摹画，对张大千的画艺演变起了非常大的影响，其工笔重彩绘画跳出了前人的窠臼，更有独特的风格。而此时的张大千临古之风虽已登高界，但仍未脱石涛、八大之痕迹。

1949年后的远游，催生了张大千的画风嬗变。泼彩法的出现与成熟，是张大千绘画艺术发展的顶峰。而张大千一生的绘画艺术生涯中足以称道的，也就是这晚年所创的"泼彩法"。它把自然幻化与人工修琢集于一身，充分体现了张氏随形赋写的深厚笔墨功力，既回归传统，又不失创新之举，集张氏书、画、诗、学养于一体。

唯此时张氏已寓居台岛，对内地的画风影响甚小。而张氏在绘画艺术最有影响力的时候，却离开了任何艺术家为之渴求的生活土壤。

收藏投资建议：

张大千的作品在早年进入市场时就价格不菲，成为旧中国画坛中非常成功的职业画家。1949年以后，张大千的作品出现了内地、海外两种市场价格走向，并持续了很长时间。直到90年代内地出现艺术品拍卖市场以后，内地和海外的市场价格逐渐趋向统一。张大千最具收藏价值的作品是其晚年泼彩之作，但赝品已现，且水准颇能感人，并流向内地的拍卖市场。如手中有张大千的作品，晚年之精品可留，其他则近年借势释出获利。待数年后市场价格平稳后，可考虑将其纳入收藏投资范围。切记，国内仿张大千作品者人数众多，水准高者亦不在少数，并有将伪作结集者，若藏其画，只选精品一、二即可。

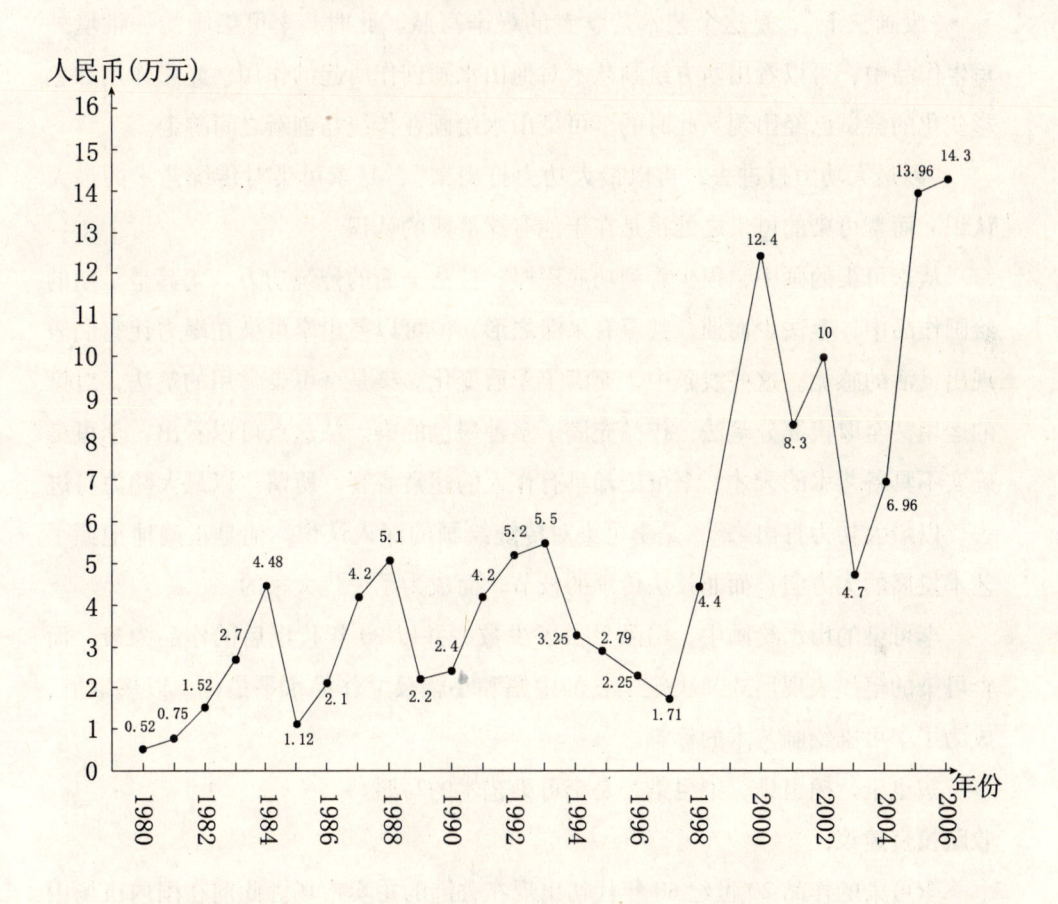

人民币（万元）

数据点：
1980: 0.52
1981: 0.75
1982: 1.52
1983: 2.7
1984: 4.48
1985: 1.12
1986: 2.1
1987: 4.2
1988: 5.1
1989: 2.2
1990: 2.4
1991: 4.2
1992: 5.2
1993: 5.5
1994: 3.25
1995: 2.79
1996: 2.25
1997: 1.71
1998: 4.4
2000: 12.4
2001: 8.3
2002: 10
2003: 4.7
2004: 6.96
2005: 13.96
2006: 14.3

年份

李可染

李可染（1907～1989年），原名李三企、李永顺。江苏徐州人。擅画山水、人物、牛。

自幼习画，后入艺专学习素描、油画。初期绘画，人物学梁楷、黄慎之风格，山水学石涛之笔墨，一直在"扬州八怪"、"四王"和"海派"的诸多画家之间徘徊，未见有独特的个人风格。

1954年张仃、罗铭、李可染三人的水墨写生画展，标志着李可染的画风走向了变革。

李可染一生中接触的许多著名画家，齐白石与林风眠对其的影响甚大。难能可贵的是，李可染并没有跟在他们身后亦步亦趋，而是走上了另外一条充满艰辛的变革之路。

"废画三千"，是这个艺术苦学者的艰辛写照。此时，李可染画的一批境外写生作品中，可以看出西方绘画艺术对他山水画创作所起的作用，光影作用和色彩变化的尝试已经出现。此时的李可染山水绘画在传统与创新之间游走。

"以最大功力打进去，再以最大功力打出来"，是李可染对传统艺术的最大认识。而李可染的可贵之处正是在于他有这清醒的认识。

从李可染的画中，很少看到功底深厚、技法全面的传统功力。尤其是早期的绘画作品中，笔法少而拙，甚至有呆滞之形，但可以看出李可染在竭力让它们表现出灵活的感觉。这些线条中，充满了矛盾变化。染是李可染常用的笔法，对染的运用甚至取代部分笔法，作品充满了多种墨色的染。从这点可以看出，李可染确实不具备艺术的天才，李可染却具有作人的超常睿智。所谓"以最大功力打进去，以最大功力打出来"，是李可染对传统绘画的深入认识。他是正确地把握了艺术发展的大方向，而非技法传承的枝节，而成为了一代大家的。

李可染的山水绘画中，精品只占了少数，并以80年代以后的作品为最。而李可染的笔墨表现形式又决定了它的中幅和小幅尺寸作品水平最佳。以墨取胜，成为了李可染绘画艺术的标志。

皴也染，擦也染，染也染，是李可染艺术的写照。

收藏投资建议：

李可染的作品20世纪80年代初出现在香港的拍卖市场。此前在国内市场中的售价较低，海外拍卖迅速推动了国内市场价格上涨和作品外流，并推升了海外市场价格，迅速形成了连锁效应。90年代以后内地出现了艺术品拍卖市场后，李可染的作品如同其所画的水牛一样，姗姗移步，走着"慢牛"行情。当市场上轮番演绎着傅抱石、潘天寿、黄宾虹、陆俨少等人的财富神话时，李可染的作品始终平稳地走在上升的路途上。纵观李可染的作品，并无许多惊人之举，此其一；市场中李可染作品的精品较少，此其二。李可染的作品中有关牛的题材作品较多，且真赝相杂，影响了李可染作品的市场价格。

李可染的作品，如遇精品，可在现阶段随时入藏，手中的藏品只要是真迹，皆可继续收藏。

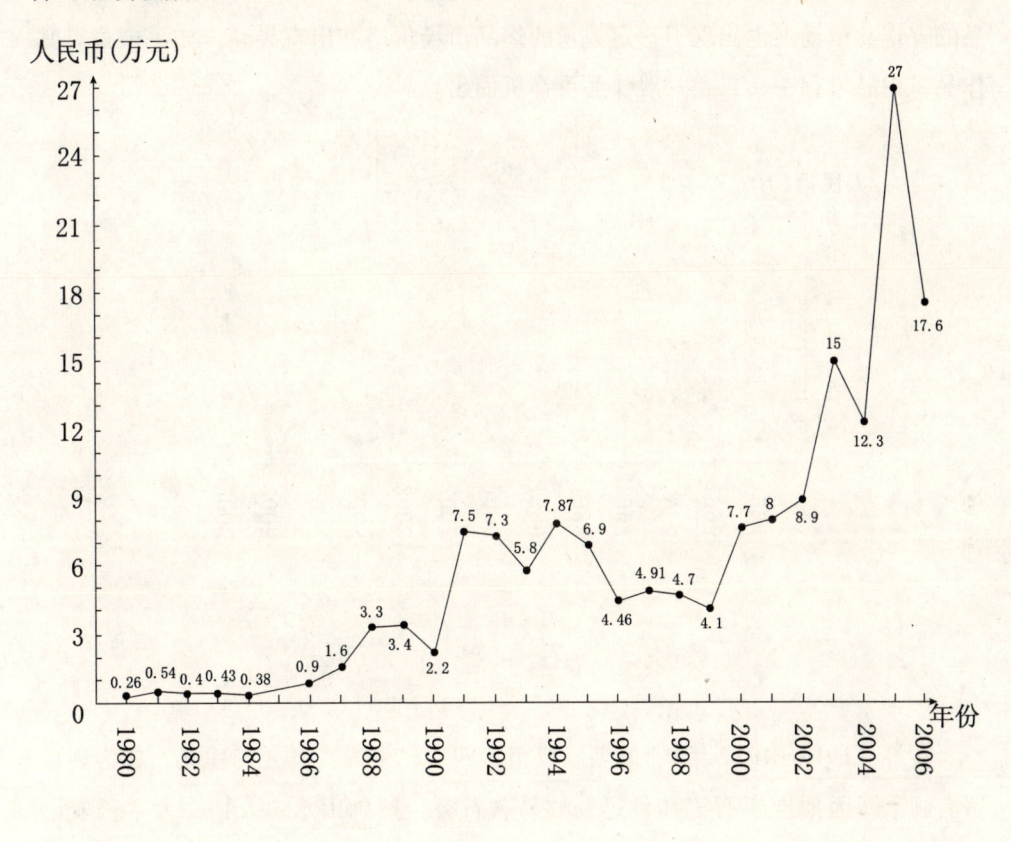

人民币(万元)

数据点：
- 1980: 0.26
- 1981: 0.54
- 1982: 0.4
- 1983: 0.43
- 1984: 0.38
- 1986: 0.9
- 1987: 1.6
- 1988: 3.3
- 1989: 3.4
- 1990: 2.2
- 1991: 7.5
- 1992: 7.3
- 1993: 5.8
- 1994: 7.87
- 1995: 6.9
- 1996: 4.46
- 1997: 4.91
- 1998: 4.7
- 1999: 4.1
- 2000: 7.7
- 2001: 8
- 2002: 8.9
- 2003: 15
- 2004: 12.3
- 2005: 27
- 2006: 17.6

张 仃

张仃（1917年~　），辽宁北镇人。曾在中央美院任教，后任中央工艺美院院长、中国美协常务理事等职。

张仃曾于20世纪50年代与李可染、罗铭一起，赴祖国各地写生，并联合举办写生画展。1989年撰文《守住中国画的底线》，对中国画的笔墨前途进行了有益的探讨。张仃的绘画理论贡献大于笔墨贡献，美术教育成就大于自身书画成就。

独创焦墨山水，能以一种墨色写物象变化之浓淡、轻重、虚实与明暗，实属不易；而其对构图、笔墨的准确简约把握，为焦墨山水打造了趋于完美的天地。

收藏投资建议：

张仃的作品长期处于沉寂，市场中数量也不多。2005年以后，随着对其作品的宣传、市场上也出现了一定数量的作品市场价格亦出现异动，如手中藏有其作品，精品可存一、二，一般作品可择机而出。

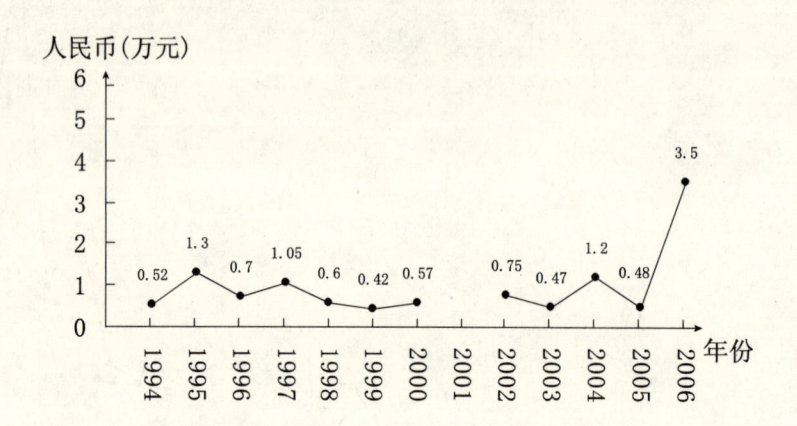

人民币(万元)

年份	1994	1995	1996	1997	1998	1999	2000	2001	2002	2003	2004	2005	2006
价格	0.52	1.3	0.7	1.05	0.6	0.42	0.57		0.75	0.47	1.2	0.48	3.5

石 鲁

石鲁（1919~1982年），原名冯亚衍。四川仁寿人。其兄冯建昊，亦为现代著名画家。因他推崇石涛和鲁迅，故易名石鲁。擅画山水、人物，为"长安画派"的开创者之一。

自幼习画，曾入艺专系统学习绘画艺术，奠定了深厚的笔墨基础。60年代首倡"一手伸向传统，一手伸向生活"的绘画创新理念，并进行了可贵的实践。在艺术与生活相结合方面，石鲁所代表的"长安画派"要比江苏国画院的"新金陵画派"更深入、更扎实。其从思想深处探索了人、自然与艺术三者的关系，并以崭新的艺术形式表现着自己的感受。《转战南北》是这一时期的优秀代表作品。

黄土高原的地理风情和汉唐历史的底蕴打造出画家性格的作品中"与天地为常"的雄浑自豪之美，并产生了强烈的共鸣。

收藏投资建议：

石鲁的作品在20世纪80年代出现在香港的拍卖市场上。由于已有海外的大收藏家青睐他的作品，无形中助推了拍卖价格，使其作品在初登拍场价格即高出同代画家数倍。90年代内地出现艺术品拍卖以后，石鲁的作品也颇受关注，价格一路高走，并不受整体市场的影响。

但石鲁的作品真伪难辨，阻碍了人们收藏的热情且作品市场价格的高涨也多因他艺术人生的坎坷艰难。其作品中真迹多藏于各个收藏机构，私人收藏中的精品并不多。尤其是"文革"之前的作品，收藏起来更为困难。如手中有石鲁作品，精品可继续保存，一般作品可择时释出。

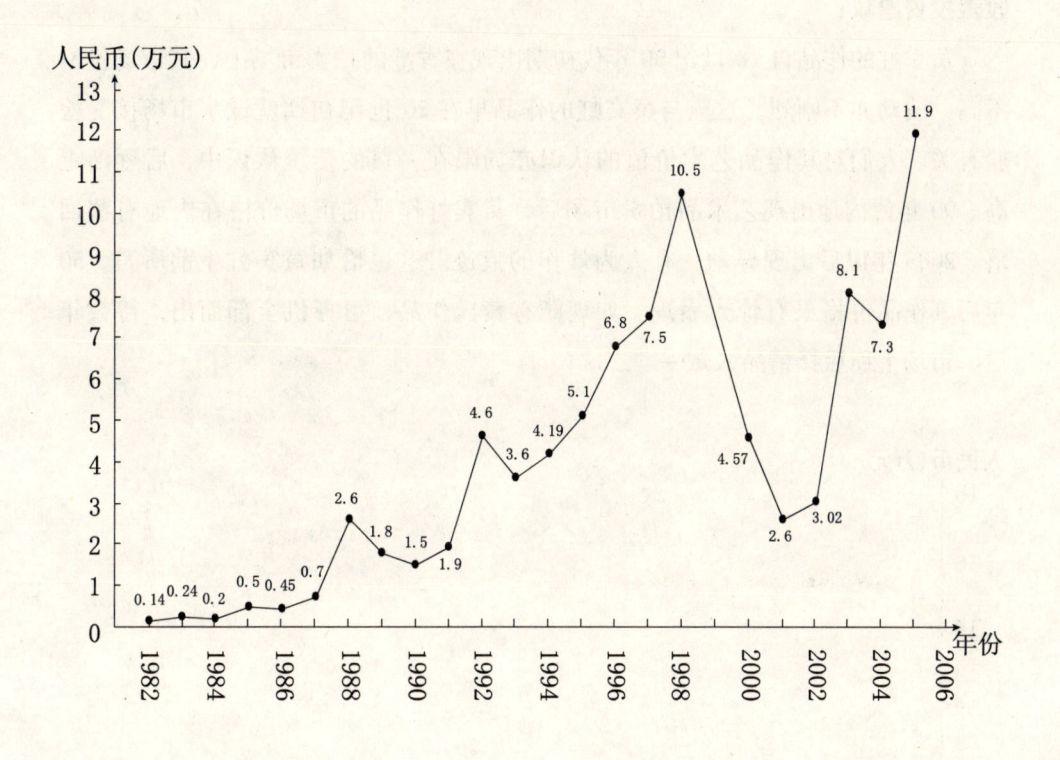

黄宾虹

黄宾虹（1865~1955年），名质，字朴存，号滨虹，别号虹庐，虹叟，中年更号宾虹。安徽歙县人。擅山水，偶见花鸟，书法篆、行二体并工。

黄氏出身商人家庭，但颇受"徽商"好儒文化传统的影响。自幼喜书画，早年从乡村画师学画，后访画师郑雪湖、陈若木，遍览宋元明清诸家，尤受"新安画派"中查士标等人影响较大，画风淡雅清逸。这一时期的山水绘画作品被今人称之为"白宾虹"。晚年独辟蹊径，以宿墨入画，又生目疾，满纸苍黑，间露白隙，顿生雄秀苍润之气。这一时期的作品被今人称之为"黑宾虹"。黄宾虹的传统功力较深，崇古而不泥古，并有所变化，自成一家。山水构图以形取势，富有动感，用笔使转灵活，极富张力，且笔即为墨，墨即为笔。

黄宾虹山水画中有许多值得可学的，但盲目地照搬某种笔法或表现形式，只能让自已的绘画艺术走进死路。因为黄宾虹的成功，只能算是一种枝节形式的成功，偏离了艺术发展的主流。

收藏投资建议：

黄宾虹的作品自20世纪80年代初期出现在香港的拍卖市场上，其市场价格不高，波动亦不剧烈，这应与黄宾虹的作品早在20世纪初期就试水市场接受检验有关。人们对其作品艺术价值的认识亦局限在一贯的传统认识中，后逐渐走高。90年代内地出现艺术品拍卖市场后，黄宾虹作品的市场价格在内地有些回落。2003年以后出现异动，有人为炒作的痕迹。这也恰如黄宾虹生前所言，50年后其作品价格果有惊人表现。如现藏有黄氏作品，可择机全部而出，待数年后，市场平稳后择精品入藏一、二。

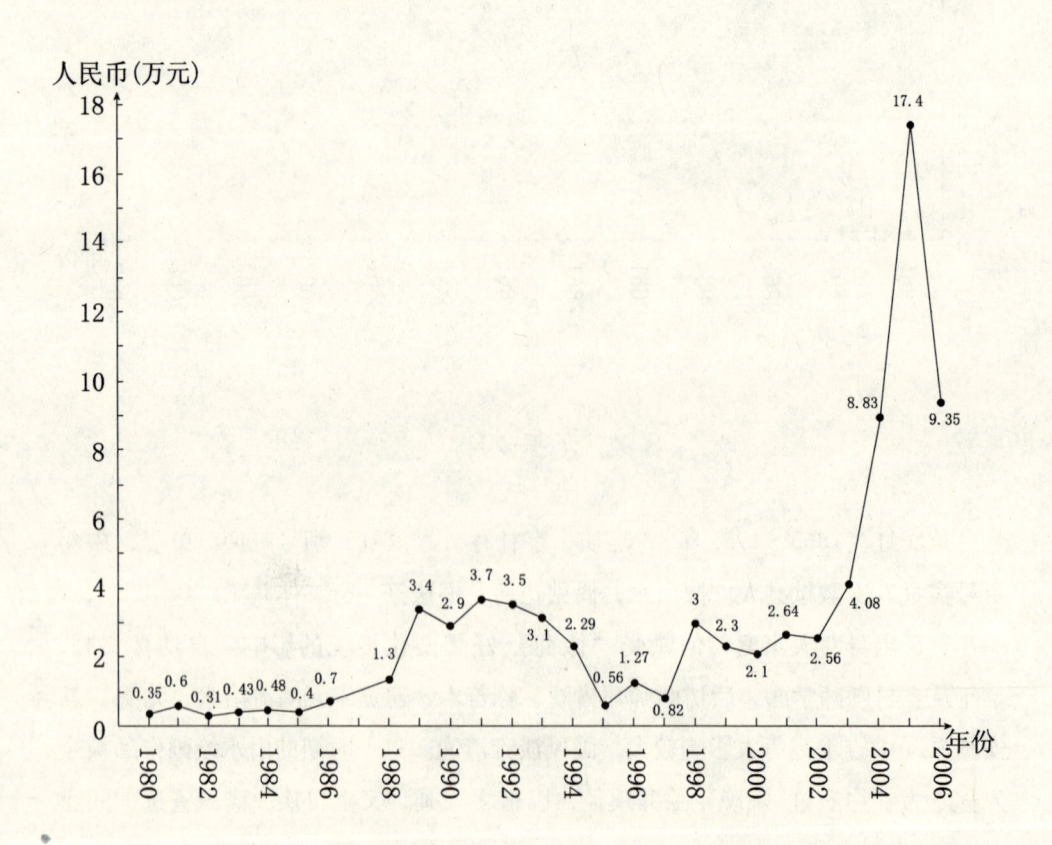

启 功

启功（1912～2005年），满族，姓爱新觉罗，字元白。北京人。擅山水、书法。

幼承家学，山水宗传统，以明清浅绛山水风格为主，披麻皴为法，平远构图为式，兼做兰竹。启功所画虽多以自娱，但笔墨精妙，承续着中国"文人画"的正宗余脉。由于启功在书法方面的特殊地位和成就，"启体"书风成为人们目熟能详之书法形式。

启功的传统绘画功力虽然很深，但其画誉却依书名而起，书画之间的市场价格产生联动效应。

收藏投资建议：

启功的绘画作品较少，且多为传统一类，市场价格呈连年走高之势。如手中藏有启功的作品，应精品留存一、二，其余作品择机而出。

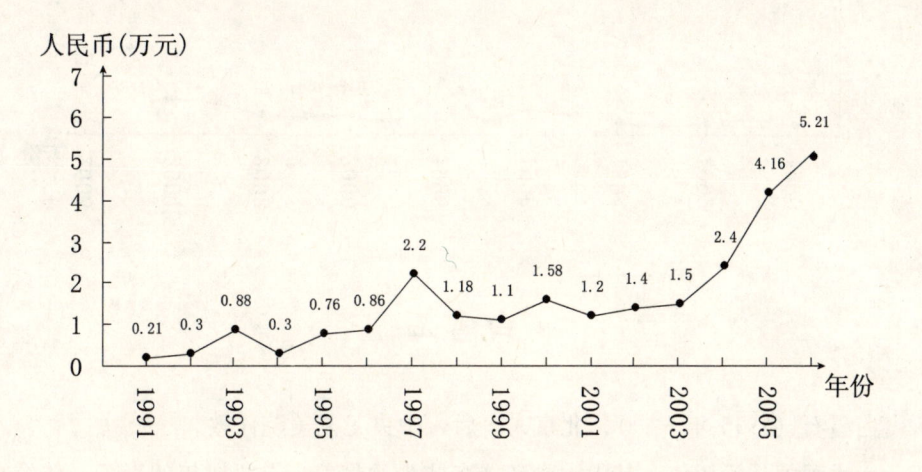

人民币（万元）

1991: 0.21, 1992: 0.3, 1993: 0.88, 1994: 0.3, 1995: 0.76, 1996: 0.86, 1997: 2.2, 1998: 1.18, 1999: 1.1, 2000: 1.58, 2001: 1.2, 2002: 1.4, 2003: 1.5, 2004: 2.4, 2005: 4.16, 2006: 5.21

董寿平

董寿平（1904～1997年），山西洪洞人。擅画山水。

幼承家学，有着很深的传统艺术功底，所画黄山烟云。以枯笔干墨皴擦出山峰云雾之气势，略以赭石，汁绿点染，为当时画山水者一大气象，影响甚广。另画梅花，无论墨梅、红梅，均枝干遒劲，花朵点染饱满，开一代画梅新风，深受世人喜爱。

收藏投资建议：

董寿平的作品很受日本藏家的喜爱，是20世纪80年代至90年代初期的少数著名画家之一。其作品在北京的售价很高，很受人们欢迎。在80年代进口彩色电视十分紧俏之时，一幅董寿平的盈尺小幅便可换得当时最流行的进口彩色电视机一台，这在当时是对画家的地位和价值的一种考验和证实。

90年代内地出现艺术品拍卖市场以后，董寿平的作品市场价格一直低调平稳，这应为作品的艺术价值所限。当年曾求教过董寿平的画坛学子们有的画价早已一鹤冲天，只有董寿平的画价还在低谷中徘徊，真可谓"江山代有才人出，各领风骚数百年"。如现藏有董寿平之作品，可择机释出。

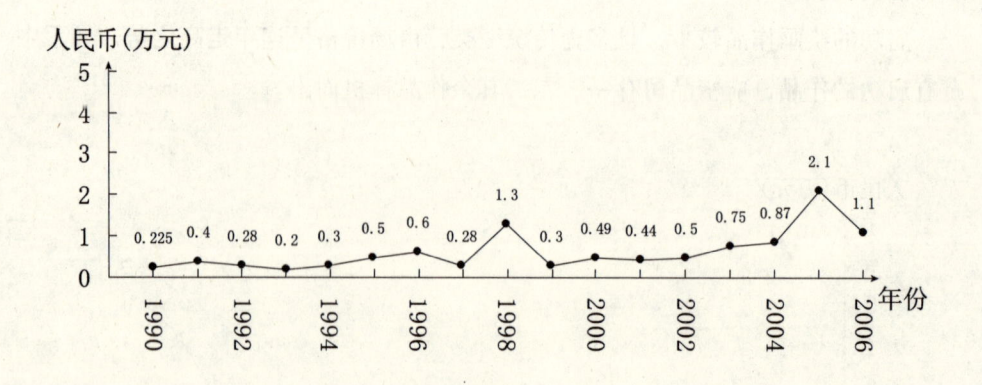

白雪石

白雪石（1915年~　），北京人。后入中央工艺美院任教。

山水画师从梁树年。其山水画还或多或少的带着一点梁树年的影子，传统功力颇深，擅骨法用笔，所绘漓江山水绿山碧水，清新秀丽，时代感很强，一时间学之者甚众。

白氏山水以笔力见长，勾、皴、染、点，皆秀拔精致，对中国山水画的发展贡献自不喻言。唯笔墨形式略显单一，少有变化。

收藏投资建议：

白雪石的作品市场中较多，价格长期处于低位，应与作品较多和赝品相杂有关。2004年以后，白雪石作品价格出现异动，不排除有人为炒作。如现藏有白雪石的作品，可择机而出。

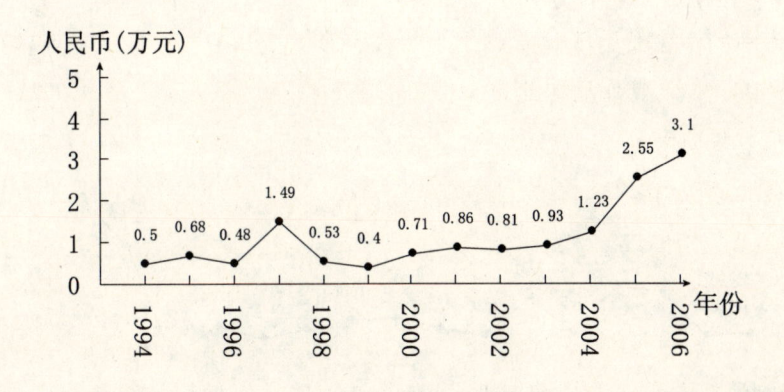

人民币（万元）
1994：0.5；1995：0.68；1996：0.48；1997：1.49；1998：0.53；1999：0.4；2000：0.71；2001：0.86；2002：0.81；2003：0.93；2004：1.23；2005：2.55；2006：3.1

黄秋园

黄秋园（1914~1979年），江西人。擅画山水、人物。

自幼习画，山水宗法宋元，对元代王蒙的山水画有着深刻的认识。纵观黄氏山水，其传统笔法功力十分深厚，在学王蒙山水的章法、笔墨中，渗入了清代石涛的风格，从而形成了自己的独特面貌。

黄氏一生默默无闻，李可染参观其遗作展时换画之举，让黄氏声名大振，并使人们重新认识传统笔墨的时代意义。而黄氏山水中传统笔墨的功力，确为同代人中鲜有，其画中毫无尘世间的功利气息，应为后学者之楷模。

只是其崇古而泥古，所追宋元，又非真宋元，实属石涛面貌之宋元，有失笔墨意境之变化。

收藏投资建议：

黄秋园的作品在20世纪80年代末期才开始进入香港的拍卖市场，价格直追当时的名家。这源于李可染的换画之举。其作品大部分流向港台地区。90年代内地艺术品拍卖以后，黄氏的作品在拍场上比较少，并不为人看好。2003年以后，黄氏作品的市场价格出现异动，并有大量海外藏家的作品出现回流。如现手中有黄氏作品，应择机全部释出。

人民币(万元)
10
9   9.13

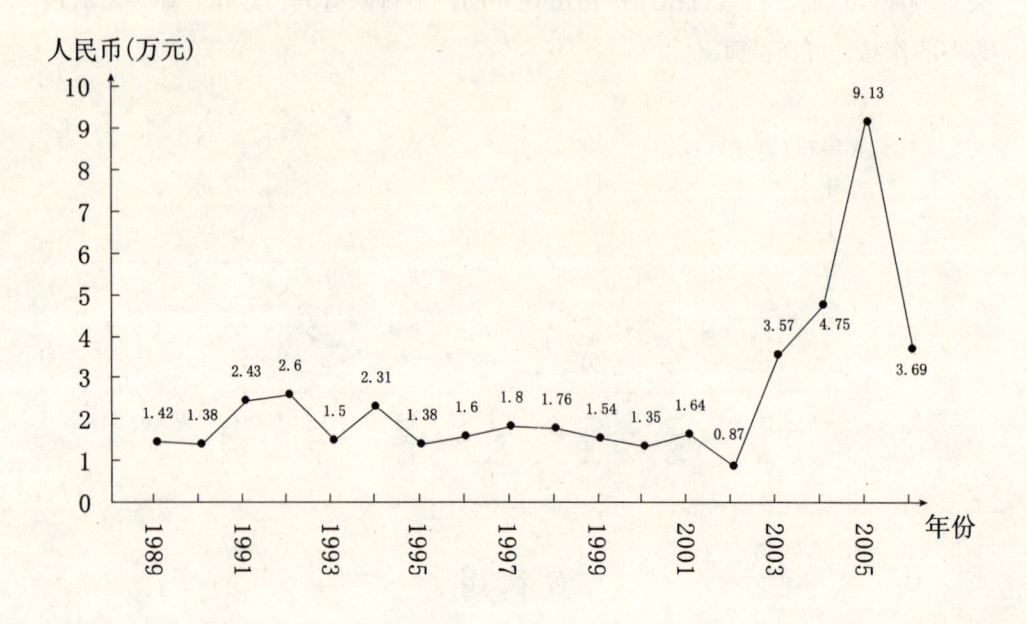

数据点: 1.42, 1.38, 2.43, 2.6, 1.5, 2.31, 1.38, 1.6, 1.8, 1.76, 1.54, 1.35, 1.64, 0.87, 3.57, 4.75, 9.13, 3.69

年份: 1989 — 2005

赵望云

赵望云（1906～1977 年），名新国。河北束鹿人。擅画山水。

幼年习画，曾入京华美专学习绘画艺术，使其对中国传统绘画艺术和西方绘画艺术有着全面的了解和认识。所作山水绘画，虽其传统功力未及登峰之成就，但融入了一些西方绘画色彩的感受。在对西北山水风情的表现中，突出了画家自身的感性认识与石鲁、方济众共同创立了"长安画派"。

人物绘画多以农民题材为主，反映出对社会下层民众生活疾苦的关注。观赵氏绘画，未觉其有很高的笔墨功力，更难见画中山水之雄浑之气势，所画一山一水、一草一木、一人一物，均亲切平静，宛若身边之人、物，有很强的生活气息。

收藏投资建议：

赵望云的作品比较早的出现在市场上，其市场价格比较低。2004 年底随市场整体出现波动，有所涨升，随后出现滑落。如手中有其作品，应择机全部而释。

四、收藏篇　　　　　　　　　　　　　　　　　　　　89

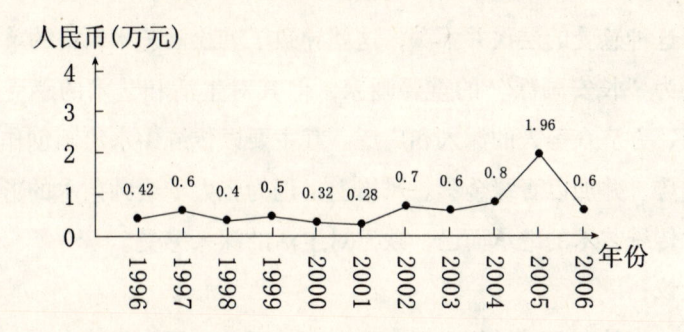

人民币(万元)

(图：1996–2006 年价格走势：0.42、0.6、0.4、0.5、0.32、0.28、0.7、0.6、0.8、1.96、0.6)

方济众

　　方济众（1923～1987 年），曾为陕西国画院院长。擅画山水。
　　方济众为"长安画派"的领军人物之一，画风质朴，构图简约，题材多以现实生活为主线，所画景物，多为西北之山水风情。所画作品中构图、笔墨、色彩之水准虽难与石鲁比肩，但均反映出画家深入生活，热爱生活的崇高心境，是一位以心作画的艺术家。

收藏投资建议：
　　方济众的作品比较早的出现在市场中，价格一直很低，偶随市场整体出现小的波动，但无惊人的表现。如手中有其藏品，应在现阶段市场火暴之时释出。

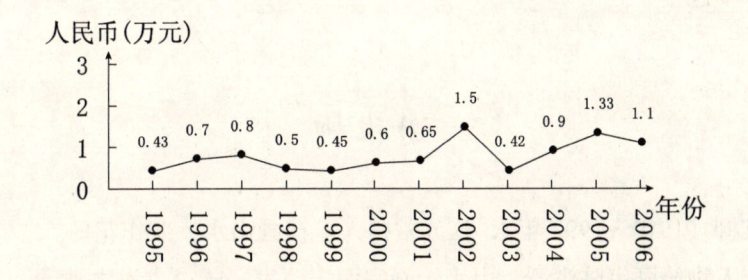

人民币(万元)

(图：1995–2006 年价格走势：0.43、0.7、0.8、0.5、0.45、0.6、0.65、1.5、0.42、0.9、1.33、1.1)

何海霞

　　何海霞（1908～1999 年），名瀛，字海霞。陕西西安人。擅画山水。
　　初师韩公典，后拜张大千为师，研习传统山水绘画艺术。何氏的传统山水绘画功力较深，其画风受张大千的影响很大，并在与自然山川结合时，融入了自己的感受。但这种感受的层次并不深，这就导致了其绘画艺术风格的单调和崇古。

何氏虽为"长安画派"的重要画家，但其对生活和艺术的感受，远不及石鲁、赵望云、方济众等人的深入和广泛。其主要以传统山水绘画创作为主，行笔泼墨颇有气势，并加以青绿金彩。风格上，仍为张大千绘画艺术的形式延续，但只是一种对传统艺术的继承而已，缺乏对生活的深入感受。

收藏投资建议：

何海霞的作品在20世纪30年代就进入了市场，多为临摹古画，尽管已具备了独特的风格，成为这一时期的著名画家，但在内地的市场价格仍然不高。90年代内地出现艺术品拍卖市场以后，何氏的作品曾经有过较好的市场表现。亚洲金融危机以后，其市场价格滑落很大。2004年以后随市场整体火暴而出现涨升异动，现有回落。如手中有何氏作品，精品可继续保留一、二，一般作品适时而释。

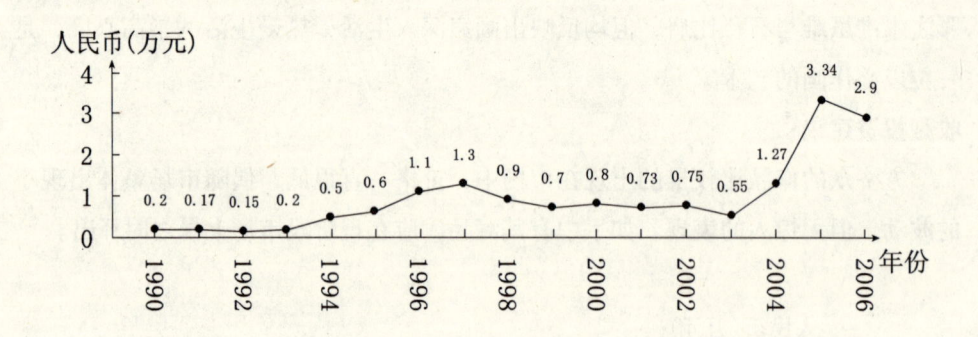

谢稚柳

谢稚柳（1910~1997年），江苏常州人。擅画山水，兼作花鸟。

早年人物绘画宗陈洪绶，山水绘画宗两宋诸家，颇得古人之神韵，笔墨功力深厚。晚年山水多以泼彩泼墨法融入画风，为之一变。

纵观谢稚柳之画，早年胜于晚年，工细者胜于写意者，这由于谢氏晚年事务性工作缠身，自然对画艺无法分神求进。而早年绘画，学习传统法度森严，但少变化，个性不突出。

收藏投资建议：

　　谢稚柳的作品在20世纪50年代以后就进入了流通市场，价格较高。后随着政治形式的变化而退出了市场。80年代中期，谢稚柳的作品进入了香港的拍卖市场，但起点并不高，至90年代初期逐渐升高。90年代中期内地出现艺术品拍卖市场后，谢稚柳作品的内地市场价格出现整体大幅回落，但常有异动出现。2003年以后，随内地整体市场火暴而迅速攀升。如手中藏有谢氏作品，应在现阶段全部释出，兑现回报。

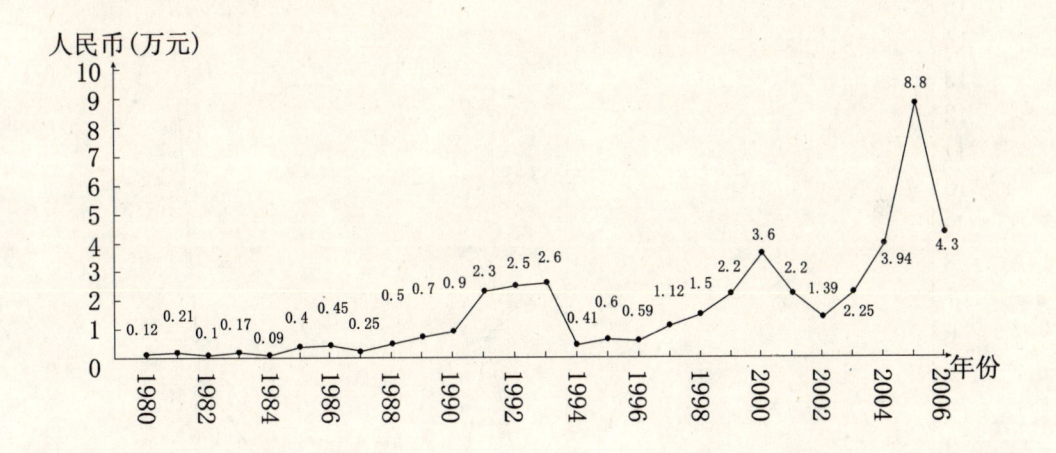

人民币（万元）

年份	价格
1980	0.12
1982	0.21
1984	0.1 / 0.17
1986	0.09 / 0.4
1988	0.45 / 0.25
1990	0.5 / 0.7
1991	0.9
1992	2.3 / 2.5
1993	2.6
1994	0.41
1996	0.6 / 0.59
1998	1.12 / 1.5
1999	2.2
2000	3.6
2002	2.2 / 1.39
2004	2.25 / 3.94
2006	8.8 / 4.3

陆俨少

　　陆俨少（1907～1993年），字宛若。上海嘉定人。擅画山水，偶作花卉。

　　陆俨少早年先后从王同愈、冯超然学画，由"四王"山水入手，为传统面貌。自观看南京故宫所藏古画后，画风为之一变，笔墨风格细腻缜密，70年代后定型成式，创"幻云法"写山水风景。陆氏山水绘画，多以笔胜，很少见墨，线条多变化。其所作画幅，尤其是大幅，首推以势夺人，或云或雾，或江或河，斜出偏入，动势很强，形成了独特的"陆家样"山水程式。

　　所绘山水，多以中、小型画幅为妙，大幅作品虽营造势大，但单凭线条用笔，而失墨、色配合，难免产生神散松乱之弊。

收藏投资建议：

　　陆俨少的作品在改革开放以后就进入了内地流通市场。80年代中期以后进入到香港的拍卖市场,从开始的每平尺千元左右缓慢上升至每平尺万元以上。90年代内地出现艺术品拍卖市场以后,由于陆俨少的作品数量较多,其内地市场价格出现回落。2003年以后受市场整体火暴的影响,出现了强劲的价格上升走势,并形成了一段时期内的"陆俨少热"的市场现象,但陆俨少的作品存世量较多,真赝相杂,如手中有其作品,应在现阶段择机而释。

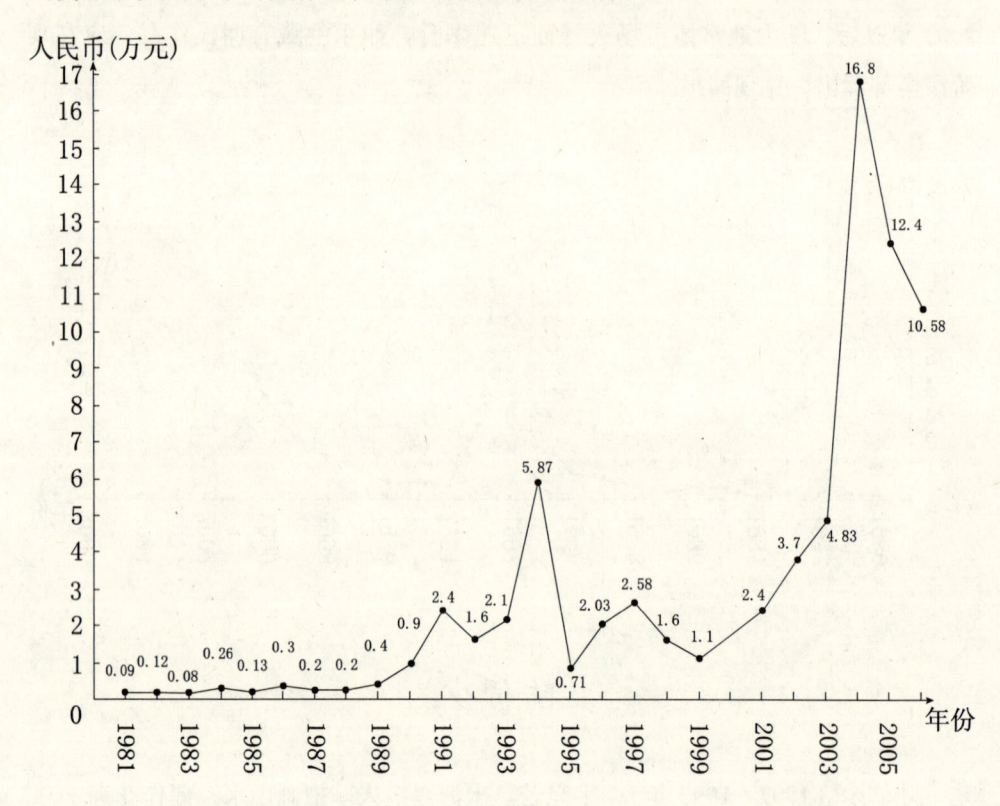

人民币(万元)

1981: 0.09 1982: 0.12 1983: 0.08 1985: 0.26 1986: 0.13 1987: 0.3 1988: 0.2 1989: 0.2 1990: 0.4 1991: 0.9 1992: 2.4 1993: 1.6 1994: 2.1 1995: 5.87 1996: 0.71 1997: 2.03 1998: 2.58 1999: 1.6 2000: 1.1 2001: 2.4 2003: 3.7 2004: 4.83 2005: 16.8 2006: 12.4 2007: 10.58

傅抱石

傅抱石(1904~~1965年),原名长生,瑞麟,号抱石斋主人。江西人。擅画山水、人物。

傅氏出身寒门,自幼习画,后留学日本,受到日本绘画的影响。早期绘画,受石涛画风影响较深,并延续到了后期的绘画中。早期作品中多以线点为主,现已很少能见到。而移居重庆金刚坡后,巴山蜀水的滋润丰富了傅抱石作品的笔墨,破笔泼墨成"抱石皴",将传统绘画中勾勒与皴擦的分离合为一体,勾皴与

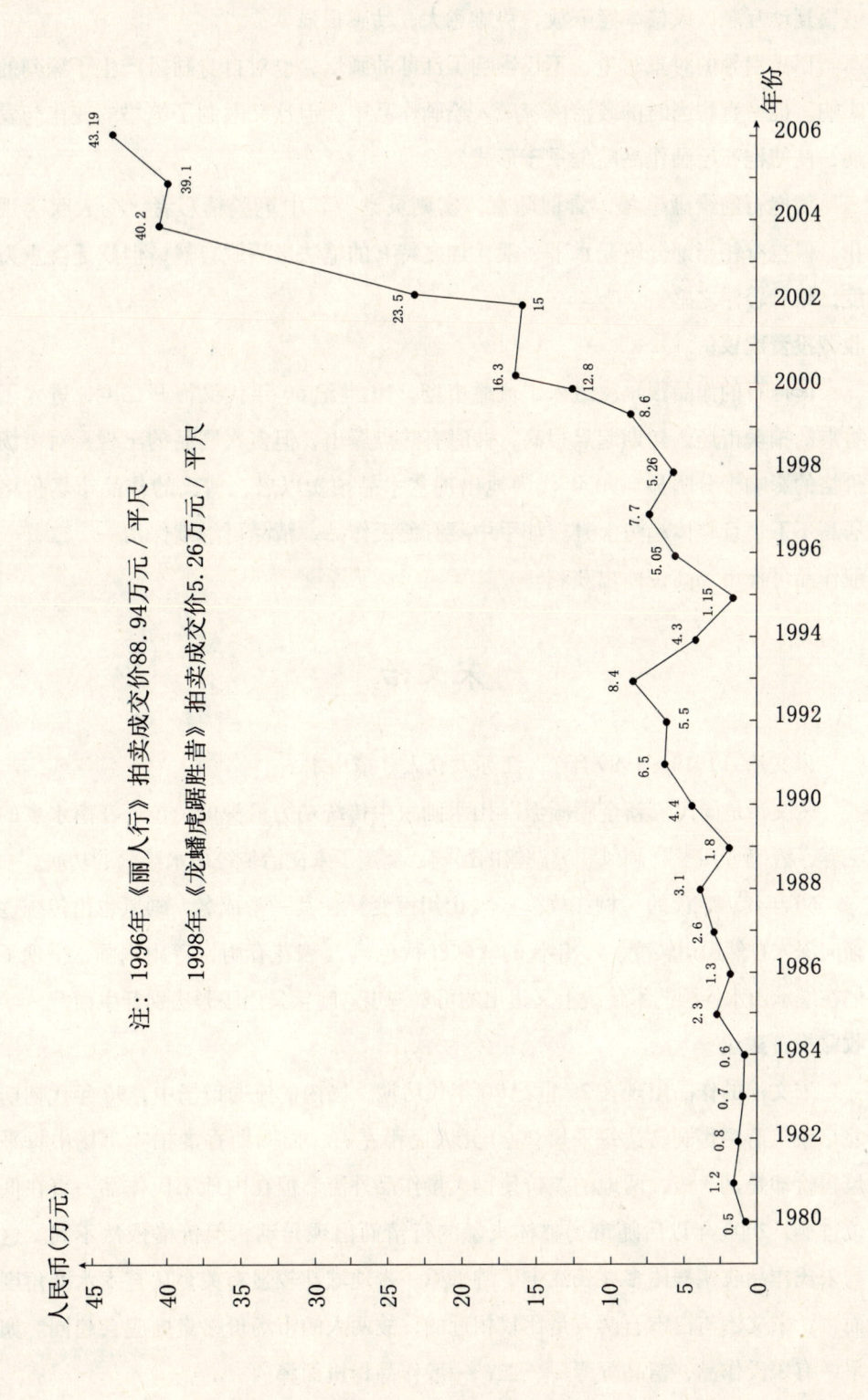

四、收藏篇

人民币(万元)

年份	价格(万元)
1980	0.5
1981	1.2
1982	0.8
1983	0.7
1984	0.6
1985	2.3
1986	1.3
1987	2.6
1988	3.1
1989	1.8
1990	4.4
1991	6.5
1992	5.5
1993	8.4
1994	4.3
1995	1.15
1996	5.05
1997	7.7
1998	5.26
1999	8.6
2000	12.8
2001	16.3
2002	15
2003	23.5
2004	40.2
2005	39.1
2006	43.19

注：1996年《丽人行》拍卖成交价88.94万元／平尺
1998年《龙蟠虎踞睇胜昔》拍卖成交价5.26万元／平尺

笔墨互动互融，风格率意豪放，势雄意大，动感很强。

傅氏倡导的对景写生，不仅影响了江苏的画坛，也对自身画风产生了深刻的影响。他一直将当时的政治内容融入绘画作品中，但这又限制了笔墨的变化与发展，使傅抱石绘画作品略偏重于形式。

傅抱石的绘画笔墨，看似随意，实则灵动，其中笔墨精彩者，令人叹为观止。但也有相当部分笔墨水平一般，加之特有的笔法虽洒脱自然，但缺乏凝重力度，略有轻浮之感。

收藏投资建议：

傅抱石的作品很早就进入了流通市场，20世纪80年代又梅开二度，进入了香港的拍卖市场。初期起点很高，并时有热点爆出，但多次赝品的出现，对市场价格的影响十分明显。90年代内地出现艺术品拍卖以后，傅氏的作品市场价格居高不下，且整体趋势上升，如手中藏有傅氏作品，精品可继续保留一、二，一般作品可择市场高位而出获利。

宋文治

宋文治（1919～1999年），江苏太仓人。擅山水。

宋文治是同代"新金陵画派"山水画家中传统功力最深的一位。江南水乡的滋养，清代"四王"画风和吴湖帆的影响，奠定了宋文治传统山水绘画的功底。

60年代，宋氏的《桐江放筏》、《山川巨变》使其一举成名，画风也由传统逐渐向深入自然山川转变。70年代的《峡江秋色》、《杏花春雨》等山水画，呈现了他在继承山水绘画艺术传统上又迈出的可贵一步。晚年又用泼彩法别开生面。

收藏投资建议：

宋文治的作品出现在20世纪70年代后期，国内的流通市场中，90年代初期北京荣宝斋中售画已达每平尺2000元人民币左右，而同期香港拍卖市场中每平尺售价却是其3倍，两地的差价使得大量作品外流。但在内地宋氏作品一直在低位徘徊，2003年以后随市场整体火暴的行情而出现异动，但价格依然不高。这与宋氏作品收藏群体多在长江中下游平原一带地域性较强有关。从艺术水准角度而言，宋文治与白雪石两人是比较相近的，故两人的市场价格走向应会趋同。如手中有宋氏作品，精品可留一、二，一般作品择机而释。

人民币(万元)

图中数据点(年份：金额)：
1990: 0.2, 1991: 0.6, 1992: 0.78, 1993: 0.6, 1994: 0.5, 1995: 0.31, 1996: 0.73, 1997: 0.85, 1998: 0.6, 1999: 0.4, 2000: 0.51, 2001: 0.61, 2002: 1, 2003: 1.83, 2004: 2.1, 2005: 4.4, 2006: 3.3

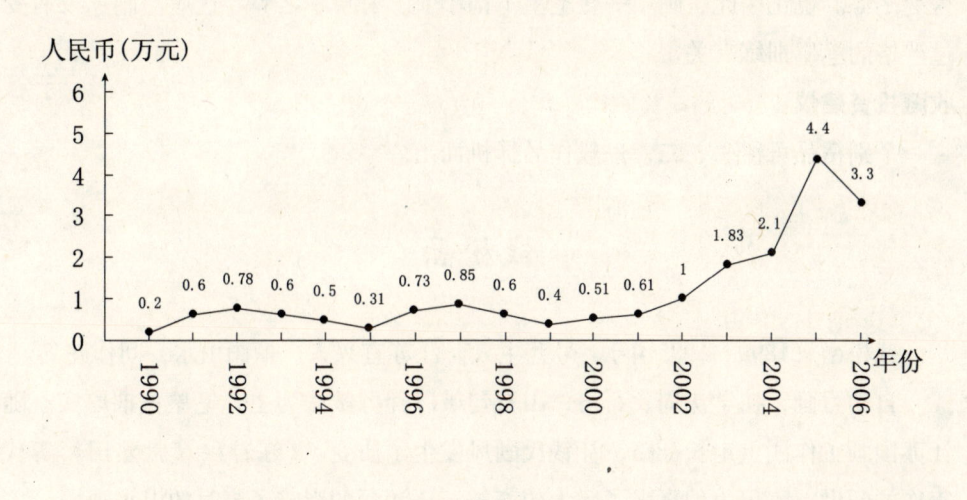

亚　明

亚明（1924～2002年），安徽合肥人。擅山水。

作为主倡写生山水的"江苏国画工作团"实际组织者，亚明是坚定的实践者。60年代创作的《川江夜色》、《华山》等山水画，已显示出他笔端的灵性。70年代他迎来了山水画创作的高峰，并对当时"新金陵画派"产生了深刻影响。《江浸月》、《漫将一砚梨花雨》、《泼湿黄山几段云》等，正是这一时期的优秀作品。

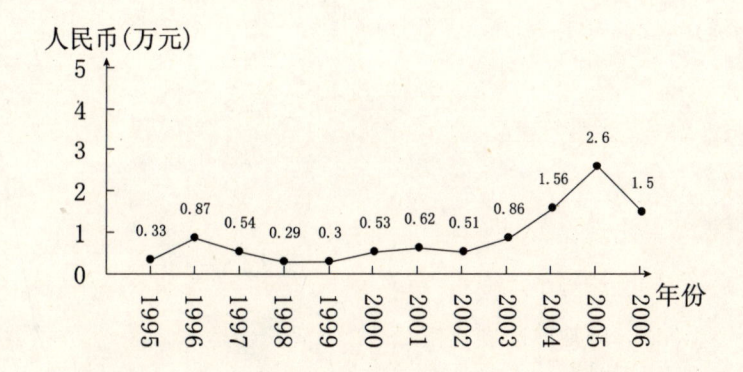

人民币(万元)

图中数据点(年份：金额)：
1995: 0.33, 1996: 0.87, 1997: 0.54, 1998: 0.29, 1999: 0.3, 2000: 0.53, 2001: 0.62, 2002: 0.51, 2003: 0.86, 2004: 1.56, 2005: 2.6, 2006: 1.5

亚明的山水绘画艺术，画风超逸，不拘一格，敢破敢立。对古人传统的学习，只求神不求式，画中笔墨干、湿并用，尤善用水造势，这是一种空灵之势、秀逸之势。也正因此，画中一些笔墨不拘小节，有草率之弊。这应与画家没有受过严格的笔墨训练有关。

收藏投资建议：

个别精品可留一、二，一般作品择机而出。

钱松嵒

钱松嵒（1899~1985年），号芑主人。江苏宜兴人。擅画山水，间作花鸟。

自幼习画，初学沈周、石涛，山石勾皴以斧劈皴法为主，笔墨古拙厚实。随江苏国画工作团重走长征路，让钱氏画风发生了质变。《红岩》、《常熟田》等代表作的问世，不仅为他赢来了巨大的声誉，还深深的影响了当时的山水画坛。

曾闻苏东坡画朱竹，但以红色直接画山水者闻所未闻，而此时钱松嵒画的《红岩》，与李可染画的《井冈山》两幅作品，均为红色直接入画，两画水平难分高下。钱氏属大器晚成的画家，人愈老，画愈精，刚健朴拙之长未失，笔墨骨力更为老到。唯构图，笔墨少变化。

收藏投资建议：

钱松嵒在1949年以前曾为半职业画家，少量作品在江南一带流通，1949年以后不再有作品进入流通领域。20世纪80年代中期以后，钱松嵒的作品开始进入香港的拍卖市场。起点虽不高，但时间不长便迅速进入高价区，这与钱氏的过

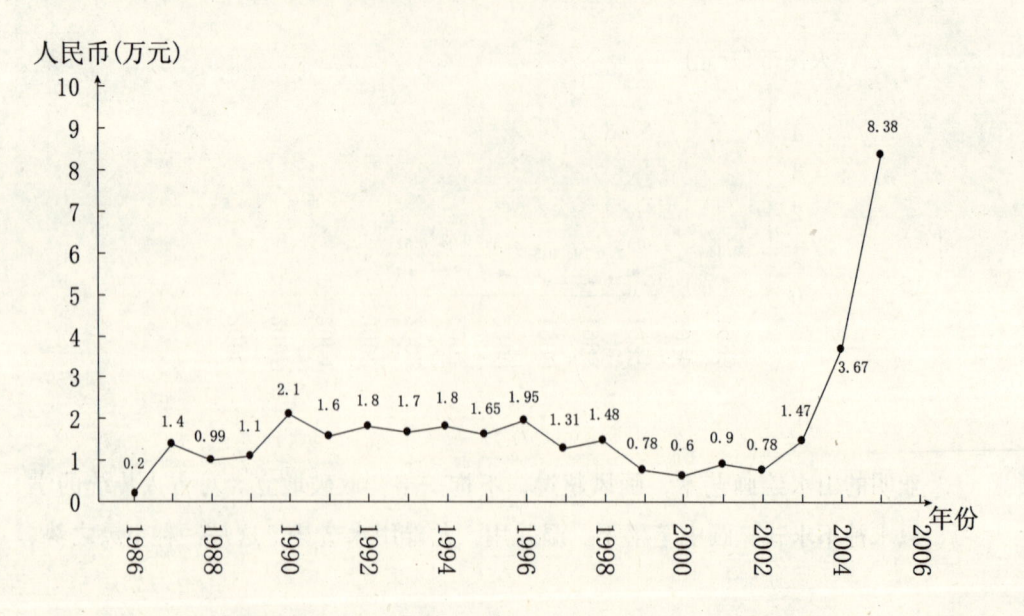

世有关。但在90年代的内地艺术品拍卖市场中，钱松喦作品的市场价格一直走低，少有精品出现。2003年整体市场火暴后，钱氏作品出现异动，涨势惊人，一些作品从海外回流，如手中藏有其作品，精品可留一、二，其他作品可在此时择机而出。

魏紫熙

魏紫熙（1915~2005年），河南遂平人。擅山水。

魏紫熙为"新金陵画派"的主要画家之一。早期的山水绘画作品受清代王翚影响较大，并有上追马、夏之笔意。其60年代创作的《渡口》、《百步云梯》、《秋雾》等作品，引起了当时画坛的瞩目，风格逐渐由传统向现实生活中转变。70年代创作的《太行吟》、《飞爆无声》、《瞿塘翠色》等作品，代表着魏紫熙山水绘画艺术的高峰，具有鲜明的魏氏风格。

魏氏山水绘画，尤以大幅颇显雄浑气魄，笔墨凝重厚滋，并以朱砂、石青等重色点染，一别"新金陵画派"清秀之风。唯其笔墨变化不甚精到，整体面貌略显单调。

收藏投资建议：

魏紫熙作品的市场价格在内地拍场中一直很低。2003年以后随整体市场火暴而出现异动，现已回落。如手中藏有其作品，精品可留一、二，一般作品择机而释。

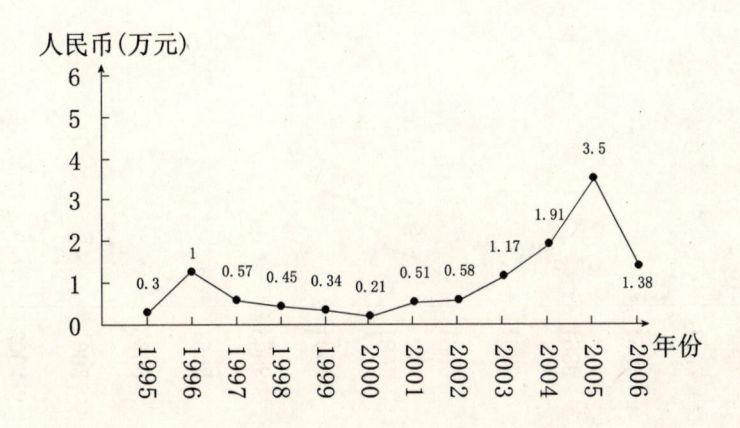

关山月

关山月（1912～2000 年），原名泽霈。广东阳江人。擅画山水。

幼习《芥子园》，后师从高剑父，得其真髓，中期以后用笔疾快直入，墨色变化丰富，用色鲜艳，所作山水、花鸟，构图奇险，用笔、用墨、用色均明快奔放，对比强烈。关氏绘画，一反高剑父等人带日本绘画特点的"岭南画派"绘画艺术风格，强调传统艺术的传承与现实生活的结合，构图意境开阔。

唯笔墨与讲求造型之结合尚欠完美。

收藏投资建议：

关山月属于在香港拍卖市场中的第一批登陆者之一。当时关氏的一幅《红梅图》拍到了 10 万元港币，超过了吴昌硕、齐白石、傅抱石等诸家，这应与他曾和傅抱石合作过《江山如此多娇》的画誉有关。而《红梅图》系关氏画作精品，题材又好，故一鸣惊人，其后拍场中关氏作品一直平缓波动，在低位运行。由于关山月为"岭南画派"的画家，颇受广东、香港一带的藏家青睐。但 90 年代内地出现艺术品拍卖市场以后，"岭南画派"的画家作品并不占主导，故关氏作品的市场价格一直潜行低伏。2004 年以后，其作品市场价格随整体市场火暴而出现上升，如手中藏有其作品，可在此时择时而出。

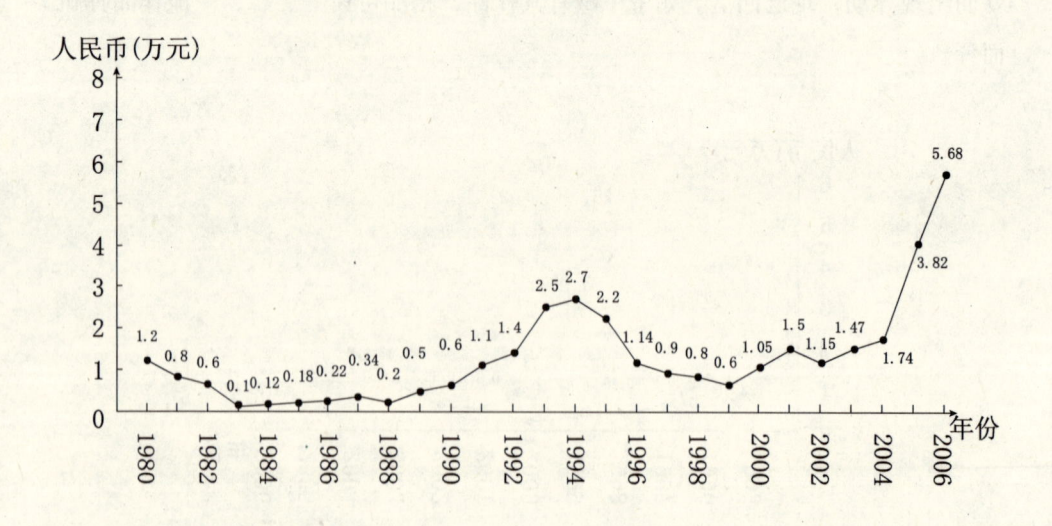

黎雄才

黎雄才（1910～2001年），广东肇庆人。擅山水、花鸟。

幼时从高剑父学画，后赴日本学画四年，受日本绘画影响很大，所作花鸟、山水，无一不精。曾见黎雄才1937年所画草虫一幅，上绘14只形态各异的南方昆虫，均栩栩如生，足见其写生造型之功。其早年以花鸟得名，后饱览山川写生，以山水闻名于世。晚年笔墨厚重，常以粗笔浓墨施以重色，气势雄浑沉着，自成一家山水面貌。

唯笔墨与现实结合不深，只停留在笔墨形式表现上。

收藏投资建议：

像所有"岭南画派"画家一样，黎雄才的作品颇受广东、香港一带的藏家青睐，但市场价格一直不高。2004年以后黎氏作品市场价格出现异动，但涨幅不高，并有回落。如手中藏有精品可留一、二，一般作品择时释出。

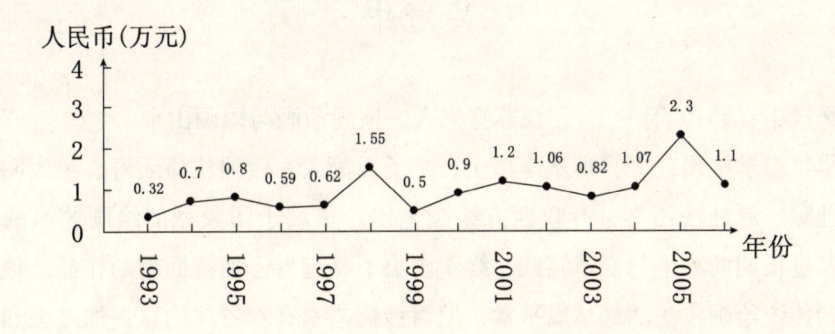

人民币（万元）

年份	价格
1993	0.32
1994	0.7
1995	0.8
1996	0.59
1997	0.62
1998	1.55
1999	0.5
2000	0.9
2001	1.2
2002	1.06
2003	0.82
2004	1.07
2005	2.3
2006	1.1

黄君璧

黄君璧（1898～1991年），原名韫之，别名允瑄，号君璧。广东南海人。擅画山水，间作花鸟。

早期师从李瑶屏力攻山水，间作花鸟、人物，以临摹古代名家之作为主，其传统功力较深。所画山水，能将传统之法与现实相结合，构图雄大，以墨为主，笔墨相溶，笔墨工细而劲健，墨色变化而生气韵，独成自家面貌。为同代山水画家之杰出者。

收藏投资建议:

  黄君璧的作品20世纪80年代中期开始出现在香港市场上,像所有的"岭南画派"画家一样,深受香港地区的收藏者的喜爱,市场价格上升的速度十分迅速。但90年代以后在内地艺术品拍卖市场中却表现一般。2004年以后随市场整体行情火暴而出现异动,如手中有其作品,可择机全部而出。

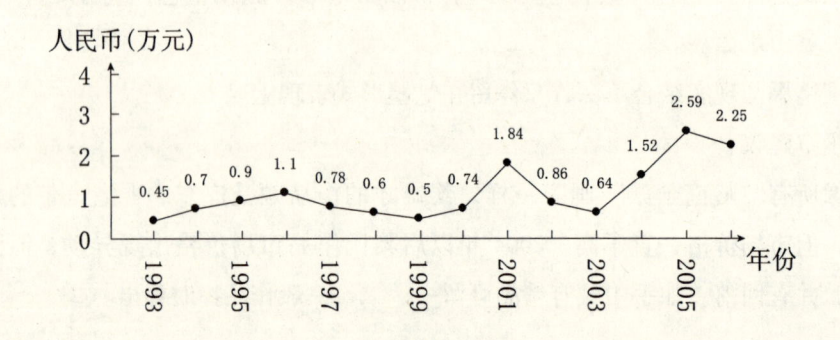

人民币(万元)

数据点: 1993: 0.45; 1995: 0.7; 1996: 0.9; 1997: 1.1; 1998: 0.78; 1999: 0.6; 2000: 0.5; 2001: 0.74; 2002: 1.84; 2003: 0.86; 2004: 0.64; 2005: 1.52; 2006: 2.59; 2007: 2.25

吴冠中

  吴冠中(1919年~　　),江苏宜兴人。擅画油画与国画山水。

  早年求学杭州艺专,师从李超士、王子云等人,后师从潘天寿、吴大明学国画和油画。后赴法留学,专攻西方绘画艺术。热衷于印象派的绘画艺术的吴冠中,经过长期的写生与变革实践,终于画出了具有自己独特面貌的作品。他本人的中国传统绘画技法功底虽属平常,但对传统艺术有着较深的意识加之强烈的创新意识和正确的思维方式,因而能充分利用西方绘画艺术的诸多特点,并尝试着融入其国画的创作中。

  用西方绘画技法来丰富国画,用国画技法来丰富油画,成为吴冠中绘画艺术的独特面貌。

  在吴冠中的国画中,强调了线条的运用。富有弹性的线条,营造着充满韵律的画面,水气十足的墨块和色彩丰富的颜色,点缀着线条的节奏,让画面动了起来。

  充水的原色点块,象征着西方绘画艺术思想的融入,但这还只是一种浅层次的、简单的结合。虽然不能因此就说吴氏的思想意识一样浅薄，但这对一个传统绘画功力不深的人来说，无疑是一个捷径。而吴冠中正是把这种捷径发展成为一种独特的表现形式，并加发挥完善。

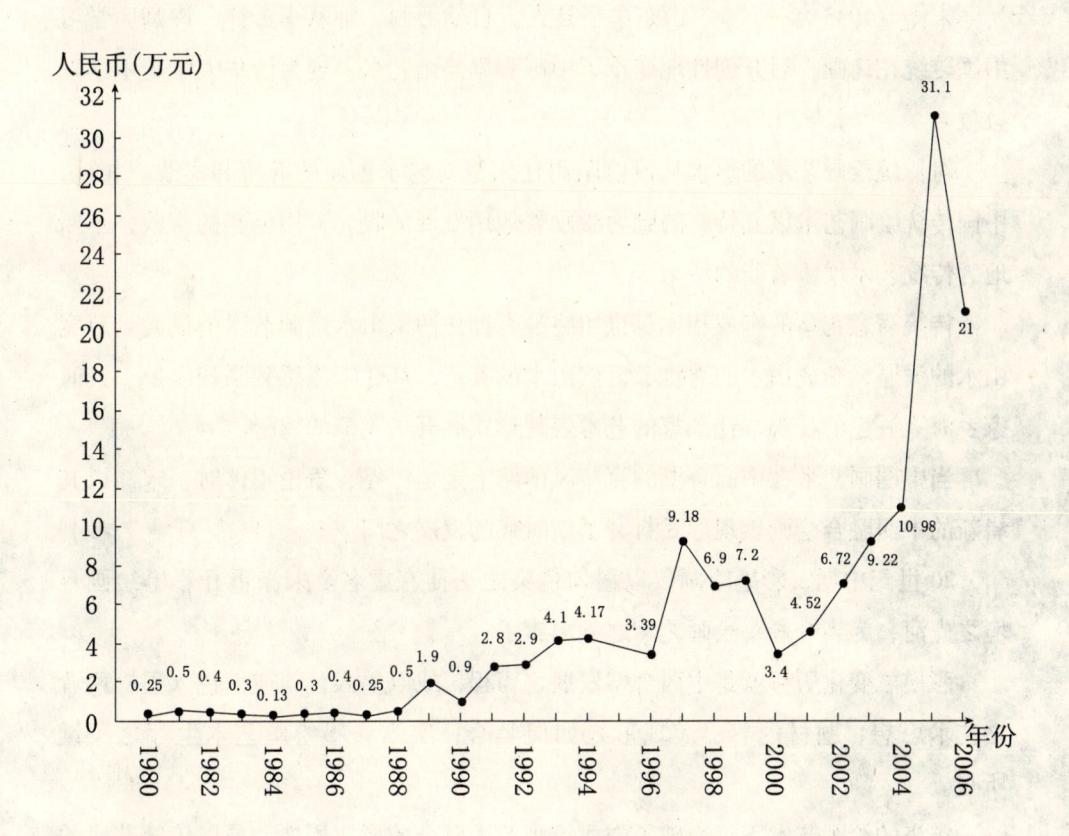

人民币（万元）

数据点：
- 1980: 0.25
- 1981: 0.5
- 1982: 0.4
- 1983: 0.3
- 1984: 0.13
- 1985: 0.3
- 1986: 0.4
- 1987: 0.25
- 1988: 0.5
- 1989: 1.9
- 1990: 0.9
- 1991: 2.8
- 1992: 2.9
- 1993: 4.1
- 1994: 4.17
- 1996: 3.39
- 1997: 9.18
- 1998: 6.9
- 1999: 7.2
- 2000: 3.4
- 2001: 4.52
- 2002: 6.72
- 2003: 9.22
- 2004: 10.98
- 2005: 31.1
- 2006: 21

收藏投资建议：

  吴冠中的作品进入市场比较晚，直到 20 世纪 80 年代中期才进入香港拍卖市场，但起点很高，并在短期内迅速攀升，几幅尺寸较大的作品拍卖成交价竟高达几十万元港币。1989 年一幅《高昌遗址图》仅十余平方尺，竟被拍到了 187 万元港币。

  随后虽因海湾危机影响，作品价格有所回落，但已基本进入平稳之态。90 年代以后内地的艺术品拍卖市场中，吴冠中作品的市场价格依然较高，热点频出。近几年，部分民营企业对吴冠中作品的高调收藏，市场中有形之手和无形之手合力，把异动中的吴氏作品市场价格推向新的高峰，使他成为近现代画坛中作品市场价格的顶级画家。如手中藏有吴氏作品，可在此时全部释出。

宋 涤

宋涤（1945年~ ），山东牟平县人。自幼习画，师从李苦禅、许麟庐学习中国传统花鸟画，后开创性地变革了中国彩墨绘画艺术。现为清华大学美术学院教授。

对传统绘画艺术的追求从没能阻碍住宋涤对艺术创新的渴望和实践，相反，中国传统绘画艺术以其特有的魅力激励着他用发展的眼光，用创新的实践，不断地为传统艺术增添着新的活力。

传统写意花鸟的奔放和率真也始终没有挡住两宋山水绘画艺术的灵光。范宽山水的浑厚、李成山水的秀雅、巨然山水的苍茫，都让宋涤感到强烈震撼。儿时家乡海天一色的壮观，让画家的艺术表现形式展开了飞翔的翅膀。

当中国画艺术在中西合璧的百年风雨路上走走停停、争论不休时，宋涤以其崭新的中西融合绘画表现形式打开了新时代的发展之门。

20世纪中期，彩墨绘画仅以墨勾色染之法徒有虚名。宋涤重开彩墨绘画意境之先河，为当今彩墨绘画艺术之领军旗手。

彩墨之变化历程就是中西合璧发展之历程，或以墨入色，或以色入墨，两者之艺术思想、题材内容、表现形式如何契合，实为彩墨绘画艺术生存之关键所在。

宋涤的绘画艺术不仅突破了中西绘画艺术融合的形式桎梏，更以传统艺术的真谛，推动了创新的发展。深厚的传统艺术学养，使其以现实主义为表现形式的绘画作品打破了绘画写生的束缚。作品中的景象，不是写生稿的照搬或机械的位置对换。"搜尽奇峰打草稿"，成为宋涤写实山水现实主义的理想写照。对两宋山水绘画唯美艺术的追求，使宋涤更加喜爱表现丰富、充满弹性的线条和层次变化。

当许多国内外画家都试图表现伤感和孤独的时候，宋涤的画却一直充满了青春的绿色和阳光的明媚。无论盈尺小幅，还是丈二巨匹，一勾一点都体现着画家的仔细和执著。画山水不以景取胜，而以意为先，成为宋涤创作的信条。对艺术的真、对生活的真，构成了作品的全部，因而能以其深意打动观众。

彩墨绘画艺术将成为国画的发展主流。中国画艺术在色彩的作用下，会更具有震撼力。

宋涤曾创作过多幅以树为主题的作品。其中一幅，两株老树树根盘枝错节，占据着画面主要构图，褐色细密纹理上长满了细小的青苔，几株嫩绿的小草和紫色爬藤，悄然露出，展示着生命与自然的力量。远处初发新绿的叶丛中，隐约显露着天边的树际，回荡着时空的悠长。满幅美绿的色调，仿佛吹来了一缕清柔的风。另一幅略冷的绿色丛叶中，一株参天古树拔地而起，粗糙的枝干，显示历史的沧桑。树干充满下部的构图，及突兀直上云霄的气势，仅在二尺左方的画幅中，是任何传统写实画家想不到的。树顶散布的虚实叶点，如印象派变化之功，人们在感叹作品之余，自然伟大之念油然而生，这才是真正的写意。

宋涤的山水题材涉及很广，黄山、漓江、九寨沟、北京西山、江南水乡、西北大漠，甚至一些写生途中的普通村落，都能一一入画。即使人们寻常所见生满苔芥的鹅卵石，也成为画家笔下美的使者：每块鹅卵石有着自己生长过程和独特的肌理特征，就像一座缩小的山峰，一样可以画得十分丰富。而这一点，正是大多数中国画家所缺失的技法本领。

宋涤的山水画创作发展历程同样经历了萌动、尝试、变革之嬗变。

早期的山水画创作中，传统绘画的影响比较明显，在中国传统艺术、西方绘画艺术和自然山水三者之间，宋涤努力寻找着最佳表现形式。这一时期，正值中国内地改革开放的初期，绘画艺术界也涌动着躁动的浪潮，各种"现代艺术"的画家们争当着变革的急先锋。而遵循着生活与传统的宋涤，在画作中完善着自己的信念。十年的西山写生和对中国传统绘画及西方传统绘画艺术的契合，终于在生宣纸上完成了彩墨绘画艺术的第一次飞跃。

20世纪90年代中期，宋涤的彩墨山水画中强调了复合色的运用。光感更加丰富，更加强调山体、树木、河流在光源照射后色彩变化。中间色调的层次自然而丰富，并用冷暖色调强化画面的主题情绪，在完善题跋与画面主题结合时，改变了题跋的字体，更减少了题跋的字数来让画面打动观众。并尝试用生宣纸和彩墨技法来画写生人体，由于材质的差异，不能像素描和油画、水粉画一样可以擦、涂、刮、盖。必须心、眼、手高度结合，一次画成。虽然这种尝试不像宋涤所画山水画那样成熟，但它的高难度足以说明了，宋涤开创的这种彩墨表现形式有着很强的生命力和影响力。

而宋涤把这种独特的彩墨画法完美的运用到花鸟画创作时，更说明了这种画法有着广泛的适用性。山水、花鸟、人物是三种差异明显的物质构成。山石的坚硬与水的无形活性，花卉的含水肌理与禽鸟的毛绒质感，人体的弹性与呈色的细微变化。这些诸多不同呈象，在宋涤的彩墨技法下——客观地展现在观众面前。

纵观中国画坛中各个时期的画家，能将山水、人物、花鸟三位一体掌握者，十之一二；全面掌握并有其中一项突出者，屈指可数；三者全部突出者，则是凤毛麟角。

仅以此彩墨技法即能独步画坛，可谓开宗立派，前无古人。

收藏投资建议：

宋涤的作品在20世纪70年代后期即进入了内地市场，80~90年代，作品颇受港、台、日本、韩国、新加坡、马来西亚藏家的青睐，亦有少量作品流向欧美此时其画出现在香港的拍卖市场上，其作品的拍卖价格呈逐年上升之势。如手中藏在其作品，可继续收藏，而此时再收藏其作品，市场价格并不高，定会有丰厚回报。但要把1990年以后的作品作为收藏重点。

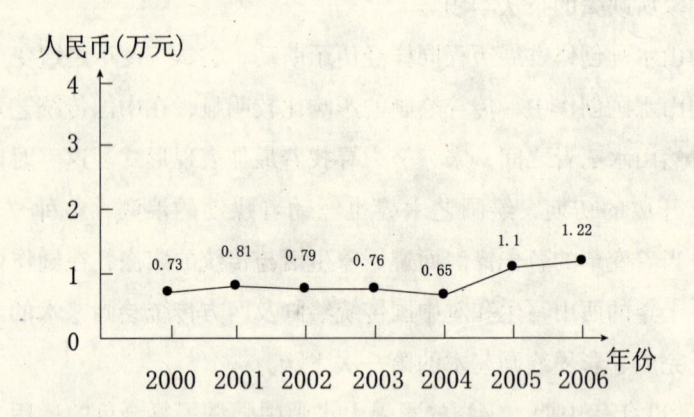

刘永明

刘永明（1943年~ ），曾于中央工艺美院任教。

深厚的西画功底使刘永明的山水画呈现出独特的风貌，既有别于源于西洋绘画的诸多画派，又与中国的传统绘画有着根本的区别。

吴冠中、刘永明、杨延文，是当今画坛中绘画表现形式比较接近的三位画家，但三人各自的笔墨道路却不相同。吴冠中长于线条的情感表达，及点、线、面的组合；杨延文长于墨、色的渲染；而刘永明则擅将色彩直接入画，利用色彩的变化来反映光作用下的物象三维关系。水在生宣纸上的自然生动变化，在刘永明的作品中呈现出了新的视觉感受，营造着中国画家们不倦的意境追求。

收藏投资建议：

目前市场价位不高，手中如有其作品，可继续收藏，并可在现阶段择机入藏。

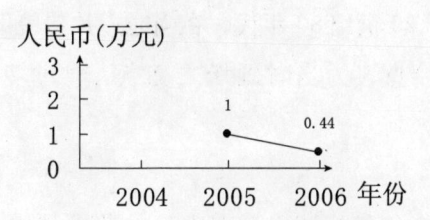

陈　辉

陈辉（1959年~　），现为清华大学美术学院（原中央工艺美院）教授。

同样是画江南水乡，当别人都试图着用更多的颜色来表现着作品深度层次时，陈辉却在黑白世界中，追寻着水乡特有的静远。透过画中的斑驳的墙壁和小路，我们仿佛穿过了时空，走进了两宋时期梦般的山水世界。恍惚间，没有了喧哗的人声，河水的流声，思想随着画中的一叶扁舟，切开了层层多维世界，溶进了生命中的深处。

收藏投资建议：

陈辉的作品虽然进入市场较晚，但后来者居上，确有不俗的表现，且数量不多。如现手中藏其作品，可继续保留，并择机收藏其精品。

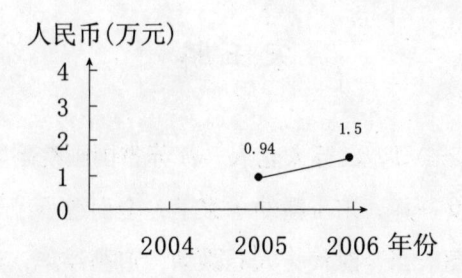

宋雨桂

宋雨桂（1940年~　），山东临邑人。现为辽宁省美术馆馆长。

宋雨桂的山水构图气势宏大，笔墨酣畅淋漓，以墨写势，随形赋彩，颇具自然变化之态，笔力雄健与墨色泼染结合，有点睛之功。

宋氏山水曾享誉于20世纪80年代，在当时一片传统旧俗中，其表现形式颇有新意。尝与冯大中合璧，为当时画坛之亮点。时过境迁，作品的风格变化不大。

收藏投资建议：

宋雨桂的作品自90年代初期出现在内地的艺术品拍卖市场后，起点很高，并在一定时期内成为市场的亮点。2004年以后随市场整体火暴行情出现了异动，并随后出现了下滑。如手中藏有其作品，精品可留一二，一般作品择机而释。

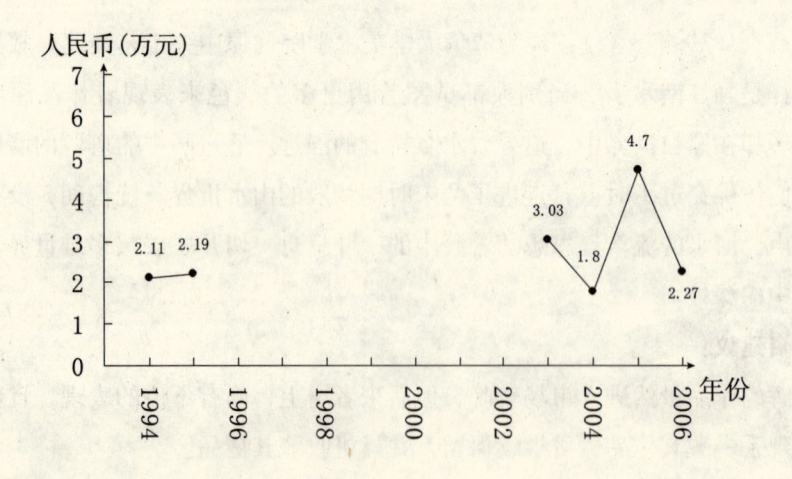

宋玉麟

宋玉麟（1947年~　），江苏太仓人，江苏省国画院副院长。

像所有画家的子女一样，宋玉麟幼承家学，全面继承了宋文治的山水绘画艺术，成为他的创作底蕴。当今时代，人心躁动，追慕浮华，难得有人追寻古人笔意。宋玉麟的画中，仍以宋氏笔墨，营造传统山水，勾皴染点，颇有"四王"

之笔意。在今日山水画坛中无功力者盛行、自我吹嘘者盛行、假传统者盛行之状态下,像他能如此独守传统者,实不多见。

收藏投资建议:

宋玉麟的作品在市场中价格起点并不高,在每平尺几千元处波动。2004年以后随市场整体火暴而出现异动,如手中藏有其作品,精品可存一二,其他作品可择机而出。

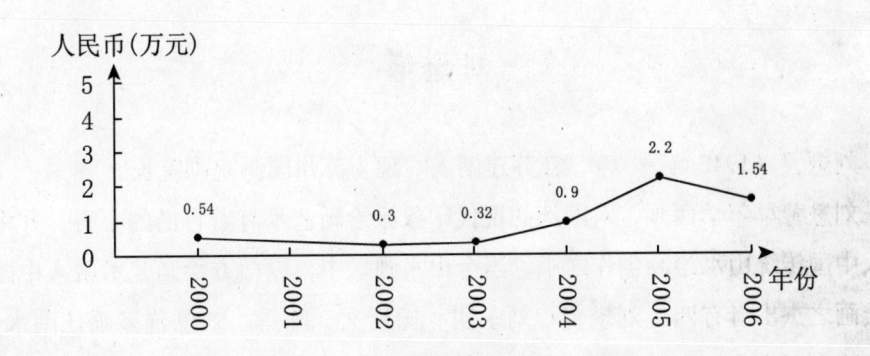

人民币(万元)

年份	2000	2001	2002	2003	2004	2005	2006
	0.54		0.3	0.32	0.9	2.2	1.54

卓鹤君

卓鹤君(1943年~),现为中国美术学院教授。

绝大多数山水画家都追求景物具象的表现,因为这样,观者才能很轻松地看懂它、理解它;只有少数的画家在用笔抒写着自己心中的山水,让观者去品味它,感受它。卓鹤君则是后者,受教于陆俨少,却没有续写着陆俨少程式般的山水画,这本身就是一个进步。江南山水的韵秀,带给了许多画家对式的疏离、对意的追索;而承清代画家龚贤的山水画而来对墨的运用,更让卓鹤君的山水增添了几分玄思。

收藏投资建议:

卓鹤君的作品出现在拍卖市场中的时间并不长,作品的市场价格也呈上升趋势。2004年以后随市场整体行情火暴而出现上升异动,如手中有其作品,精品可存一二,其他作品应择机而释。

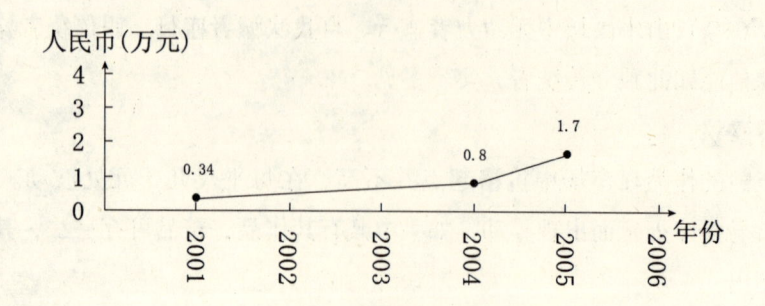

```
人民币(万元)
 4
 3
 2                          1.7
 1   0.34        0.8
     2001 2002 2003 2004 2005 2006  年份
```

刘懋善

刘懋善（1942年~　），江苏建湖人。现为苏州国画院副院长。

刘懋善早年学西画，对欧洲的现代印象派绘画艺术有着自己的心得，并将其融入中国传统山水绘画创作之中。当今山水画坛中，以西方绘画艺术融入中国传统绘画之杰出者有四：刘懋善、刘永明、杨延文、陈辉。刘懋善多画江南水乡，刘永明多画高山峻水，杨延文多画北京风情，陈辉多画水墨江南风情。刘懋善画中往往把富有功力的传统用笔与表现西方明暗关系的深浅墨色结合于一处，并以鲜明色彩点醒画面，使其富有装饰风格的韵味，打破了江南水乡的寂静。画中传统笔墨增加了构图的深度，把笔、墨、色拉开后又穿在了一起，更像一个个明亮音符组成的乐章。

收藏投资建议：

如手中有其作品，精品可存一二，其他作品可在现阶段择机而出。

姜宝林

姜宝林（1942年~　），中国美术家协会会员。

姜宝林的写意绘画作品以写心意而忘情于笔墨之拘。用笔粗放，用墨浑厚淋漓，破墨法得心应手，画面充满了灵动的变化。

唯笔墨虽得心意，但构图略显简约而少变化。

收藏投资建议：

姜宝林的作品进入拍卖市场的时间并不长，价格波动合理正常。2004年以后随市场行情火暴而出现上升，如手中有其作品，精品可存一二，其他作品可在现阶段择机释出。

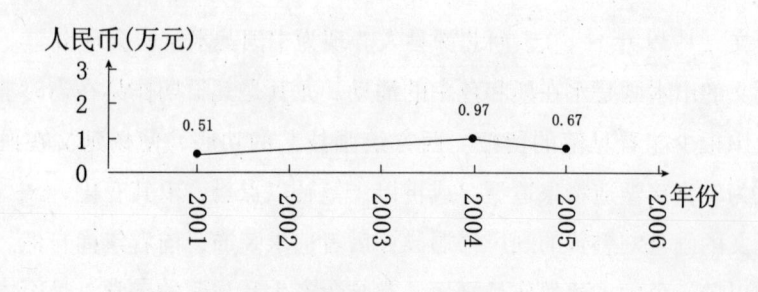

人民币(万元)

2001: 0.51　2004: 0.97　2005: 0.67

于志学

于志学（1935年~　），现为中国美术家协会会员。

就像南方画家喜画水乡一样，北方的画家对冰雪有着深刻的认识。生活在冰雪天地中的于志学，也画人物和花鸟，但都不如他画的冰雪山水独具个性。

雪景山水在每个时期都有着不同的表现形式，但像于志学这般表现的却寥若晨星，尤其是他对表现技法的借助运用，使得画面更增添了新的美感。

但在中国画的创作中，任何一种特殊技法的运用往往在成功的同时，还会带来负面影响。创作的刻意，这对以追求忘我的中国传统绘画来说，无疑又处于破、立之间。

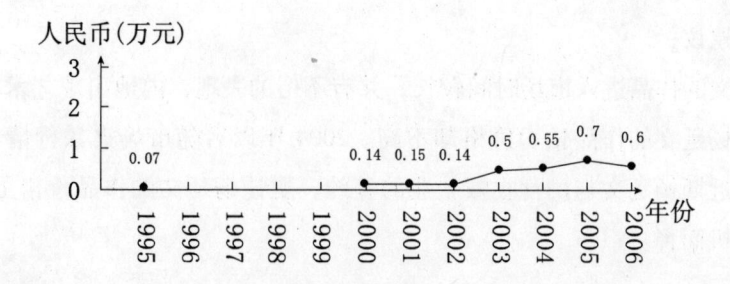

人民币(万元)

1995: 0.07　2000: 0.14　2001: 0.15　2002: 0.14　2003: 0.5　2004: 0.55　2005: 0.7　2006: 0.6

收藏投资建议：

于志学的作品进入内地拍卖市场时间较早，但市场价格较低。虽随2004年以后的火暴市场行情出现异动，但价格不高，可择精品而藏一二，一般作品可在现阶段释出。

杨延文

杨延文（1939年~　），河北深县人。现为中国美术家协会理事。

杨延文的山水画是水在墨和色中的涌动，尤其是其早期作品在当时非常有新意，但从中很少能看见笔的留痕。西方绘画技艺的功底，使杨延文在画中能以墨、以色为笔直接塑造物象造型。或再以干笔补以点景，求其变化。

杨延文的画与刘懋善的画风格迥异：后者追求装饰，前者崇尚自然。但其所有画家的以墨、色为主要的作品画面，都难免产生乱与薄的感觉。吴冠中先生则巧妙地避开了这一点，少用块面，多布点线，并隔出有节奏的距离。这恰恰又是杨吴两人的变化所在。

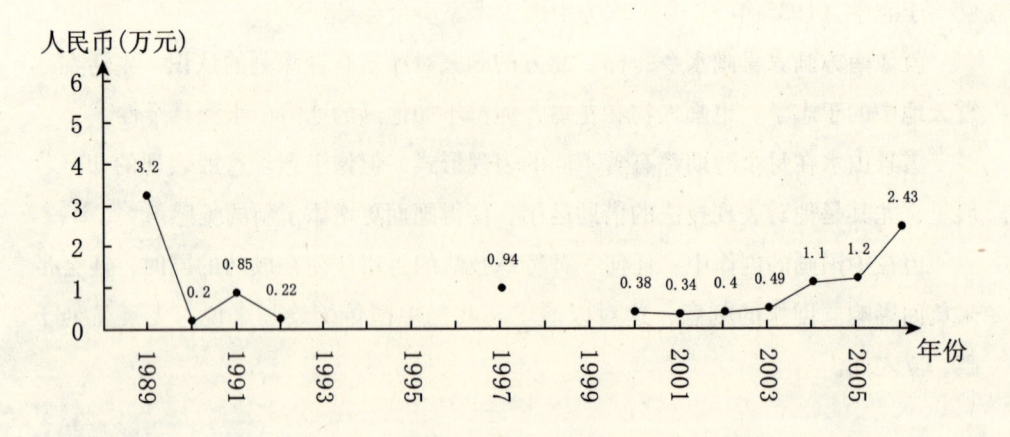

人民币(万元)

1989: 3.2　1990: 0.2　1991: 0.85　1992: 0.22　1997: 0.94　2000: 0.38　2001: 0.34　2002: 0.4　2003: 0.49　2004: 1.1　2005: 1.2　2006: 2.43

收藏投资建议：

杨延文的作品进入市场时间较长，并有不俗的表现，内地出现艺术品拍卖市场以后，杨延文的作品拍卖价格却不高。2004年以后随市场火暴行情出现异动上涨，而近期杨延文与民营收藏企业的签约，更让杨延文的作品价格更添变数，藏者可择机而释。

卢禹舜

卢禹舜（1962年~），哈尔滨人，现任哈尔滨师范大学艺术学院院长。

卢禹舜的山水画充满了对自然、对艺术、对人生的思索。他用变幻的构图，传统的笔墨，打破了人们固有的具象形式，让画中充满了画家思想的涌动。"静观八方"、"唐人诗意"，就是涌动撞击中各种"悟"的交织。略似石涛的用笔，更让画中流淌着独具一格的活性。

收藏投资建议：

卢禹舜的作品进入拍卖市场时间不长，但随 2004 年整体市场的火暴行情而出现上涨异动，如手中藏有其作品，精品可存一二，其他作品可择时而释。

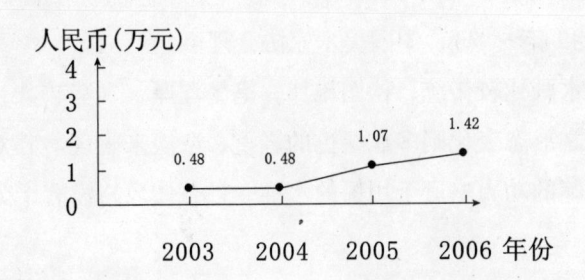

人民币（万元）

年份	2003	2004	2005	2006
价格	0.48	0.48	1.07	1.42

陈 平

陈平（1960 年~ ），现在中央美院任教。

从陈平梦幻般的山水画作中，我们看到了李可染的墨影。在许多横式山水中，李可染式的笔、墨被继承并加以发展，重新组合。这里没有了李可染的高山深谷，代之的是一段段蜿蜒的田园村庄，李家山水中一线白白的逆光被大片的留白代替，积墨亦更加灵活变动起来。

陈平的山水画韵律感很强，能给观者以飘动的感觉。唯表现形式与造型能力略嫌单一。

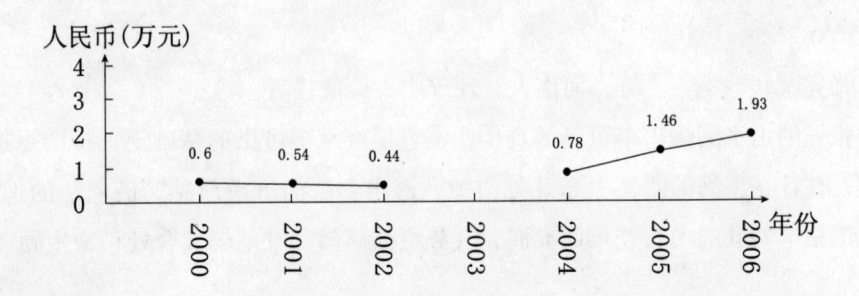

人民币（万元）

年份	2000	2001	2002	2003	2004	2005	2006
价格	0.6	0.54	0.44		0.78	1.46	1.93

收藏投资建议：

陈平的作品进入拍卖市场时间不长，并在低位徘徊后随 2004 年后市场的整体火暴出现上涨异动，如手中有其作品，精品可存一二，其他作品则可择机而出。

程大利

程大利（1945 年～　），中国美术家协会理事。

程大利的山水画比较传统，构图雄伟，笔墨浑厚，气势较大，用笔宗传统并有所变化。山水之形态变化则多靠墨色的轻重、浓淡来表现。其对墨的把握比较娴熟灵活，但用笔的功力略逊于用墨的水准，且整体风格没有十分鲜明的个性。

收藏投资建议：

程大利的作品进入拍卖市场时间不长，价格处于低位。2004 年以后随整体市场行情而出现涨升，如手中有其作品，精品可存一二，其他作品则可择机而释。

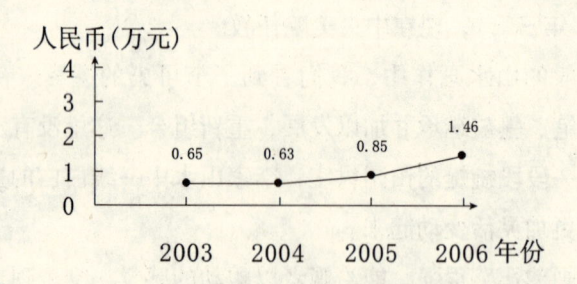

人民币（万元）

年份	2003	2004	2005	2006
	0.65	0.63	0.85	1.46

张　凭

张凭（1934 年～　），河南人，现于中央美院任教。

张凭的山水画深得李可染的真传，在笔墨继承李可染的基础上，构图更追求雄大，往往在塞满的画面上布几处白隙，透出物象的沉重质感。破墨法的运用，让焦墨枯笔勾勒的山石苍雄而灵润，气势更加磅礴。唯笔墨契合处稍嫌生硬。

收藏投资建议：

张凭的作品进入拍卖市场时间不长，市场价格不高，随市场整体行情而动。如手中有其作品，可待今日价格走高时择机释出。

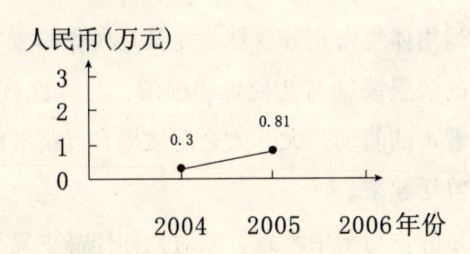

人民币(万元)

2004 0.3　　2005 0.81　　2006 年份

赵准旺

赵准旺（1945年～　），客居美国。

赵准旺早年以北京风情画而闻名。红墙黄瓦，苍山古寺，给北京人留下了深刻的印象。留美回国后，画风依旧，京华烟云依旧，人们熟悉的深浅墨韵里流淌着四合院的风月。画家擅以水化墨，随形写物，几点浓彩，点醒笔墨，所书所画，为旧京传神，为北京风光画家中之佼佼者。

收藏投资建议：

赵准旺的作品进入内地艺术品拍卖市场时间不长，价格长期在低位徘徊。2004年以后随市场火暴行情出现涨升异动。如手中有其作品，精品可存一二，其他作品可择机而释。

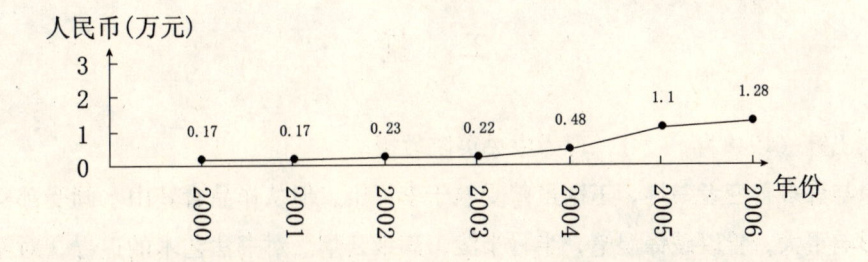

人民币(万元)

年份	2000	2001	2002	2003	2004	2005	2006
价格	0.17	0.17	0.23	0.22	0.48	1.1	1.28

徐　希

徐希（1940年~　），人民美术出版社专职创作人员。

徐希的画把水的运用体现得充分自然，尤其是所作雨景，把雨中的景色表现得淋漓酣畅。大面积的淡墨泼染与几处焦墨提醒，让人感到画中湿气扑面而来。静物中墨的背景洋溢着水的萌动，大开大合的浓墨和点睛般的重色打破了画面的宁静，使静物不静，鲜活起来。

徐希画得最好的是静物与雨中风景，而对大幅作品中复杂关系的处理上还有待提高。

收藏投资建议：

徐希的画进入拍卖市场时间较长，但一直在低位徘徊。2004年以后随市场火暴行情出现上涨异动，但市场中作品较多，影响了其行情走势。如手中有其作品，精品可存一二，其他则可在现阶段择机释出。

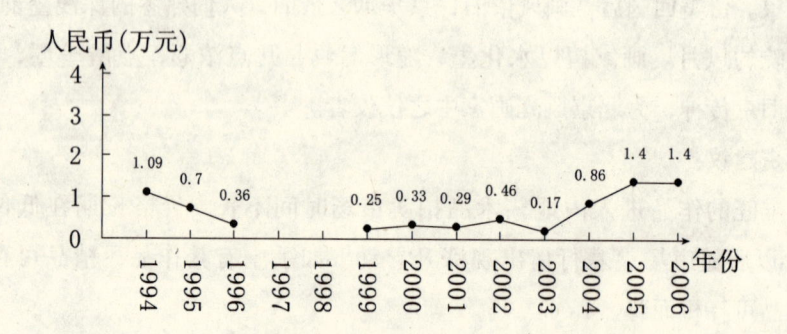

年份	人民币（万元）
1994	1.09
1995	0.7
1996	0.36
1999	0.25
2000	0.33
2001	0.29
2002	0.46
2003	0.17
2004	0.86
2005	1.4
2006	1.4

王　镛

王镛（1948年~　），现为中央美院教授。

与许多善变者一样，王镛虽曾受教于李可染，但从作品看其山水画受孙克钢的影响更大，善以破锋湿笔，半写半泼，满纸云烟。对书法艺术的追寻，对篆刻刀法、布局的迷恋，使王镛的山水画布局更加严谨，笔墨更加沉着，带给观者的不是激情荡漾，不是暇思飞扬，而是静静的沉寂。

王镛的笔墨与早期的龙瑞有几分相像，现已判若两人。

收藏投资建议：

  王镛的作品在拍卖市场中价位一直不高。2004年以后随市场整体火暴行情而出现上升异动，如手中有其作品，精品可继续保留一二，一般作品择机而出。

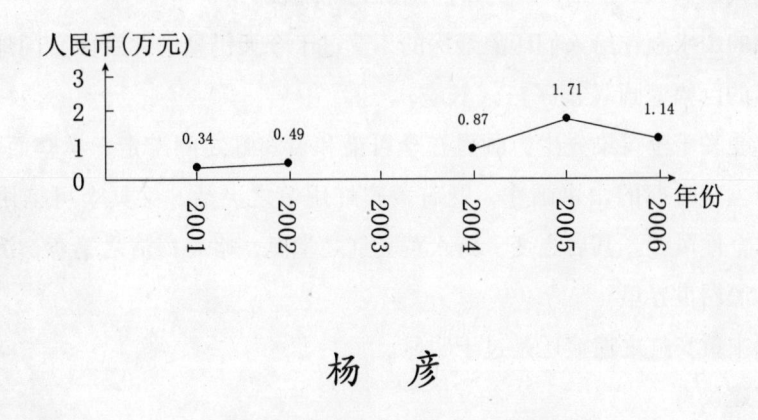

人民币(万元)

年份	2001	2002	2003	2004	2005	2006
	0.34	0.49		0.87	1.71	1.14

杨 彦

  杨彦（1958年~　），现为中国民族画院名誉副院长。

  杨彦是一个出名很早的画家。不像现在各大拍卖公司图录中的那些新秀，杨彦的传统功力深厚，看过他写的有关如何学习李可染的山水画笔墨一书，唯其笔墨功力更让人刮目相看。唯其山水绘画形式变化不多，对一个功力深厚的画家来说实为憾事。

收藏投资建议：

  杨彦的作品进入市场时间较早，并有不俗的表现。2003年以后，便随市场整体火暴行情而出现上升。如手中有其作品，精品可继续保留，一般作品择机而出。

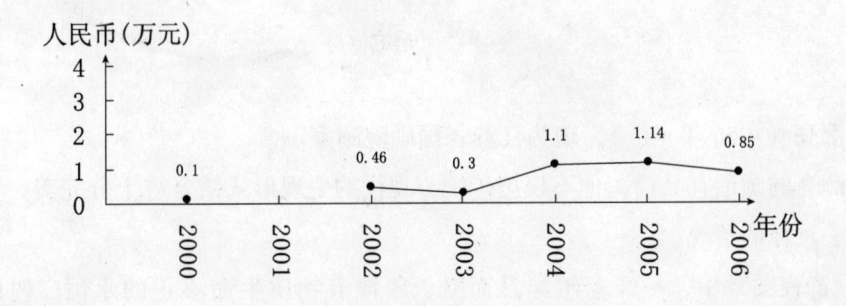

人民币(万元)

年份	2000	2001	2002	2003	2004	2005	2006
	0.1		0.46	0.3	1.1	1.14	0.85

龙 瑞

龙瑞（1946年～　），现为中国画研究院院长。

龙瑞的山水画作给人们印象最深的，莫过于今天仍悬于北京西直门地铁站中与人合作的巨幅壁画《长江》、《长城》。

早年受教于李可染先生，画风在李可染和黄宾虹之间游走，学李而不泥李，十分难得。这时期的山水画作，既有黄宾虹用笔之灵活，又具李可染用墨之浑厚，独具个性风貌。其后之变，跨入黄宾虹之堂奥，略兼梅清之笔意，沉浸了墨气淋漓的黑白世界里。

但画中黄宾虹之遗痕还是过于明显。

收藏投资建议：

龙瑞作品进入拍卖市场的时间不长。2004年以后，一直低位徘徊的龙瑞作品在整体市场火暴行情的带动下出现涨升异动。如手中有其作品，可待今后炒高后释出。

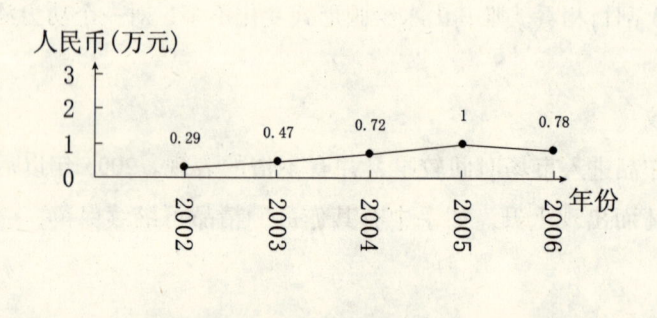

人民币（万元）

年份	2002	2003	2004	2005	2006
	0.29	0.47	0.72	1	0.78

薛 亮

薛亮（1956年～　），现为江苏省国画院画家。

薛亮的画最宜品读，他不仅把传统与现代的表现形式结合得十分完美，更洋溢着一种禅的情观。

《静夜图》中，一株老树穿月而立，象征着物质生命不止的永恒，树后一泽、银光如月，洗尽人世烦尘。树前平丘，呈现着神秘的蓝色，让人暇思无边。一轮圆月如日般的光辉照耀着万物，黑夜如昼的天光让观者思绪飞扬，这是一个时空倒转般的静夜。

画家在构图上大胆构思，中正位置取势，一树天地贯穿，横平数层色彩变化，十字交文强化了视觉感受。而笔墨用色十分讲究，让画面更加完美。

这样的作品，一张就可奠定了画家在画坛的地位。

收藏投资建议：

薛亮的作品进入拍卖市场时间并不长，但保持着逐步上升的走势。2004年以后薛亮的作品随市场整体行情的火暴而出现上涨异动。如手中有薛亮的作品，可继续保存，并可在市场中择精而藏。

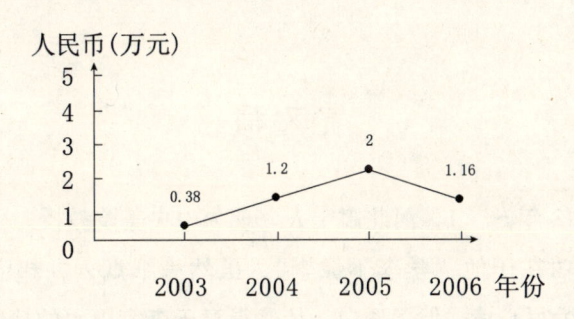

人民币（万元）

年份	2003	2004	2005	2006
价格	0.38	1.2	2	1.16

冯大中

冯大中（1949年~　），中国美术家协会会员。

冯氏自幼习画，以传统山水为长，后以专攻画虎名冠画坛，近现代画坛中擅画虎者。此前，宗法有二，一为张善孖的平涂勾勒法，一为刘继卣的湿地撕毛法，前者受传统影响较深，后者引西法发扬光大。后学诸人，无出其类。冯大中则源于后者，并能将山水全景与虎结合，烘托气氛境界，在题材和形式上均超越了前人。唯虎的神态表现尚不及刘继卣。这大概源于对表现形式的过多追求所至。

收藏投资建议：

冯大中进入拍卖市场的时间较长，90年代初期有不俗的表现，后随着作品数量增多、真赝相杂导致市场价格较低。2003年以后随大势的火暴而出现上涨，如手中有其作品，精品可存一二，一般作品可择机而释。

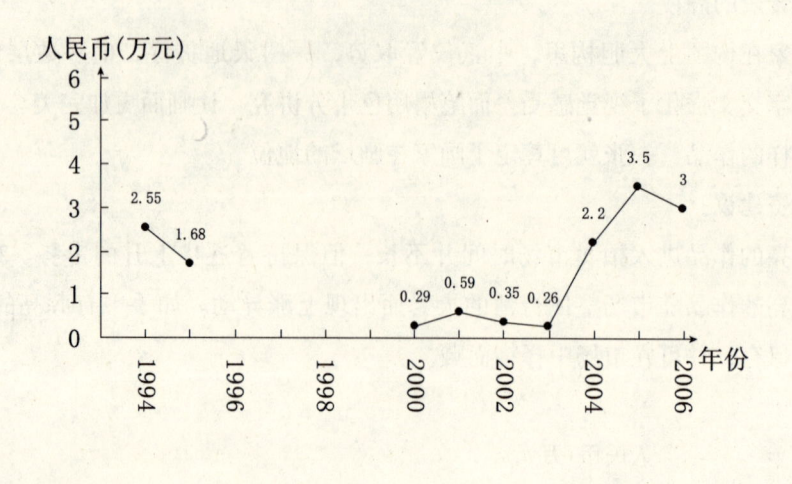

[图：人民币（万元）随年份变化，数据点：1994年 2.55，1995年 1.68，2000年 0.29，2001年 0.59，2002年 0.35，2003年 0.26，2004年 2.2，2005年 3.5，2006年 3]

贾又福

贾又福（1942年~　），河北肃宁人。现为中央美院教授。

贾又福的成功在于他"学李不像李"，虽然满纸烟云，却已远离李家山水的。偶也以淡墨泼写心境，但墨透白，依然得意于李家山水的精髓。他善用画幅形式与墨色结合来营造一种雄浑的气势，墨在水的晕化下，带着画家的理念、智慧在白纸上尽情渲染，这似乎也反映出了画家性格的轨迹。但使人们看后，难把山水与山中点景人物联系在一起产生共鸣。

贾又福的山水画，早期的最佳，确为心境所表象，愈后愈为这种形式所累。

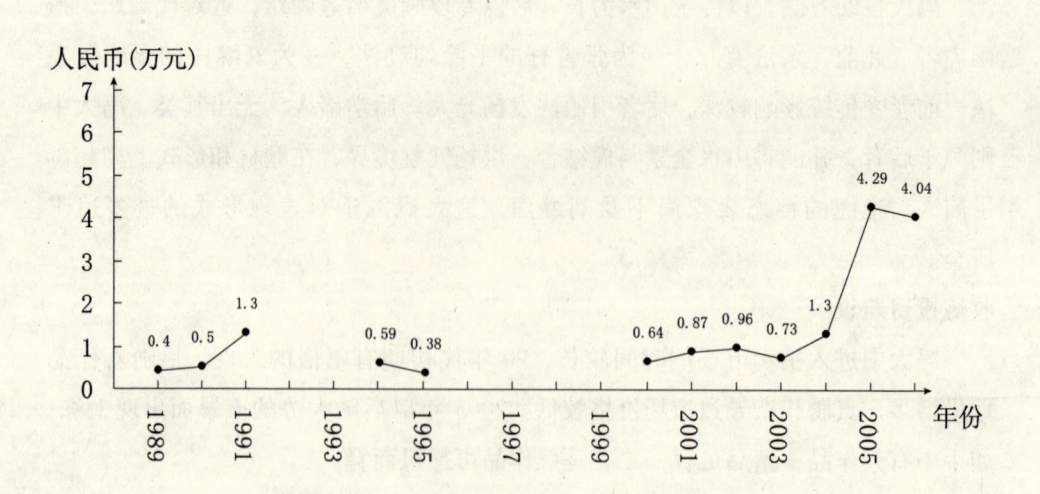

[图：人民币（万元）随年份变化，数据点：1989年 0.4，1990年 0.5，1991年 1.3，1994年 0.59，1995年 0.38，2000年 0.64，2001年 0.87，2002年 0.96，2003年 0.73，2004年 1.3，2005年 4.29，2006年 4.04]

收藏投资建议：

贾又福的作品进入市场时间较长，一直随市场整体行情变化而波动。2004年以后价格出现上涨异动，并上升到相当高的位置。如手中有其作品，可择时而释。

方　骏

方骏（1943年～　），现于南京艺术学院任教。

方骏的山水绘画艺术，确切地说仅是一种表现山水的笔墨形式，从中我们可以看到黄宾虹与石涛的影子，但这只是表象，他所追求的可能只有自己，这是一种可贵的艺术尝试。但任何艺术尝试的目的，都是为两个目的服务的，一是画家自己满足自娱，二是让民众观后产生共鸣。方骏的绘画作品多属前者。

收藏投资建议：

方骏的作品一直处于市场中的低位徘徊，并不为市场所影响，如手中有其作品，可择时而释。

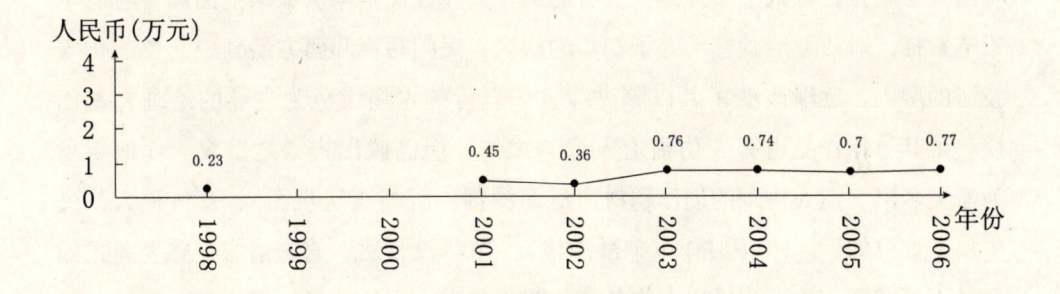

人民币(万元)

年份	1998	1999	2000	2001	2002	2003	2004	2005	2006
价格	0.23			0.45	0.36	0.76	0.74	0.7	0.77

2. 近现代人物画家点评

人体既无自然山川之壮美，亦无草木花卉之鲜活，我们区别于万物的只有深邃的思想。

如何表现人物的内心思想，为中国人物画家们千百年来所孜孜以求。无论是"画龙点睛"的传说还是"吴带当风"、"曹衣出水"的赞誉，都说明了传统的中国人物画十分注重的两个方面：一是所绘人物的神态，二是所绘人物的形态。这也包括了肢体线条和服饰线条两方面。

画家们用画中人物的眼睛来表达情感，用线条勾勒的衣饰形体来辅助情感表现。中国的人物画靠着画中的"传神阿堵"和"十八描"的表现形式，走过了千年的风雨。晚清时期西方绘画艺术的流入，让人们初步感受到写实性绘画的视觉冲击力远远超过了以意取胜的传统水墨人物画。正如近代中国花鸟画一样，人物画法的嬗变首先出现在当时的职业画家阶层。体现在一个人身上，他就是集人物、花鸟、山水技法于一身的清末绘画大师任伯年。

任伯年不是第一位接纳和运用西方绘画艺术的中国画家，但他是中国画坛中将西方绘画技法融入笔下并集大成者的第一人。任氏早年从徐家汇图画传习所学铅笔素描，对西方绘画艺术有了初步的认识，民间写真和西方绘画中光色变化等技法的融入，逐渐改变了其以陈洪绶、华岩传统水墨设色为主导的绘画艺术面貌。虽其早年作品也有"仿梅道人意"之句，但已脱出古人之藩篱。任伯年虽为海上名家，但人物画的创作题材广泛而深刻，所画《送炭图》，寒气逼人，民生疾苦如泣如诉。50岁时作《寒酸尉像》，用"没骨法"直施诸彩，陈老莲式的线条不见踪影，笔下泼染出人物各处的明暗关系，十分精彩。

民国以后，徐悲鸿留学归来，积极推广西方绘画艺术，将西方素描明暗之法引入人物画的创作。《田横五百士》、《九方皋》等作品的问世，引领了这个时期的中国人物画。这些画中的线条已逐渐与人体整个明暗关系结合在一起，线条勾勒已逐渐被块、面的色彩明暗所替代。

就这个时期人物画整体而言，中西绘画艺术的结合是分散的、个体的和支流的，传统绘画艺术仍主导着这个时期的画坛。张大千取两宋诸法和宗教风俗青绿画之技，别具风采；徐燕荪守法传统，寓居京津，与张大千共享"南张北徐"之誉。但大部分人物画家的作品缺乏生活气息，仍延续着古法及传统题材，帝王将相、才子佳人仍是绘画作品的主要内容。

蒋兆和是继徐悲鸿之后出现的又一位人物画大师。他的人物画艺术，深受徐氏素描理论的影响，不仅在人物绘画技法上把中西艺术结合得更成熟，而且作品内容也更深入生活更有震撼力。代表作《流民图》，可谓"前不见古人，后不见来者"的千古绝唱，画中众多人物或男或女，或老或幼，或悲或忧，神态各异，无一雷同，令今天许多人物画"大师"们无地自容。

新中国成立后，人物画坛出现了前所未有的繁荣景象。这一时期人物画家群体庞大，整体水平高，发展迅速，远远超过了同期的山水和花鸟画门类。这固然与当时积极提倡创作大型革命斗争题材的绘画有关，但此前几十年间徐悲鸿积极推广的人体素描等西方绘画艺术技法也为人物画坛的繁荣，已经打下了坚实的基础。

人物画家们凭借着自己对生活的感受，对各种技法的掌握和发挥，使这一时期呈现出落英缤纷的景象。

黄胄早年受教于赵望云，进行了大量的人物、动物写生与速写的实践，不仅锤炼了人物、动物造型，还形成了独特的绘画艺术风格。其画中物象造型准确，用笔迅捷，笔墨交融，设色艳而不俗，尤其是对快速运动的人物和动物造型的动态把握，有着超人的准确概括。当今人物画坛中，无出其后者。

20世纪50~70年代，还产生了许多强烈表现现实生活和刻画丰富人物内心的画家和作品。像黄胄的《风雪塔里木》、王登烈的《八女投江》、刘文西的《祖孙四代》、刘旦宅的《河清有日》、方增光的《粒粒皆辛苦》、杨之光的《雪夜送饭》、梁世雄的《遵义曙光》、运圃的《巴山蜀水》、卢沉的《机车大夫》、周思聪的《人民和总理》、杨力舟和王迎春的《黄河在咆哮》、梁长林的《故乡行》、李琦的领袖人物画等、叶浅予的戏剧舞蹈人物画，都对当时和以后的人物画发展起了不可磨灭的推动作用。

改革开放的春风给中国画坛带来了更加繁荣景象，人物画坛更是人才辈出，佳作频现。王子武、范曾、沈道鸿、王明明、冯远、梁言、石齐、胡永凯等人，是其中成绩较著者。

范曾擅中锋挥笔直取，笔锋刚劲提顿走转，与泼墨相融，若龙蛇游壁。画中多作古人，或老子，或东坡，或钟馗，补以"范体"诗句，发古人情怀。王子武早年一副刻画入微的《齐白石像》，树起了他在中国人物画坛中的地位。石齐以泼墨重彩入画,讲求构成之美。石虎浓彩厚涂,善夸张变形。梁岩笔墨豪放,构图奇险,融西画色彩入画。胡永凯以平面装饰趣味入画,形成了独特的个人风格。沈道鸿力求对人物景象的深入刻画,将传统笔墨与油画技法融于一体,作品风格或写实或写意,均将个人情感融入作品中,以画代心。王明明的人物注重与情景相溶于一体,观者往往在画中欣赏完主要景物内容外,侧目一扫点景人物,顿有画龙点睛之感,有时寥寥数笔勾点间,便流露出画家逸妙的文化修养和笔墨功力。何家英的工笔人物以传统之法写现代人物,使传统之法又焕发出了新的生命,出现了许多追随者。宋涤是一位全才画家,在创作山水花鸟之余,偶用彩墨绘画之法在生宣纸上画人体写生彩笔轻扫,人体形态栩栩如生,不失为人物画创新之又一径也。

创新是中国画生存发展的生命。艺术品市场的兴起,虽然催生了人物绘画多元化的继承和创新,但同时也引得功利之徒混入,以致泥沙俱下:一是打着所谓"现代派"旗号的参与者,借用西方过时的艺术思想和表现形式,来证明自己艺术思想和行为的超前与先进;一是打着所谓继承传统的旗号的参与者,把早已过时落后的艺术思想和表现形式全盘接受过来,借传统之名,行诈骗之术。人物画中原有的思想性逐渐弱化,生活气息逐渐淡出,卖场上多了人为炒作和故弄玄虚。画家的笔墨、造型功力退化,一幅画中人物大多难过10人,不是画一些现代的时尚靓女,就是画一些千年前的古人,人物画中最需要强烈的时代气息不见了踪影。

名家点评:

谢之光	蒋兆和	黄胄	程十发	刘旦宅	林墉
方增先	卢沉	周思聪	王子武	刘文西	白伯骅
杨之光	范曾	王明明	沈道鸿	聂鸥	何家英
袁武	张广	田黎明	王西京	杜龄滋	胡永凯
石齐	南海岩	吴山明	徐乐乐	刘大为	冯远
史国良	刘国辉	施大畏	石虎	马振声	唐勇力
梁言					

30 蒋兆和 春播图
31 黄胄 新疆少女
32 方增先 静思

33 程十发 典当图
34 刘旦宅 猫石图
35 周思聪 秋思
36 杨之光 西班牙舞

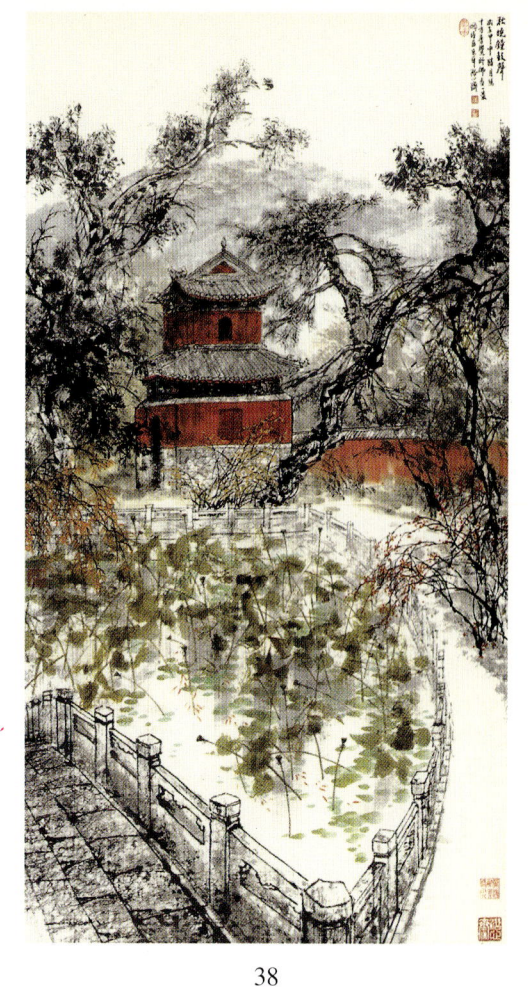

37 范　曾　白石先生
38 王明明　秋晓钟鼓声
39 沈道鸿　泡茶等花开

40　冯　远　鲁迅故居
41　何家英　女人体
42　石　奇　八面来风

谢之光

谢之光（1900~1976年），别号栩栩斋主。浙江余姚人。擅花鸟、山水。

早年以画风靡沪上的"月份牌"美女而驰名，所作山水花鸟受同时期的海派画家钱瘦铁、唐云的影响较大，笔力精细生动，墨法流畅自然，晚年画法渐入简约之境。唯其缺少绘画艺术神韵，商品画意较浓。

收藏投资建议：

作品进入市场较早，随市场起伏而波动。手中如有精品可留存一二观赏，如从投资角度考虑应予释出，已不适宜从市场中投资收藏。

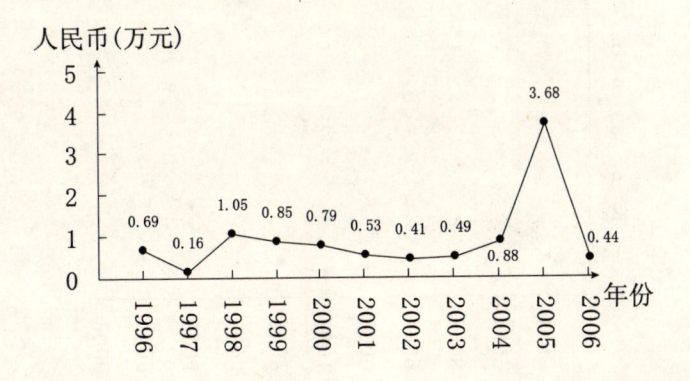

人民币(万元)

年份	1996	1997	1998	1999	2000	2001	2002	2003	2004	2005	2006
万元	0.69	0.16	1.05	0.85	0.79	0.53	0.41	0.49	0.88	3.68	0.44

蒋兆和

蒋兆和（1904~1986年），四川泸州人。擅画人物。

自幼习画，曾受徐悲鸿指点，将西画素描之法引入中国画的人物画创作。所作《流民图》，为中国美术史上经典之作。

蒋氏绘画，紧密联系着社会民众的民生、民权，时代感极强。解放后，作品以劳动群众和历史人物题材为主，继续尝试着绘画表现形式与作品主题之间的契合。在绘画技法上，将中国传统绘画笔墨与西方素描绘画技法结合于一体，人体造型更符合科学比例，尤其人的脸部、手部，不仅比例科学，更以深浅不同的墨色皴擦出阴阳向背，有的略施淡彩，更加接近人物的自然状态，衣着或淡墨细勒或浓墨涂染。

蒋兆和的绘画艺术，不仅成功地把现实主义题材引入到人物画创作中，还有力地论证了徐悲鸿倡导的中西绘画艺术结合理论的正确性。同时，蒋兆和也开创了人物绘画的新貌，并培养和影响了相当数量的画坛后学，为中国人物画的发展做出了不可磨灭的贡献。

收藏投资建议：

蒋兆和的作品有着很高的艺术价值，其创作的绘画精品无论是在以前市场低迷时期，还是现在的火暴阶段，入藏都会得到不菲的回报。如手中有蒋氏之作，均可仔细收存，如要此时入藏，应择精而入。

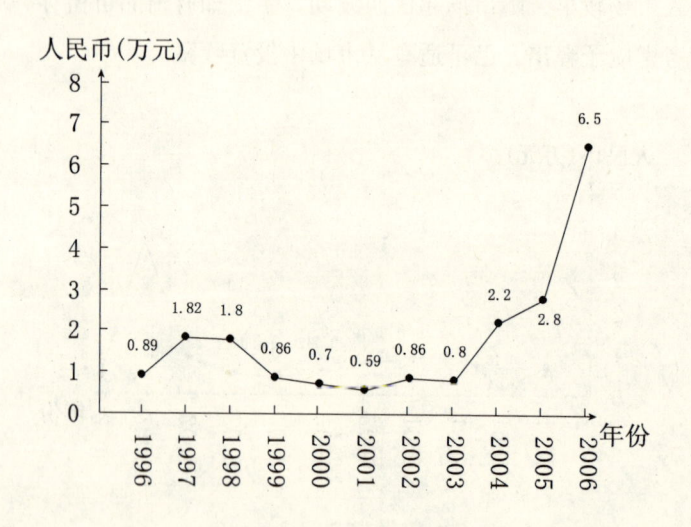

人民币(万元)

1996: 0.89, 1997: 1.82, 1998: 1.8, 1999: 0.86, 2000: 0.7, 2001: 0.59, 2002: 0.86, 2003: 0.8, 2004: 2.2, 2005: 2.8, 2006: 6.5

黄 胄

黄胄（1925～1997年），本姓梁，名涂堂。河北人。擅人物、走兽。

早年师从赵望云学习素描和国画，后长期在新疆地区生活和创作。作品题材以表现新疆地区的少数民族风情为主，笔墨淋漓酣畅，形神兼备，作品中洋溢着浓郁的生活气息。

黄胄之成就，完全得自于刻苦与辛勤的自修。在西北地区几十年的生活与创作，为画家打下浓厚的生活和艺术积累，这是同代人物画家中所无可比拟的。长时间的深入生活积累了大量速写素材，影响了黄胄的人物画创作技法的形成，使其作品在中国传统笔墨中，又融入了西方绘画艺术准确的造型、线条和明暗关系的特点。这种方法既与徐悲鸿倡导的技法貌合神离,却能恰当地表达了创作者的情感,满足了民众的视觉感受。唯其用笔,稍欠精炼。

收藏投资建议:

　　黄胄作品自2004年以后开始迅速飙升,虽其作品的艺术价值很高,但不排除人为炒作的可能,几种因素合于一处,使黄胄作品的市场价格有失理性。而黄胄作品的赝品较多,其中不乏可乱真者,故对黄胄作品的收藏哪怕是精品也应谨慎为上。如手中有黄胄的作品,可现在释出,确为精品方可留。

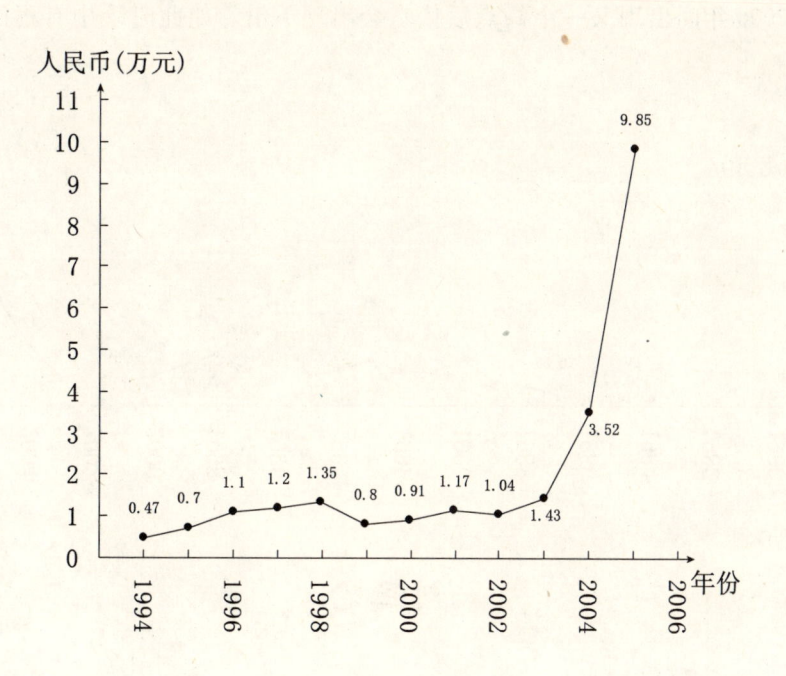

人民币(万元)

1994: 0.47, 1996: 1.1, 1.2, 1998: 1.35, 0.8, 2000: 0.91, 1.17, 2002: 1.04, 1.43, 2004: 3.52, 9.85

程十发

　　程十发(1921年~　　),名潼,字十发。居称步鲸楼,三釜书屋。上海松江人。擅人物、花鸟。

　　自幼习画,受陈洪绶、任伯年的影响较大。长时间从事连环画、年画、插图的创作,对其后的人物画创作,产生了深刻的影响。

　　程十发的人物画造型夸张,笔墨酣畅,题材广泛,是"海派"人物画家中的代表人物,起了承前启后的作用,影响了相当多的画坛后学,在老一代人物画家中也是比较出色的。尤其是多年来连环画、年画艺术的创作,锤炼了画家对作品中构图和线条的把握,并直接影响到人物画的创作。这一程氏绘艺的长处,成为作品的独特个性,但也导致了笔墨结合的简单。

收藏投资建议:

程十发的作品自 20 世纪 80 年代就出现在香港的拍卖市场上,初期的市场价格很低,随即出现了翻倍的涨幅。在 20 多年的市场变化中,1996 年与 2005 年是其作品拍卖价格两个高点,而这个时期许多著名画家作品都不约而同出现过这种现象。1996 年市场价格出现高点后随即出现了幅度较深的下滑,可以预见,2005~2006 年间出现又一个高点后依然会出现下滑。如此时手中有程氏作品,应适时释出。

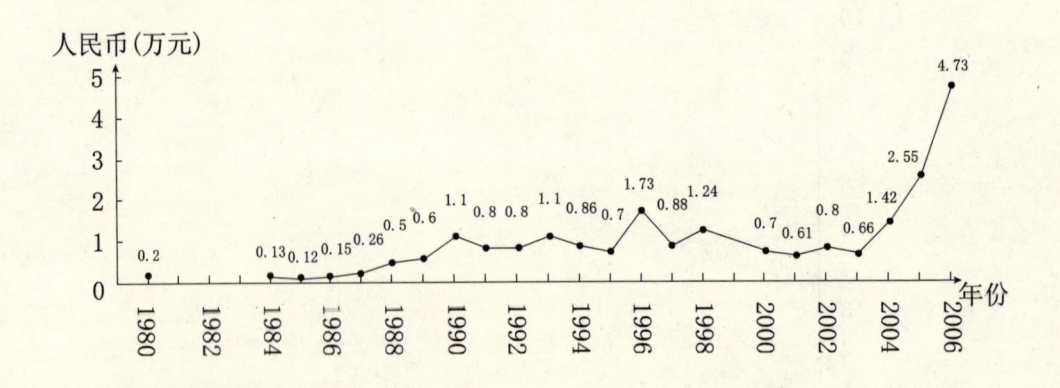

人民币(万元)

年份	1980	1984	1986	1987	1988	1989	1990	1991	1992	1993	1994	1995	1996	1997	1998	2000	2001	2003	2004	2005	2006
价格	0.2	0.13	0.12	0.15	0.26	0.5	0.6	1.1	0.8	0.8	1.1	0.86	0.7	1.73	0.88	1.24	0.7	0.61	0.8	0.66	1.42	2.55	4.73

刘旦宅

刘旦宅(1931 年~),原名浑,又改名旦宅。曾于上海人民美术出版社任职。

刘旦宅的人物画清新雅丽,早年以一幅《河清有日》享名画坛。长期以人物画为题材的多种形式创作,既丰富了技法表现形式,又强化了题材的把握,使其在众多的人物画家中脱颖而出。笔墨功力深厚,使其在创作中游刃有余。

唯个人风格不突出,少变化,同为"海派"人物画家,功力强于程十发,个人风格稍逊程十发。

收藏投资建议:

刘旦宅绘画作品的现阶段收藏价值不在于它对艺术的贡献,而在于同代画家市场价格之间的比较。当他比程十发作品价格明显偏低时,就意味着机会。此时手中有其作品者,精品可留一二,一般作品择机而出。

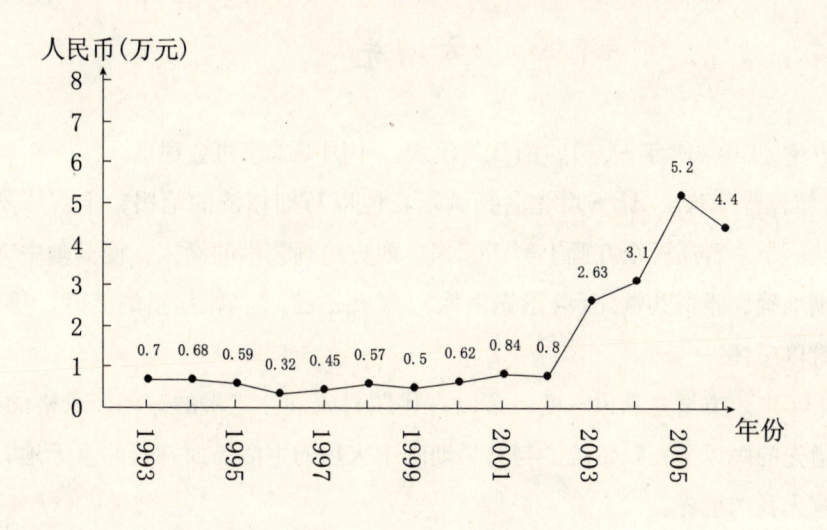

人民币(万元)

折线图数据点：
1993: 0.7, 1994: 0.68, 1995: 0.59, 1996: 0.32, 1997: 0.45, 1998: 0.57, 1999: 0.5, 2000: 0.62, 2001: 0.84, 2002: 0.8, 2003: 2.63, 2004: 3.1, 2005: 5.2, 2006: 4.4

林 墉

林墉（1942年~　），现为中国美术家协会副主席。

作为一个人物画家，多重面貌是其生存的基础。南国的风情，滋养了两位出色的人物画家：林墉和杨之光。两者画风虽均秀丽清新，笔墨洒脱，但杨之光更擅长用色，而林墉更擅用线。早年插图的创作，锤炼了画家构图、造型和笔墨运用的功力。而林墉的人物画，确实具有一般画家少见的多重形式的面貌。

画中虽少有人物变形，应是画家自身性情流畅的反映。唯笔墨设色，略失厚重之感。

收藏投资建议：

林墉作品的市场价格虽未到达高位，但流通数量较多。2005年以后随市场整体行情火暴出现上涨异动，如手中有其作品，精品可留一二，一般作品择机而出。

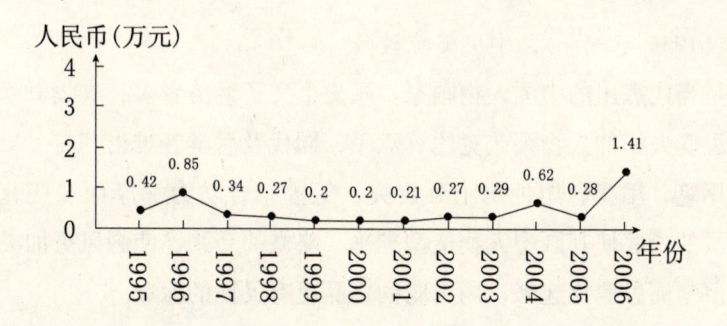

人民币(万元)

折线图数据点：
1995: 0.42, 1996: 0.85, 1997: 0.34, 1998: 0.27, 1999: 0.2, 2000: 0.2, 2001: 0.21, 2002: 0.27, 2003: 0.29, 2004: 0.62, 2005: 0.28, 2006: 1.41

方增先

方增先（1931年~ ），浙江兰溪人。中国美术家协会理事。

《粒粒皆辛苦》，让方增先名扬画坛。他以巧拙相济的笔墨，丰富热烈的设色，让一个个普通民众在画上鲜活起来。西方绘画艺术的渐入，使其画中人物造型丰满准确，雅俗共赏。《鲁迅先生像》、《孔乙己》、《帐篷里的笑声》等作品，让人难以忘怀。

近年来，方增先画风一变，多以古代题材入画，笔墨的疏朗，风格的冷峻，让方增先的画风又复归传统，与其早期画中火热的生活场面判若两重天地，展现了画家无我的境界。

收藏投资建议：

方氏人物绘画，若无后期变法，会是什么样呢？如手中有其作品，可择精品而藏，一般作品择机而出。

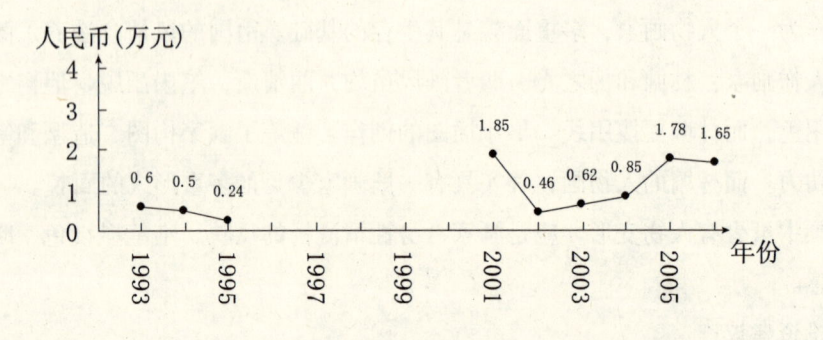

年份	人民币（万元）
1993	0.6
1994	0.5
1995	0.24
2001	1.85
2002	0.46
2003	0.62
2004	0.85
2005	1.78
2006	1.65

卢 沉

卢沉（1935年~ ），中央美院教授。

卢沉是当代杰出的中国人物画家。画史上父子继美者多，夫妻共荣者少，而卢沉、周思聪夫妇的人物画艺竟比翼双飞，同代及后学者难出其右。

卢沉用笔、用墨、用色均十分讲究，笔墨结合功力深厚而多变化，设色明快，且西画的功底使其画中人物造型准确，略微的夸张，使画风更加灵动。

但卢沉与周思聪比起来，周思聪的作品更有灵性的深邃。

收藏投资建议：

卢沉成名较早，作品的市场价格也比较稳定，现仍宜对其精品择机而藏。

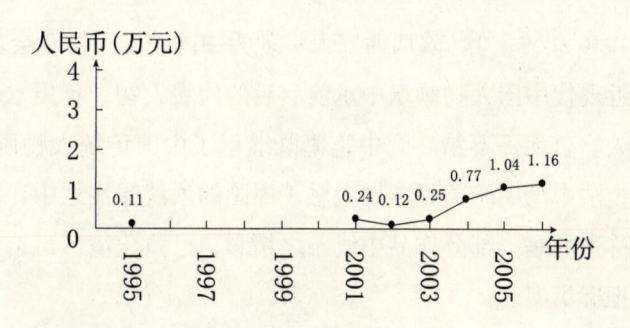

人民币(万元)

年份	1995	2001	2002	2003	2004	2005	2006
价格	0.11	0.24	0.12	0.25	0.77	1.04	1.16

周思聪

周思聪（1939~1996年），女，曾为北京画院画家。

周思聪是现代中国画坛中非常出色的女画家，从她的作品中看不到丝毫女子的秀弱之态。早期的画风与其夫卢沉比较接近，其后画风一变，人物多作变形之态。题材内容、构图结构、笔墨技法等方面，变法十分深刻。可惜的是，周思聪英年早逝，这部分作品存世不多，其在画史的地位和作用，还并未得到市场的充分认识，这是收藏市场的悲哀。

收藏投资建议：

现阶段的周氏人物绘画精品，宜只收不出，定有厚报。

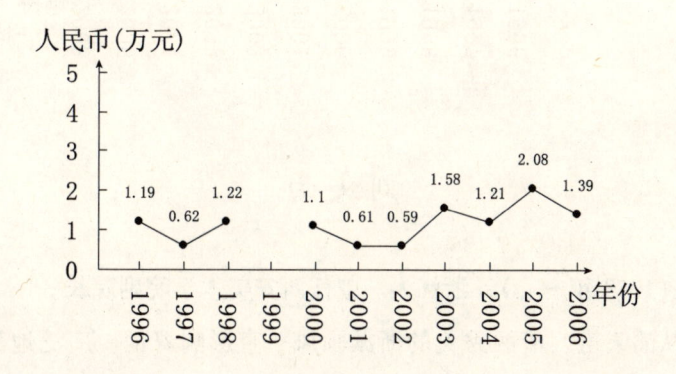

人民币(万元)

年份	1996	1997	1998	2000	2001	2002	2003	2004	2005	2006
价格	1.19	0.62	1.22	1.1	0.61	0.59	1.58	1.21	2.08	1.39

王子武

王子武（1936年~   ），陕西西安人。现为中国美术家协会会员。

王子武是近现代中国人物画坛中承前启后的代表人物，善用水墨，无论古装人物还是现代人物，无一不精。画中笔墨既继承了中国传统人物画线条的功力，又将西方绘画技法中的明暗关系巧妙地融于墨画的浓淡深浅之中，堪为中西结合之佳构。尤为称道的是，部分作品中线条之精彩，已臻化境，可谓传神。应为后学者仔细揣摩把握借鉴。

花鸟也是其绘画之题材，虽笔力快转，墨色淋漓，但没有达到其人物画的高度。

收藏投资建议：

如藏有人物画精品宜留，鸡类题材绘画宜出。现阶段仍可收藏其人物画精品。

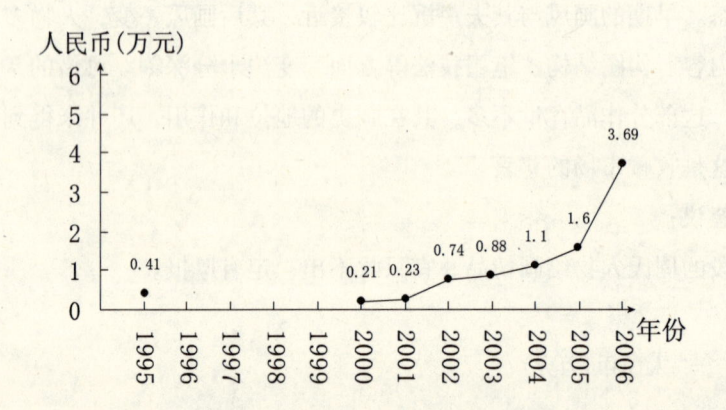

刘文西

刘文西（1933年~   ），浙江人。曾任西安美术学院副院长。

早年师从潘天寿，清丽秀美的浙派画风一直影响着他。广泛地深入生活民众，使刘文西的绘画作品具有浓厚的生活气息。《同欢共乐》、《祖孙四代》、《解放后的天》，为这一时期的代表作品。后来画风逐渐发生了变化，成为西北风情黄土画派的艺术代言人。

长时期的教学工作，使他更有反思自己艺术发展创新的空间，并萌生出了艺术技法的多样性。这对绘画技法已然定型的画家来说，殊为不易。

收藏投资建议：

其人物画精品宜藏一二，一般水平的作品可在现阶段释出。

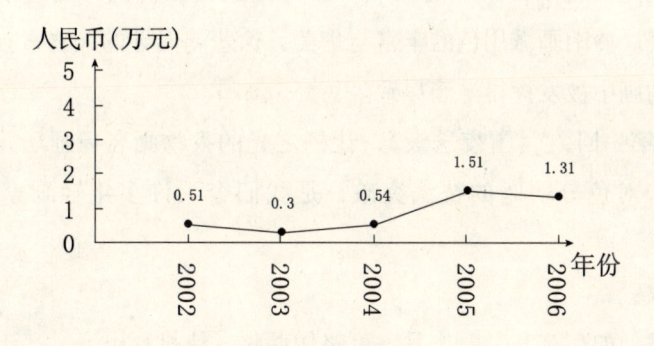

人民币(万元)

年份	2002	2003	2004	2005	2006
价格	0.51	0.3	0.54	1.51	1.31

白伯骅

白伯骅（1944年~ ），早年从师傅蒋兆和，擅人物。题材多为古装仕女，人物造型比较准确，线条流畅。画中笔墨和设色以湿笔为主，气韵生动，尤善精心刻画人物眼睛神态。画风恬静，雅俗共赏。

唯个人风格不太明显。

收藏投资建议：

白氏人物画作品的市场价格一直不高。可适时介入，待有人炒作时逢高释出。亦可择精而入，收藏欣赏两相宜。

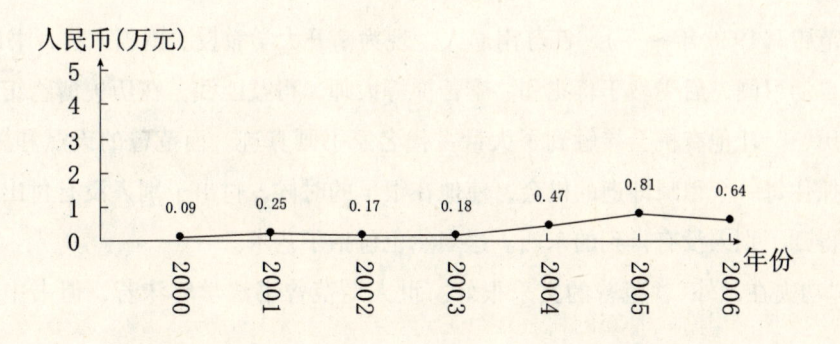

人民币(万元)

年份	2000	2001	2002	2003	2004	2005	2006
价格	0.09	0.25	0.17	0.18	0.47	0.81	0.64

杨之光

　　杨之光（1930年~　），上海人。早年受教于高剑父，后得徐悲鸿指教，擅人物。现为广州美术学院教授。

　　人物绘画是"岭南画派"的弱项，作为高剑父的传人，能勇于挑战，足见其胆识和勇气。岭南画派用色的丰富与华美，徐悲鸿倡导的人物素描关系，这两者在杨之光的画中被发挥得淋漓尽致。

　　《一辈子第一回》、《雪夜送饭》，让杨之光的人物画名扬画坛。杨之光画中对线的把握，对色分明暗的技法突破，是我们今天许多年轻画家应该认真学习的。

收藏投资建议：

择精而藏。如存有其一般作品，可略做调整，待机释出。

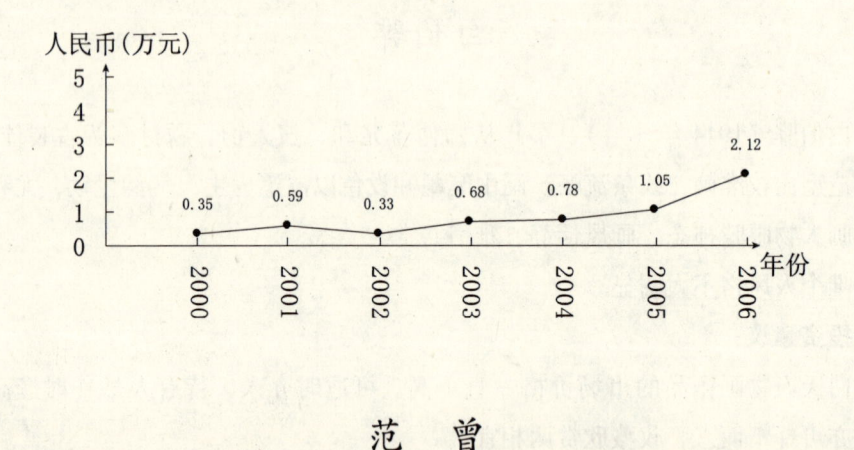

年份	2000	2001	2002	2003	2004	2005	2006
人民币（万元）	0.35	0.59	0.33	0.68	0.78	1.05	2.12

范　曾

　　范曾（1938年~　），江苏南通人。现为南开大学教授。擅画人物，书法。

　　自幼习画，后受教于蒋兆和、李苦禅等大师，得益匪浅。在历史博物馆的工作经历，又让他有机会接触到了大量古代名家书画真迹。而范曾的天赋和勤奋，更能抓住每一个稍瞬即逝的机会，使他在很早的时候，付出了别人没有付出的辛劳，得到了别人没有得到的东西。这当然也包括了艺术。

　　"功夫在画外"，范曾的文采很好。世人谓范曾书法学郭沫若，但书中霸悍之气，观之溢于纸外，又非郭氏可比现又经二次变法，书法别有一番风貌，非一般书家可比肩。

人物画之线条，内行谓之变于陈老莲，实则远高于陈老莲。中锋运笔，全凭提按顿转求其变化，为近现代人物画线条之大成。

收藏投资建议：

范曾的作品传世很多，并有许多水平不一的赝品混杂其中。精品可留一二，一般作品择机释出。

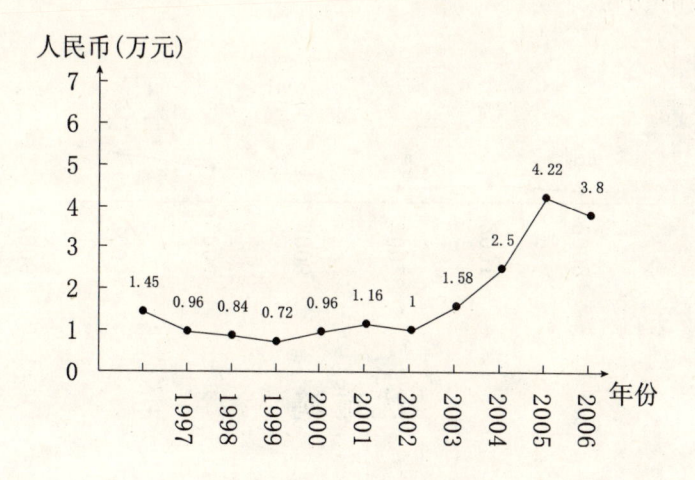

人民币（万元）

1997: 1.45　1998: 0.96　1999: 0.84　2000: 0.72　2001: 0.96　2002: 1.16　2003: 1　2004: 1.58　2005: 2.5　2006: 4.22, 3.8

王明明

王明明（1952年~　），现为北京画院院长。

其师周思聪说过："王明明是一个年青有为、前途无量的画家。"事实果然如此。

中国的人物画家无论过去还是现在，大多数千篇一律，几十年如一日，而能求变成功者凤毛麟角，王明明则是其中佼佼者，若称其百幅之作无一雷同，毫不过分。

王明明的画多以线条表现为主，线的运笔功力，线的位置和线与线之间的构成功力，以臻化境。而墨和色彩的渲染，烘托着画面的气韵和线条变化的节奏，加之深厚的学养，让人们在感叹作品的笔墨功力之同时，又往往会沉浸在作品的深远意境之中。

能够驾驭中国人物画的画家，往往多擅花鸟，而王明明深藏不露的花鸟画，今年终于让人一饱眼福，看后更让人们耳目一新，花鸟间的前后呼应，笔墨构图经营，鲜活的色彩表现，像人物画一样充满了生机。

收藏投资建议：

王明明绘画作品的风格面貌多变，存世的作品很多，且有一些赝品。对其精品可择机而入，一般早期作品可在现阶段适时而出。

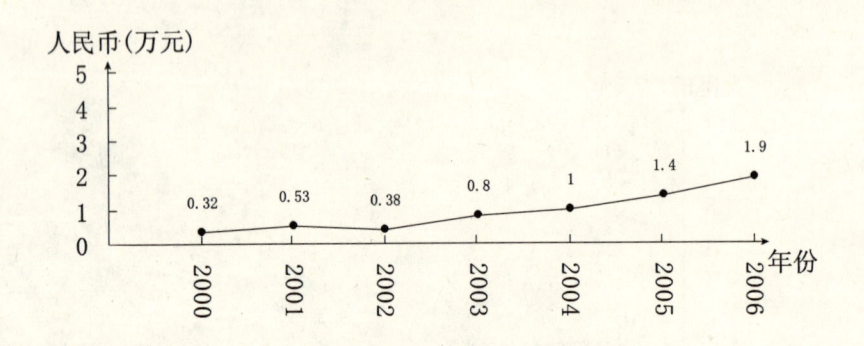

人民币(万元)

年份	2000	2001	2002	2003	2004	2005	2006
价格	0.32	0.53	0.38	0.8	1	1.4	1.9

沈道鸿

沈道鸿（1947年~　），四川成都人。现为成都画院一级美术师，成都市美协副主席。

沈道鸿的人物画充满了对现实生活的深层感悟。他把对社会、对历史的思考融于笔下，一一融入到笔底的画中，情感的顿挫让流畅的线条变化激荡，生活的磨炼让淋漓的景色晕化交融。当变形人物画法大行其道的时候，沈道鸿潜心于传统绘画和西方绘画的统合中，探索着中国人物画的变化发展之路。

有人把沈道鸿今天的辉煌成就归功于20多年的短工生涯。可是在中国内地上不仅打短工20多年的大有人在，就是终生忙碌打短工者也多如牛毛，但有几人成了画家呢？苦难不是走向辉煌的通行证，只有当苦难与才智结合时，才能化为奋斗的功力，让一个画家的艺术生涯和表现形式多姿多彩。沈道鸿的画中无论长篇巨幅，还是盈尺小帧，都涌动着人生沧桑的激情。这远比画家在用着什么笔法、墨法等表现形式更让人感动。画中连绵不断的笔势，如滔滔江海，一种庞博雄浑的画韵扑面而来。

收藏投资建议：

沈道鸿的作品市场大部分在海外，其中的大部分精品也流失于海外。且沈道鸿目前的作品市场价格不高，还未出现人为炒作痕迹，正是收藏投资的好机会。

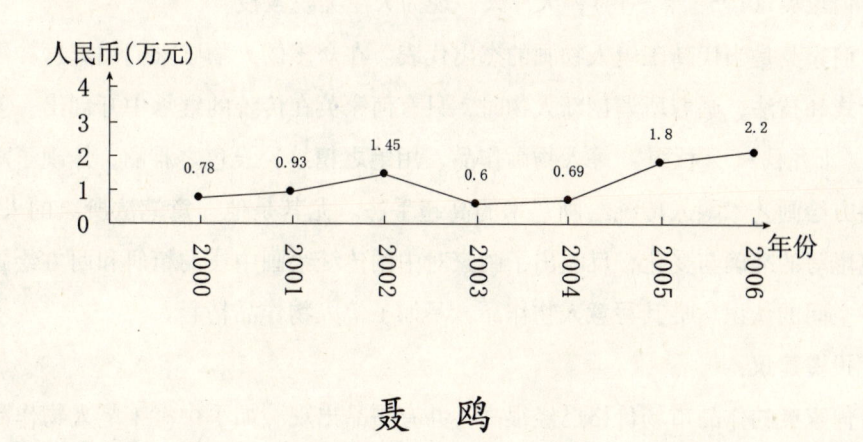

人民币（万元）

年份	2000	2001	2002	2003	2004	2005	2006
价格	0.78	0.93	1.45	0.6	0.69	1.8	2.2

聂 鸥

聂鸥（1948年~ ），沈阳人。现为北京画院画家。

聂鸥是一个很有思想的人物画家，画风一直在变，由具象变向抽象，由繁杂变为简约，让人们从画中看到了画家的心路。聂鸥人物画的变形，既不是像现代许多画家画得连自己都看不懂的所谓"现代艺术"，也不同于机械摹仿陈老莲式的传统艺术，而是融绘了画家自身对生活的体味。加之画中颇有意趣的笔墨变化，让画家的心境和作品远离了金钱的躁动。

当然这一切只是画家个人的感动，作品若能再现实一些，就更好了。

收藏投资建议：

聂鸥的作品在市场中不多，且多为早期作品，市场价格不高，未见有人为炒作的痕迹，应择机收藏，已有的作品应长期收藏。

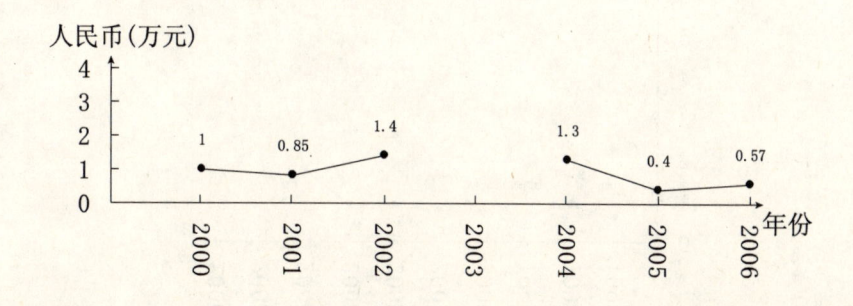

人民币（万元）

年份	2000	2001	2002	2003	2004	2005	2006
价格	1	0.85	1.4		1.3	0.4	0.57

何家英

何家英（1957年~　），天津人。现为天津美院教授。

何家英是当代新工笔人物画的杰出代表。在众多的人物画家们用着这样那样的形式和技法，画着所谓创新人物时，只有何家英在传统的继承中开创出一条新路。《十九秋》、《秋瞑》等人物画作品，用笔之精妙，设色之雅丽，体现了画家将西方绘画艺术融入传统绘画艺术的高超手法。尤其是他写意笔法所绘的人物，干笔虚写的准确与变化，反映出了画家对中国传统绘画中线的精研和西方绘画艺术中空间的认识。唯其写意人物作品，不如工笔人物作品精彩。

收藏投资建议：

何家英的作品市场价格已经很高，并有赝品出现。如手中有工笔人物作品可继续保留，其写意类人物画作品可择高而释。

袁　武

袁武（1959年~　），中国美术家协会理事。

当别的人物画家们画着时尚风流人物题材，以迎合市场需求的时候，袁武笔下一个个中华民族苍生的形象跃然纸上。雄劲而枯涩的笔触，浑厚而奔放的墨色，表达着社会普通民众生计中的喜怒哀乐。袁武画的人物也是变形的，但与那

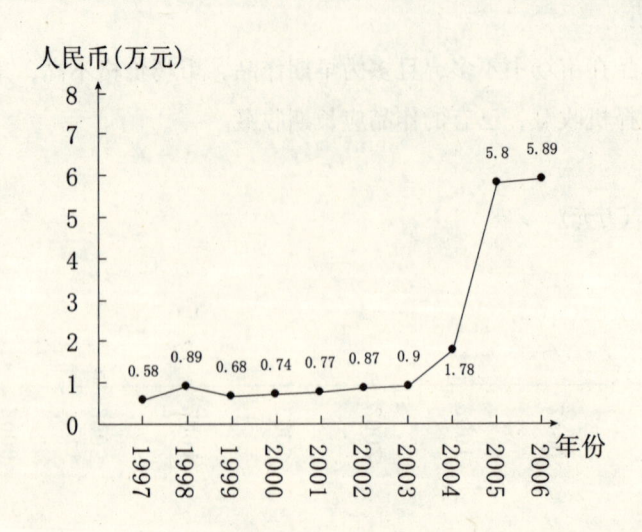

年份	1997	1998	1999	2000	2001	2002	2003	2004	2005	2006
人民币（万元）	0.58	0.89	0.68	0.74	0.77	0.87	0.9	1.78	5.8	5.89

些无病呻吟、无所适从的变形人物不同，具有深刻现实意义。

美中不足的是，画面构成比较小，人物展示得不够，但这不会影响袁武是一个非常优秀的画家。而今后的发展，要看袁武的造化了。

收藏投资建议：

这是一个有收藏投资潜力的画家，其作品目前特点是：（一）思想性强；（二）市场价格正处于低位。

张 广

张广（1941年~ ），现为人民美术出版社编审。

张广以善画牛而闻名，但能否继齐白石画虾、徐悲鸿画马、黄胄画驴之后，把牛做成自己艺术的品牌，这还要看他的发展。尤为重要的是，近现代画坛中擅画牛者不在少数，仅李可染一人，画坛中人就难及项背，其作《九牛图》，恐近几十年中无人能比。要想超越它，必须具有一个崭新的表现形式。张广的人物绘画艺术有蒋兆和遗风，造型准确，形象生动。笔墨若经锤炼，在人物绘画艺坛中，自有一番作为。

收藏投资建议：

如手中有其作品，精品可存一二，其他作品可在现时择机释出。

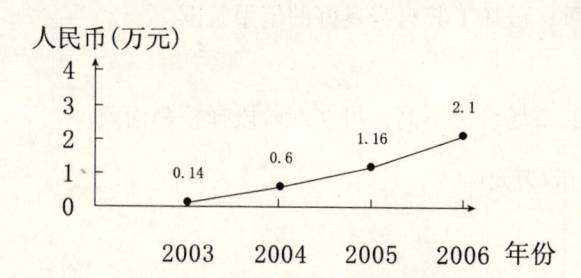

人民币（万元）

年份	2003	2004	2005	2006
价格	0.14	0.6	1.16	2.1

田黎明

田黎明（1955年~ ），现为中央美院教授。

透过梦境般的画面，田黎明笔下的人物向我们展示着灿烂的天真。画家试图通过夸张的变形构图和淡淡的墨彩，把人与自然的永恒告诉那些读画的人们。

中国人物画家一旦走上了变形表现之路,似乎都要离现实生活越来越远,或者说离公众越来越远,走进自娱的心路里。

收藏投资建议:

如手中有其作品,精品可存一二,其他作品可在现阶段市场高点阶段释出。

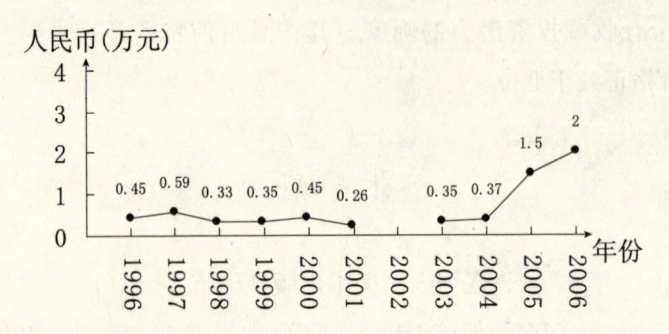

人民币(万元)

1996: 0.45, 1997: 0.59, 1998: 0.33, 1999: 0.35, 2000: 0.45, 2001: 0.26, 2003: 0.35, 2004: 0.37, 2005: 1.5, 2006: 2

王西京

王西京(1946年~   ),中国美术家协会理事。

王西京的人物画风格是多变的,线条更加简约,墨色更加奔放。画中充满了纤细与豪放、浑厚与雅致的风格对比,这在西北画家的作品中是比较少见的。略参变形人物画法,更使画面增添了新意。

唯装饰性较重,破坏了其自身良好的笔墨氛围。

收藏投资建议:

王西京作品的市场价格不高,可在现阶段择精品而藏。

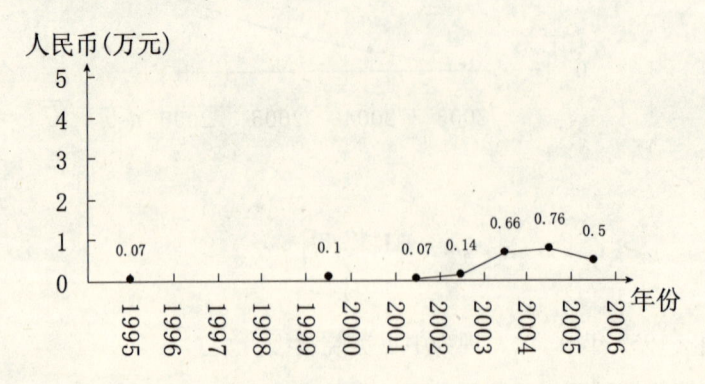

人民币(万元)

1995: 0.07, 2000: 0.1, 2002: 0.07, 2003: 0.14, 2004: 0.66, 2005: 0.76, 2006: 0.5

杜滋龄

杜滋龄（1941年~ ），现为中国美术家协会会员。

杜滋龄的人物画兼取南北两地人物绘画之长，既有北方雄浑之势，又具南北秀美之姿。往往整幅作品以势取胜，笔墨功力扎实。唯个人绘画风格不甚突出，对人物的造型及相互关系处理有待完善。

收藏投资建议：

杜滋龄作品的市场价格不高，可择精品而藏。

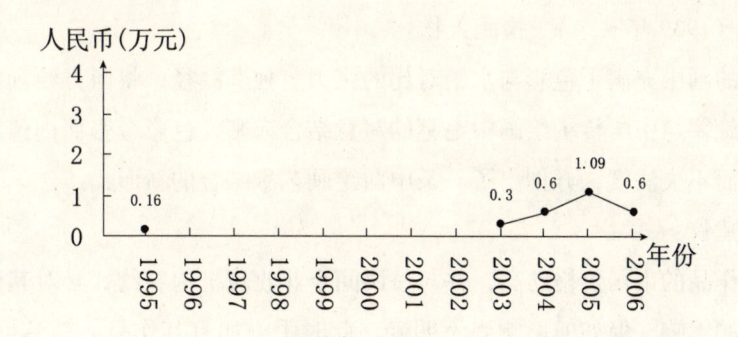

人民币（万元）

年份	价格（万元）
1995	0.16
2003	0.3
2004	0.6
2005	1.09
2006	0.6

胡永凯

胡永凯（1945年~ ），现寓居香港。

当别的人物画家都在想方设法装饰自己的时候，胡永凯却用富贵典雅装饰着自己的人物画作品。他的人物画作品，既不同于林风眠的忧愁仕女，又不像风靡当今的变形人物，而是着力表现沉寂在千年文化积蕴里江南水乡和深宅大院中的小家碧玉，静静地看着我们，一声叹息，便一声轻嗔，飞出了画外。陈旧感和新鲜感、强烈感和沉静感、亲切感和生疏感等万般感思，随着江南的丝丝雨意，飘落进观者的心田。

这一切，源于画家所用的多种绘画艺术形式，而不是为形式所累。

收藏投资建议：

胡永凯作品的市场价格较高，如手中有其作品，精品可留一二，其他作品可适时释出。

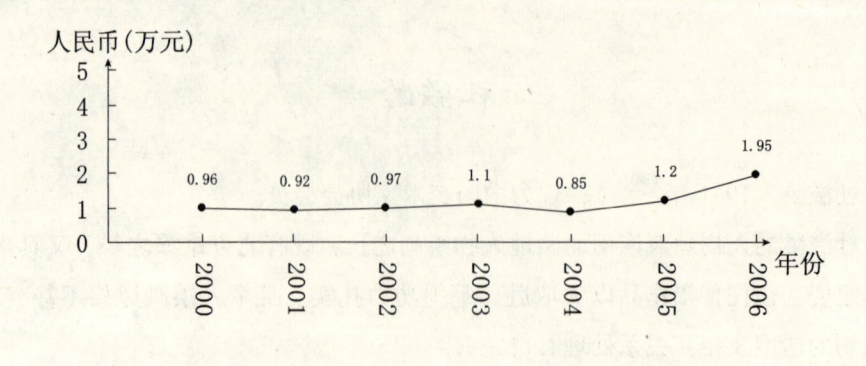

人民币(万元)

年份	2000	2001	2002	2003	2004	2005	2006
价格	0.96	0.92	0.97	1.1	0.85	1.2	1.95

石 齐

石齐（1939年~　），擅画人物。

石齐的画中充满了色彩与水墨对比的张力。独辟蹊径，将西方绘画中抽象艺术的色彩旋律与中国传统绘画中毛笔的写意结合起来，色彩夸张而内蕴浑厚，笔墨变化中而不失法度，开创出了一条中西绘画艺术结合的新形式。

收藏投资建议：

石齐作品的市场价格已高，并与一民间企业收藏机构签约，必对其作品价格产生明显的影响，但如何影响尚不明确。此时手中如有其作品，精品可存一二，其他作品则可逢高释出，把收藏投资的机会与风险留给别人。

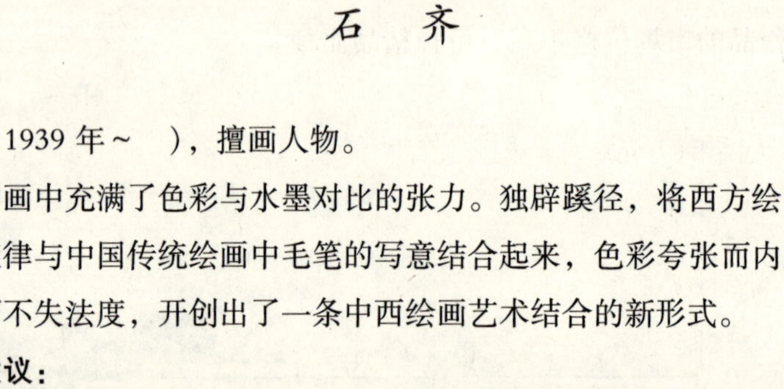

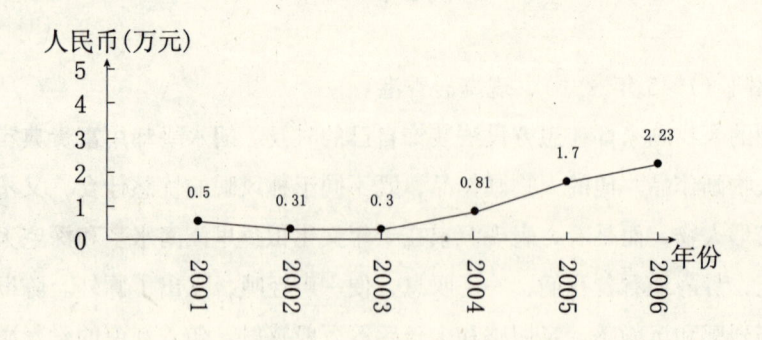

人民币(万元)

年份	2001	2002	2003	2004	2005	2006
价格	0.5	0.31	0.3	0.81	1.7	2.23

南海岩

南海岩（1962年~　），山东人。现为北京画院画家。

南海岩是现代极具个性的人物画家。在当今众多的传统派人物画家（专画古装人物）和现代派人物画家（专画变形人物）中，南海岩是少数几个极具发展前途的人物画家之一。把现代思想融入传统艺术或把中西绘画艺术相结合，都不失为艺术创新之路。在南海岩的人物画中，中西方绘画艺术相结合的脚步，有些方面甚至超越了前人。

当然，任何一个画家都不是完美的，南海岩的画中还带有创作途中的痕迹，画中的人物尚不丰富，能否驾驭大场面的人物表现，还须拭目以待。

收藏投资建议：

南海岩是一个有市场潜力的人物画家，如藏有其作品，可耐心等待收藏，早期作品可逢高释出。

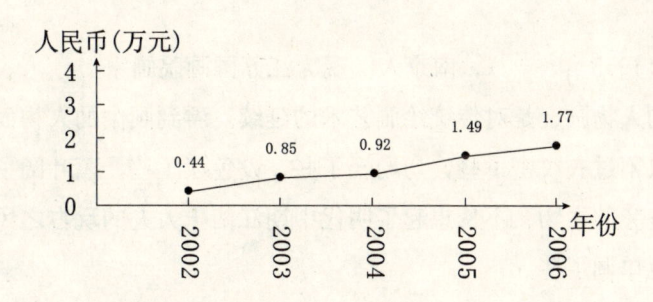

人民币（万元）

2002: 0.44　2003: 0.85　2004: 0.92　2005: 1.49　2006: 1.77

吴山明

吴山明（1941年~　），浙江人。现为浙江美院教授。

早年的吴山明画作受浙派影响较重，用笔洗练，墨色明快，设色亮丽，颇似周昌谷之风。近年追求笔墨之变化，笔法老辣，试用黄宾虹专写山水的"宿墨法"来表现人物造型的古拙。绘画题材紧扣现代生活，没有那些所谓"名家"的无病呻吟之态。当属新浙派的代表画家。唯人物画中对造型的把握，对传统笔墨在开创中的继承，尚待提高，这远比画家作品风格的变化更为重要。

收藏投资建议：

如有其早期人物画精品可留一二，其他作品宜在现阶段市场高位区中释出。

人民币(万元)

5
4
3
2 0.35   0.71   1.09
1   ●   0.54
0   ●──────●─────────●
   2003 2004 2005 2006 年份

徐乐乐

徐乐乐（1955年~　），南京人。现为江苏国画院画家。

徐乐乐的人物画，是对传统绘画艺术的延续。看到画中的人物面目衣纹，直追陈老莲，只不过衣纹密了些，勾勒轻了些，设色淡了些，蕉叶阔了些。看到烹茶的炉具和座旁的古物，不禁想起了明代中期江南士大夫的玩古之风，不过东西少了些，敷色单调了些。

看到人物跌坐的双脚，不禁想起了古画中的佛陀。这是画家心灵感受发展的历程，只是什么时候才能变成画家感受的时代发展历程呢？笔墨当随时代。

收藏投资建议：

如手中有其作品可择市场高位时释出。

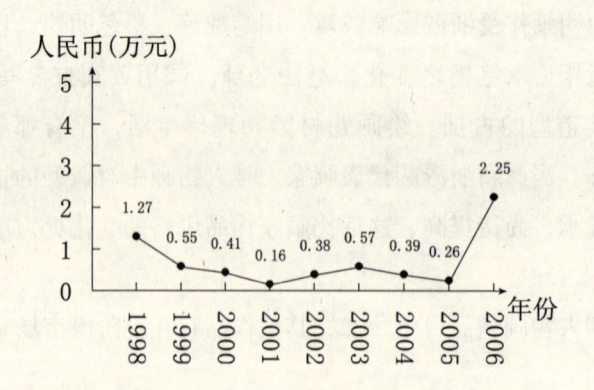

人民币(万元)

5
4
3   2.25
2 1.27   ●
1   ● 0.55 0.41   0.38 0.57
         ●────● 0.16 ●────● 0.39 0.26
                 ●   ●────●
   1998 1999 2000 2001 2002 2003 2004 2005 2006 年份

刘大为

刘大为（1945年~　），现为中国美术家协会副主席。

刘大为的人物画以描写西北风情见长。画中天山、草原、奔马与行驼，让我们感受到了画家生活的滋养，所做无论大幅还是小品，雄浑之风跃然纸上。偶露的几笔勾线，也能让我们看到其用笔的功力。对线条与墨色的关系，处理得有独到之处；而雄浑之风又导致笔墨草率，这是画家们常犯的弊病。而在刘大为的画中却很少见到。

收藏投资建议：

如手中有刘大为的人物绘画作品，精品继续收藏，并可在目前选精品入藏待今后走高时释出。

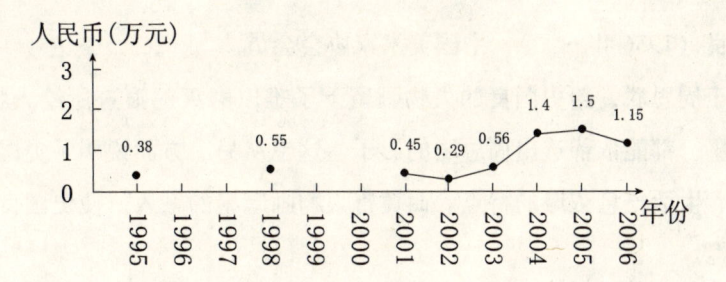

人民币(万元)

年份	1995	1998	2001	2002	2003	2004	2005	2006
价格	0.38	0.55	0.45	0.29	0.56	1.4	1.5	1.15

冯　远

冯远（1952年~　），现任中国美术家协会副主席。

冯远虽受教于周思聪、方增先，但画中没有了他们的影子。美院的教学工作，让画家多了几分思考，展示在画中的是南派人物画家对构图变化的把握和画中主题思想的思考。虽然人物画家的线条功力可靠，冯远则更注意线条之间、线条与墨色之间的契合，完善画面整体的韵律。这也是其既擅人物又通山水之妙的过人之处。

收藏投资建议：

冯远的人物画作品价格近年呈逐年上升之势，这也给收藏投资的朋友带来了快乐。其精品仍可在现阶段入藏。待今后走高后释出。

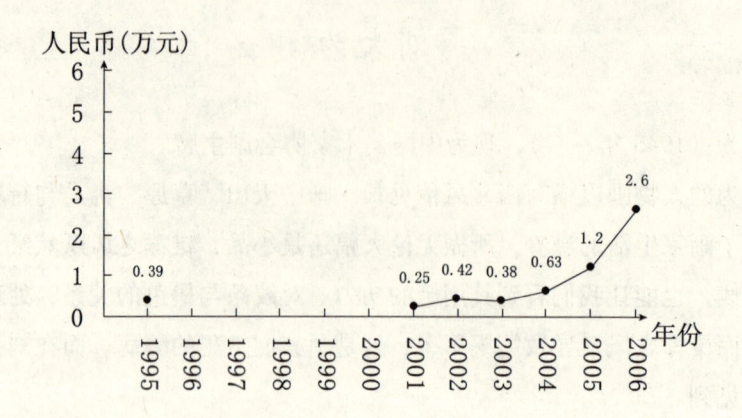

图表(人民币 万元 vs 年份 1995–2006)：0.39、0.25、0.42、0.38、0.63、1.2、2.6

史国良

史国良（1956年～　），中国美术家协会会员。

受教于周思聪，给史国良的人物画留下了难以磨灭的痕迹所绘人物的题材、造型、笔墨，都能依稀透出周思聪的影子。这也从另一方面说明了史国良的传统功底扎实、生活气息浓厚的特点。而黄胄人物画笔墨的融入，使史国良的画更添了几分活性。

对佛教文化的崇敬使其画充满了宗教思想。中国绘画史上有许多"画僧"，八大、石涛、髡残、弘仁和近代的李叔同都给我们留下了不朽的作品。史国良虽也为"画僧"，但作品中依然红尘未消，给人感觉只是题材的变化。

收藏投资建议：

史国良的作品存世较多，并常受赝品惊扰，导致市场价格呈逐年上升之势缓慢。如有精品可继续收藏一二，一般作品应择时而释。

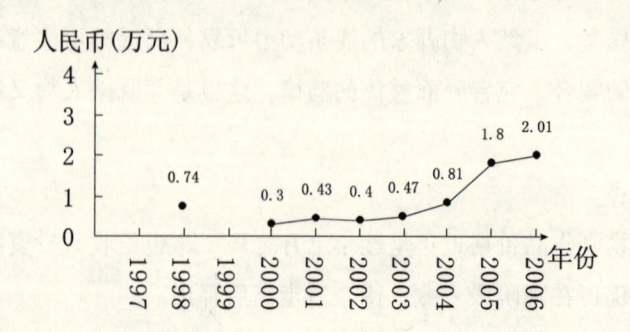

图表(人民币 万元 vs 年份 1997–2006)：0.74、0.3、0.43、0.4、0.47、0.81、1.8、2.01

刘国辉

刘国辉（1940年~   ），苏州人。现为中国美术学院教授。

刘国辉的人物画带着浙派的清逸遗风。浙派画风中对"意"的认知传统，深深地影响着刘国辉。师辈传统的滋养，生活的感受，使刘国辉的人物画不再刻意追求笔墨功力的深浅，而把笔墨组合的形式表现融入到作品主题中去。这固然是一个进步，但对物象写实技能的把握也十分重要。

而刘国辉的人物画所缺少的，就是这看似简单的人物写实造型。

收藏投资建议：

如藏有刘国辉的人物画作品，可择市场高点而释。

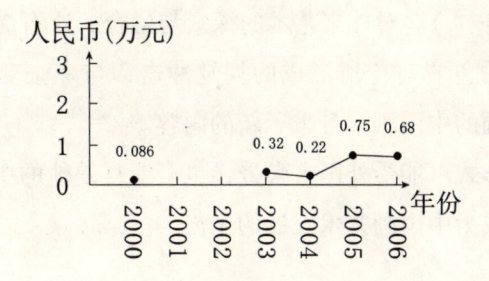

施大畏

施大畏（1950年~   ），现为上海中国画院画家。

施大畏早年以连环画的绘制享誉画坛，所绘《清兵入塞》、《暴风骤雨》、《望夫石》等作品多次获奖，其创作的人物画作品也曾在国内屡屡获奖。中国画坛中很多人物画名家，都参与过连环画的创作。而连环画一般情况下多达100多幅画面，对一个画家的构图、造型、笔墨功力是一个极大的考验。这从施大畏人物画中众多丰富的人物造型和场景处理上，仍能看出端倪。

致力于人物画的探索创新，让施大畏的画中充满了个人独立的审美趣味，但不要忽视了公众的审美趣味。

收藏投资建议：

如藏有施大畏的人物画作品，精品可继续保留一二，一般作品可适时而释。

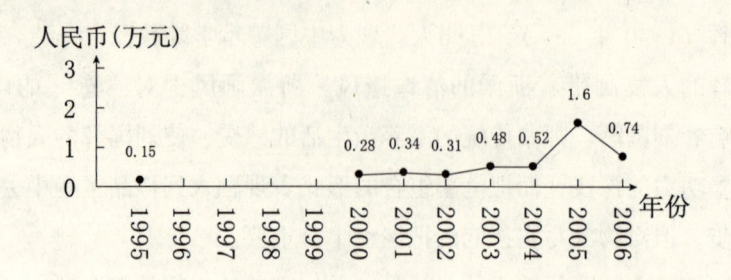

人民币(万元)

年份	金额
1995	0.15
2000	0.28
2001	0.34
2002	0.31
2003	0.48
2004	0.52
2005	1.6
2006	0.74

石 虎

石虎（1942年~ ）。对外来艺术的探索与融合，让石虎的作品中充满了迷幻的意境。而强烈的色彩对比所形成的视觉冲击，与夸张变形的造型交织在一起，给以墨为主基调的中国画坛带来了新的内容。

这种绘画表现形式可能受外国人喜爱，也可能喜爱他的中国人越来越多，但他在短时期内难以成为中国画艺术发展的主流。

收藏投资建议：

石虎作品的市场价格并不高，如藏有其作品，可继续保存——因为石齐的作品价格已经很高，必然会影响到石虎的作品价格——待其涨升后释出。

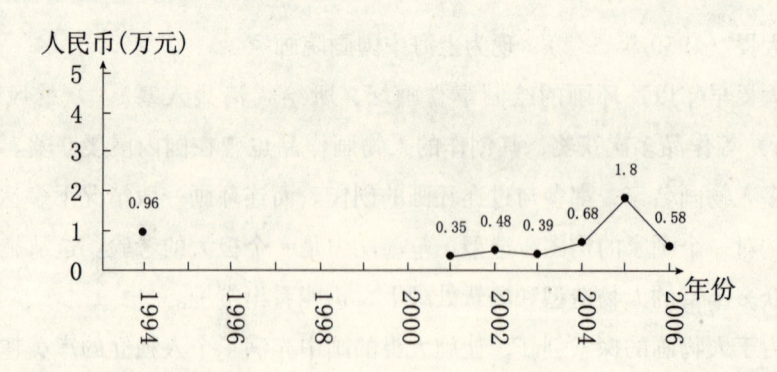

人民币(万元)

年份	金额
1994	0.96
2001	0.35
2002	0.48
2003	0.39
2004	0.68
2005	1.8
2006	0.58

马振声

马振声（1939年~　），现为中国美术家协会会员。

马振声的人物绘画继承了蒋兆和造型准确、笔墨简约的特点，又融入了黄胄笔力快捷、墨气淋漓的风格，画中主题充满了边塞风情。

唯笔墨功力有待进一步锤炼。

收藏投资建议：

如现藏有马振声的作品，精品可存一二，一般作品应在现阶段市场价格高点处释出。

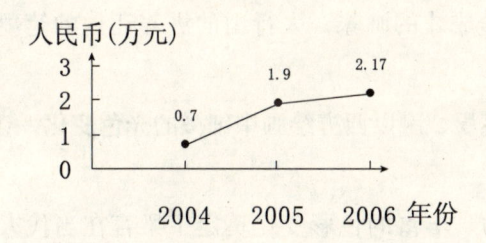

人民币(万元)

年份	价格
2004	0.7
2005	1.9
2006	2.17

唐勇力

唐勇力（1951年~　），现为中央美院教授。

唐勇力的人物画无论是题材、技法还是风格，都带着浙派画家的风范。而所有画工笔人物的画家在中年以后都不约而同地变法为写意，人物的变形成为他们昭示写意性绘画艺术的表现形式。长时期工笔绘画艺术的磨炼，使画家的各项技法更加出众，而这由工变写之际，如鱼跃龙门。

唐勇力之画确有大家之风，唯变形人物之造型，技法略少变化。

收藏投资建议：

如藏有唐勇力人物画作品的精品可保留一二，其他一般作品可适时而释。

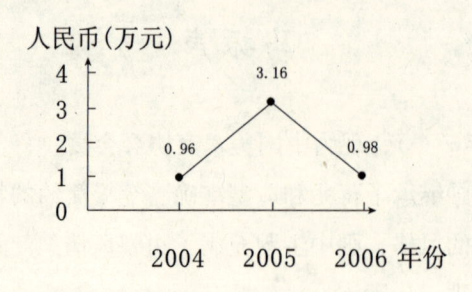

人民币(万元)
4
3　　　　3.16
2　0.96　　　　　0.98
1
0
　　2004　2005　2006 年份

梁　言

梁言（1943年~　），中国美术家协会会员。

梁言是一个自学成才的画家，太行山的滋养让他的笔墨充满了现实主义的激情。

其奔放流畅的笔墨、融以西方绘画中细微的光色变化，让画面充满了岁月流淌的痕迹。

深厚的笔墨功力、丰富的色彩变化奠定了梁言在当代人物画坛不可撼动的地位。

收藏投资建议：

市场中的作品较少，价格不高，可在现阶段择精品低价入藏。

3. 近现代花鸟画家点评

在中国画艺术发展的长河中，近代的中国花鸟画异军突起，首开中西绘画融合之先河。晚清任伯年从西方水彩技法入画，将中国传统之笔墨与西方绘画中撞水、撞粉之技法融于一处，并使之萌生成熟，发扬光大。

广州、上海为当时中国最早开放和最繁华的通商口岸，最先接受了外来文明的影响，也正是这两地的画家最先引入了西方绘画技法。与中国画历史上任何一次嬗变不同，晚清时期绘画艺术的变革首先是从职业画家阶层中出现的，"岭南画派"和"海派"的产生及发展，有着偶然中的必然。

从"岭南画派"的居巢、居廉到"海派"的虚谷、赵之谦等人的画作来看，仍以中国传统绘画为主体，而西方绘画艺术对他们的影响，意识上的多于技法上的成分。

任伯年是近代花鸟画坛中集大成者。早年在徐家汇图画传习所的学习，对任氏绘画两种艺术形式的结合产生了重要的影响。任氏绘画初学任薰之双钩法，设色淡雅。中年以后，以焦墨勾骨，受西方绘画影响，赋色浓厚，对比强烈，并将西方绘画中光感变化和明暗投影融入画中，在其所擅长的人物画和花鸟画中，尤以花鸟画中成功地融通了两种绘画技法，对后世画坛产生了深刻的影响。可惜的是，他没有获得应有的地位。

近现代花鸟画的发展，充分证明了绘画艺术中人民性的重要。那些缺诗少印的职业画家的商品画虽然不被士大夫阶层青睐，却迅速地被广大民众接受，并能在发展中不断获得新的活力和营养，成为这个时期中国花鸟画坛中不可缺少的主要力量。

"岭南画派"在"二居"之后，高剑父、高奇峰、陈树人在继承前人传统的同时，东渡日本求学，将居巢、居廉的淡雅没骨风格与日本绘画中"受外光派"的技法结合，使这一时期的"岭南画派"在保持了用笔劲疾有力，用色浓重丰厚的同时，还带有明显的日本绘画风格。

其后的赵少昂、关山月、黎雄才、杨善琛等人，将"岭南画派"的前辈传统一脉相承，推动了近现代中国花鸟画的发展。

"海派"在虚谷、赵之谦、吴昌硕、任熊、任薰、任颐之后，逐步成为了近现代中国花鸟画坛上最大最有影响的一个画派，吴友如、王一亭、唐云、胡云寿、张熊、倪田、陆恢、朱屺瞻、陈之佛、钱瘦铁、吴茀之、张书旂、张大壮、蒲华、程璋等人，承秉传统与生活两面旗帜，继承并发展了近现代的中国花鸟画。

"岭南画派"与"海派"虽然都以大写意花鸟画为主，但"岭南画派"受日本绘画影响较重，地域性发展很强；"海派"以清代"扬州画派"风格为主体，融入西方绘画技法和传统金石趣味较重，对中国花鸟画坛的整体发展产生了深刻的影响，并且一直延续到了今天。

与"岭南画派"和"海派"南北呼应的，是活跃在北京和天津的"京津画派"。

北京既是政治中心，也是文化中心、经济中心。这一地区的文化艺术取向，往往以政治取向为前提。天津虽是通商口岸，但与北京相邻的地理位置，决定了这一地区画风的多重性。

活跃在北京地区的画家追求的是传承正统，功力深厚，所以，在近现代时期的北京，很少出现过创新卓越的画家。从北京的工笔花鸟画家北京的于非闇，和天津的刘奎龄两人的画风中，可见京津地区画风的端倪。同一时期的陈师曾、陈半丁等人的花鸟画则或多或少的受到了"海派"画家的影响，来去匆匆的画家们，无论何家何派，都在北京留下了印迹，形成了北京、天津地区画风多样性的特点。

至于其他各地，风格各异，发展不一，也催生出了众多风貌各异的画家流派。他们相互影响，相互学习，繁荣着花鸟画坛。

齐白石和徐悲鸿便是这一时期时代变更的产物。

齐白石从未受教于画坛名师，既无正统的名师传承，又无西方绘画技法的参悟。一生中，以我法为万法，实践了绘艺中"我法即法"的成功，并影响培养了许多画家，开创了"齐派花鸟"。

徐悲鸿是继任伯年后又一位把西方绘画艺术系统地引入中国绘画的领袖人物。徐氏早年赴法留学，归国后，一直致力于中国画的改革与创新。徐悲鸿的身体力行，推动了中西绘画艺术结合的发展。尤其是1949年以后，徐氏的美术教育方法逐渐形成了体系，并在人们的犹豫和怀疑中逐渐发展，且随着时间的推移，为越来越多的人理解和赞同。

徐悲鸿的英年早逝，并没有阻碍他成为一个伟大的美术开拓者。今天中国画艺术所取得的成就，无论是中国画领域还是油画领域，徐悲鸿功不可没，彪炳千秋。

1949年以后，社会环境的变更给画坛带来了诸多变化。政治制度的更替，决定了绘画艺术思想意识的变化、审美观念与标准的变化、艺术主题的变化。而这一切变化，则催生了绘画艺术表现形式的巨变。

那些"海派"、"岭南画派"的传人们在作品中融入了新的内容，花鸟画中除了还保留着象征高贵的牡丹、长寿的桃酒、君子气节的梅兰竹菊等题材外，又加入了和平鸽、骆驼、熊猫、金鱼及向日葵、丰收中的粮食，以示深入生活和时代变化的新气象。

1949年后的30年里，涌现出了许多杰出的花鸟画家，青出于蓝的齐派弟子李苦禅、王雪涛、崔子范、许麟庐、娄师白，雄踞江南画坛的潘天寿，融西法入大写意的黄永玉，寓居香港的林风眠等画家，凭借着自己扎实的师承传统和对现实生活的感受，融合了外来绘画艺术的影响，形成了各自不同的绘画艺术风格，为后来的绘画艺术发展，打下了坚实的基础和铺垫。

改革开放后，各种形式的外来绘画艺术涌入，给中国画坛带来根本性的变革。这种变革的出现，源于建国初徐氏艺术体系与前苏联艺术体系所培养了大批的人才，当年习画的少年，正是1980年后出现的这批新一代画家；而外来艺术的传入，催生了像王成喜、邹传安、冯霖章、冯大中、龚文祯、喻慧、秦天柱、刘继彪、杨天问等这一代画家必然走上一条不同于前辈的道路，为花鸟画创作增添了新的内容和活力。

以画梅而闻名的王成喜，一改两宋寒梅的冷峭、元代墨梅的清逸、明清彩梅的精致，以朱红直入，画出了梅花的热烈，赋予了梅花崇高的人性。龚文祯、喻慧仍独守工笔花鸟的阵地上，继承着古人所创之宝贵遗产。冯大中、刘继彪为画虎双杰，自"民国时期"刘奎龄创"湿地撕毛"之技后，唯刘继卣能传其衣钵，今有冯、刘两家将传统之技与西方绘画艺术结合，为虎传形，追随者甚多。

现代花鸟画坛中人才辈出，但也多循古法，虽有革新思想，唯笔墨功力欠佳。工笔花鸟无论是重彩或淡彩，难与两宋成就比肩。有在生宣纸画工笔者，已由早期的尝试发展成为应用广泛的成熟技法。

宋涤的花鸟画，既保持了李苦禅传统大写意花鸟的精彩面貌，又继山水、人物彩墨创新后，将此法用于花鸟，生宣纸渗化之功把西画中的光色之法表现得淋漓尽致。它既不同于传统工笔的墨勾色罩,也不同于生宣上工笔的墨勾色渲,而是直接将彩、墨相融入画,既保持了物象正确的三维关系,又突出了花鸟画鲜润欲滴的彩墨效果,为花鸟画的发展创新开辟了一条新路。

名家点评:

虚 谷	赵之谦	吴昌硕	任伯年	任 薰	居 廉
居 巢	程 璋	丰子恺	倪 田	张大壮	唐 云
陆 恢	江寒汀	张书旂	钱瘦铁	齐白石	徐悲鸿
李苦禅	潘天寿	林风眠	黄永玉	于非闇	王雪涛
郭味蕖	吴作人	崔子范	许麟庐	刘奎龄	刘继卣
田世光	马 晋	高剑父	高奇峰	陈树人	赵少昂
刘海粟	朱屺瞻	陈之佛	陈佩秋	喻继高	王成喜
龚文祯	崔如琢	方楚雄	孟祥顺	江宏伟	秦天柱
任 重					

43

45

43 虚 谷 松鼠伏砚图
44 吴昌硕 邢尹新妆
45 任伯年 人物

44

46 任 薰 菊花　　47 居 廉 绘画集珍

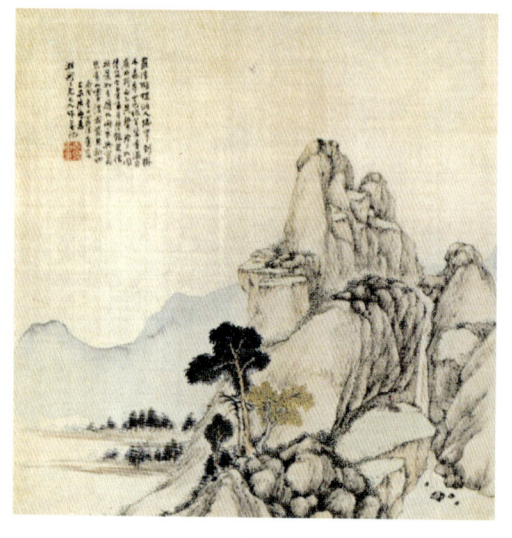

48　齐白石　柏荫书屋
49　徐悲鸿　白梅翠竹
50　李苦禅　绿雨图
51　潘天寿　鹰石
52　林风眠　栖枝图

53 于非闇　和平鸽
54 王雪涛　事事大喜
55 刘奎龄　松鹤长春

56 刘继卣　牧鹅少女
57 田世光　双寿

58 徐悲鸿 睥睨

虚 谷

虚谷（1824~1896年），俗姓朱（一说姓陈），名虚白，字怀仁、别号倦鹤、紫阳山民，出家后名虚谷。安徽歙县人。

虚谷画风受新罗山人影响很大，但较新罗山人用笔更加冷峻。在明清花鸟画甜俗的陈风中，别开蹊径，绘画技法和艺术思想具有很强的革新精神。笔墨以虚写实，干湿并用，施色大胆，艳而不俗，逆笔直取，或干裂秋风，或温润春雨，干笔不显其枯，湿笔不显其肥，笔墨功力已入臻境。

收藏投资建议：

虚谷的作品在20世纪80年代中期开始出现在香港的拍卖市场上，初期价格介于赵之谦与任伯年之间，随后即追上赵之谦，其精品之作颇受市场追捧。90年代内地艺术品拍卖以后，虚谷的作品在拍场上出现较少，并没有形成强烈的收藏气势。尤其近年来当代画家作品火暴登场，古代和近代书画逐渐冷却，有时一

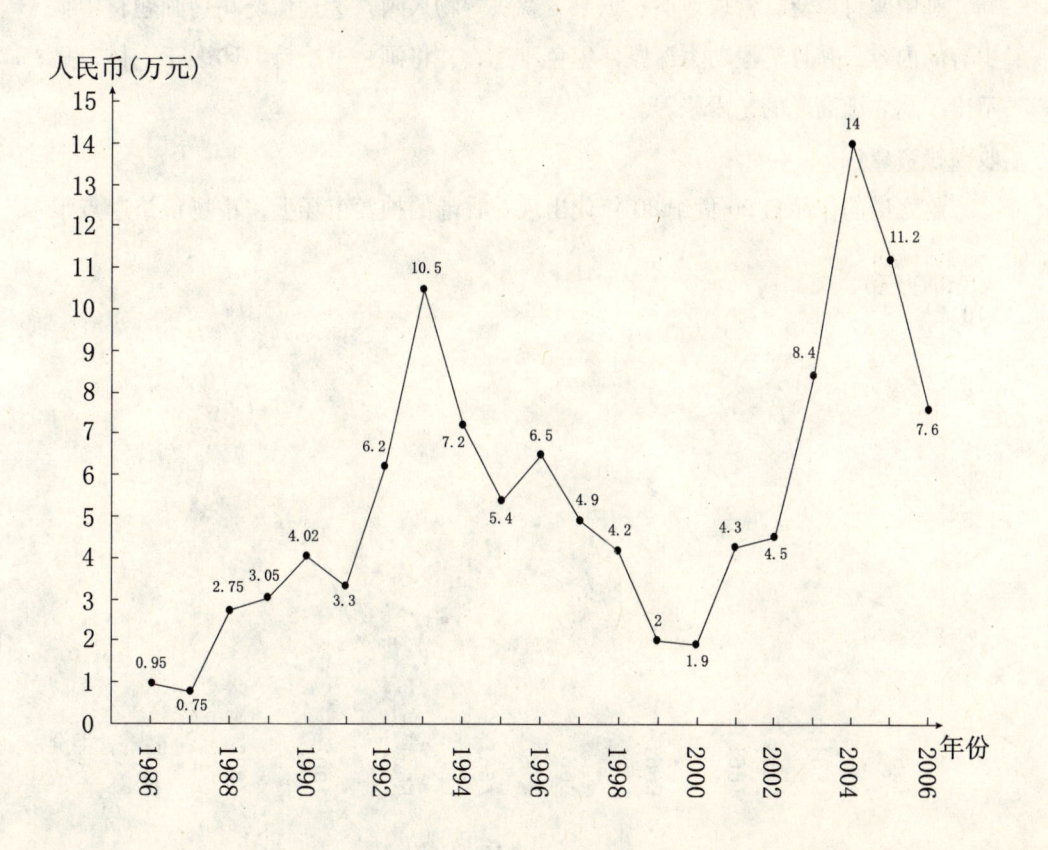

幅当代画家的平平之作,却能超出虚谷数倍。但越是这样,越是收藏投资虚谷及近代画家作品的极好机会。

对于近代画家群体中如虚谷、赵之谦、吴昌硕、任伯年、居巢、居廉等人的作品,宜求真、求精,市场价格不宜过多考虑。

赵之谦

赵之谦(1892～1884年),字㧑叔,号益甫,又号梅庵、悲盦、铁三、冷君等。浙江绍兴人。擅书法、治印。

赵氏为晚清时期花鸟画之巨匠,书画齐名,书法初学颜真卿,后学邓石如,为晚清著名书家。又擅以书入画,使画风朴茂浑厚,金石之意趣与花卉之秀美相映。深厚的书法功力入画,使其笔力劲健,墨色厚重,以字体的间架构图画意,布局严谨秀美,花鸟画风得陈淳和扬州画派诸家影响,赋色浓艳、亮丽,化"俗"为雅,形成了独特的风格面貌。

画中题材广泛,常取萝卜、瓜果、蒜头等物入画,这是传统花鸟画题材中很少有的内容,并且笔墨功力深厚,墨色雅逸,并将画、书、诗、印融于一体,显示出了赵之谦高度的艺术修养。

收藏投资建议:

赵之谦的作品自20世纪80年代出现在香港的拍卖市场上,市场价格起点很

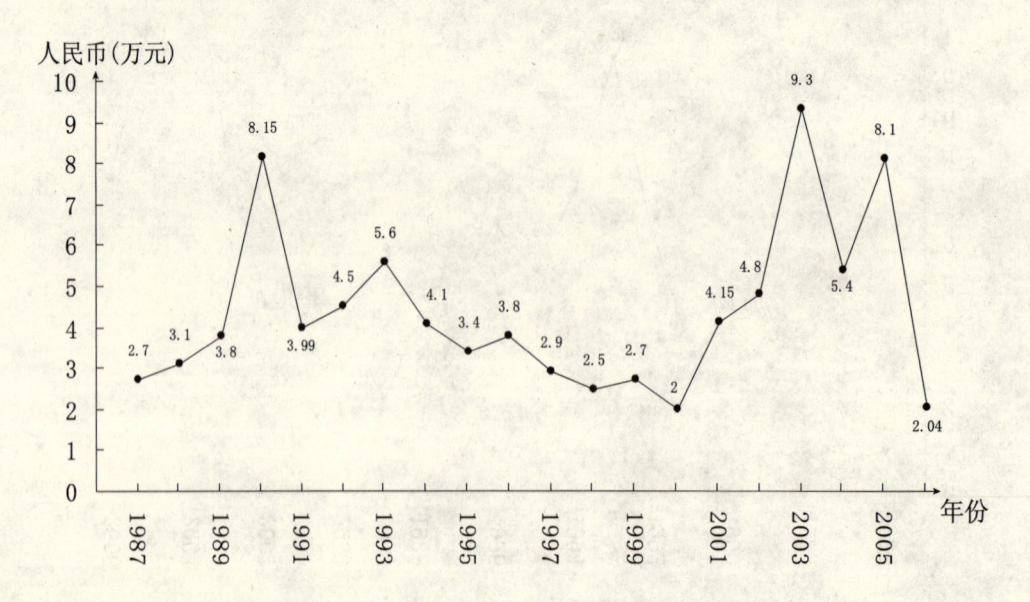

高，精品之作的价格更是同期其他作品的数倍，这既因赵之谦作品受港台及日本收藏者的喜爱有关，更因其绘画作品的存世量较少。90年代以后内地出现了艺术品拍卖以后，赵之谦作品出现的不多，且真赝参差，乏精品。对于赵之谦的作品收藏，与收藏虚谷的作品方式相近，亦是求真求精、价低更佳。

吴昌硕

吴昌硕（1844～1927年），原名俊、俊卿，字昌硕、仓石，别号缶卢、苦铁。浙江安吉人。擅花鸟、书法、篆刻。

早年学书，篆刻，45岁后始学画，曾问任伯年绘画之艺，兼学赵之谦、蒲华、胡公寿之法，并以篆籀入画，画风极具金石趣味，融苍老、华滋之风于一体。

从吴昌硕的绘画艺术发展历程来看，早期受同代画家影响较大，后即上追李鲜、八大、石涛诸家境奥，并能自成一体。吴昌硕之画，笔墨劲拙而中寓灵巧，设色艳丽而内藏雅致，既具文人之风，又能融古参今，雅俗共赏。题材面貌多样，足显画家艺术功力。对其后的海派绘画艺术起到了推动发展的作用。

收藏投资建议：

吴昌硕的作品自20世纪80年代出现在香港的拍卖市场中。市场价格初期比

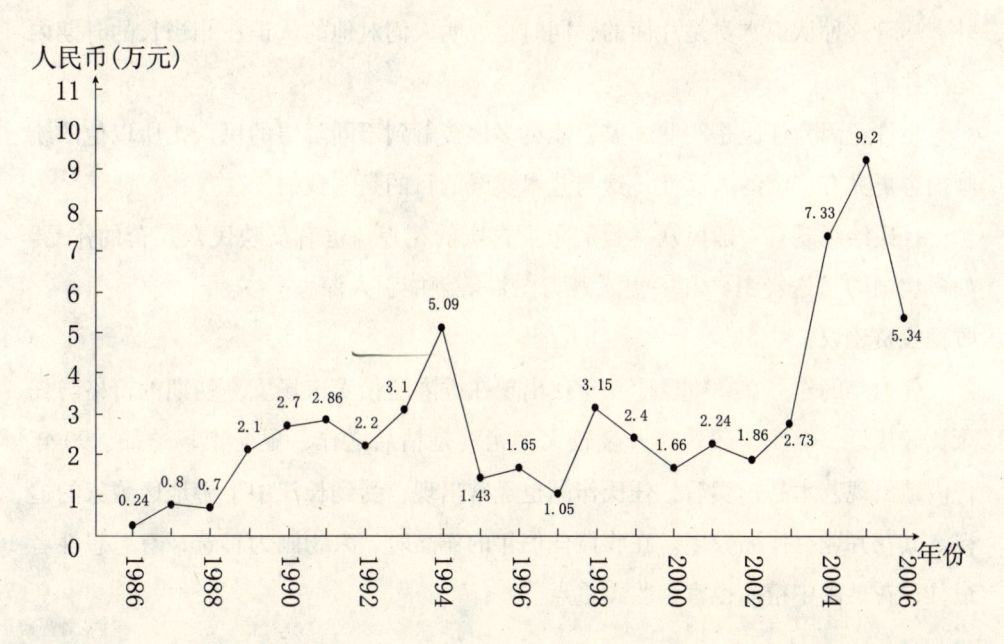

较低，随后略有上升，但升幅不大，这是因为存世的吴昌硕绘画作品较多，且代笔和赝品混杂其中。90年代后内地出现艺术品拍卖以后，吴昌硕的作品出现的也较多，各种水平的赝品占据了大多数，精品十分少见。收藏吴昌硕的作品，宜以真为基础，以精为唯一选择。

任伯年

任伯年（1840~1896年），初名润，字小楼，后改名颐，字伯年，室号颐颐草堂。浙江萧山人。擅花鸟、人物。

自幼习画，曾学民间写真，并制紫砂器，后在徐家汇图画传习所习素描，这对任氏起到了潜移默化的作用。后任伯年花鸟绘画得任薰传授，任伯年曾绘任薰仿作，出售时被任薰所见，遂收为徒。

任伯年在继承任薰的绘画艺术同时，其花鸟画中又吸收了华嵒，人物画中吸取了陈洪绶的艺术风格，并将西方绘画中撞水、撞彩之法，光色变化之妙融入作品中。人物画常以焦墨勾骨，面目渲染明暗变化丰富；花鸟画中赋色艳丽，墨与色、色与色之间相互晕化。并首以洋红入画，虽赋色浓厚，但艳而不俗，繁而不乱。任氏绘画，雅俗共赏，深受当时中下层民众喜爱。但由于任氏一生中为职业画家，不少人对其作品的格调颇有质疑，其艺术地位也长期游离于主流画家之外。尽管这种认识本身是片面的，同时也说明人们对他的认识在相当长的时期内比较片面。

也许正因为任氏是职业画家，能更多地接触到不同阶层的民众，所以他的绘画内容更具有广泛的人民性，这与艺术实践的目的是一致的。

任氏绘画既有一般民众喜爱的象征喜庆的花卉，也有反映民众疾苦的作品。如多次画的《送炭图》和一幅《观刀图》等颇能引人深思。

收藏投资建议：

任伯年的作品在20世纪80年代出现在香港的拍卖市场上。初期的价格与任薰比较接近，但涨速较快，升幅较大，尤其是精品之作，更受市场追捧。90年代内地出现艺术品拍卖后，任氏作品也经常出现，受到长江中下游地区藏家的追捧。其花卉题材作品较多。在收藏任伯年的作品时，人物画为首选，有思想性者最佳；花鸟画中精品也宜为收藏重点。

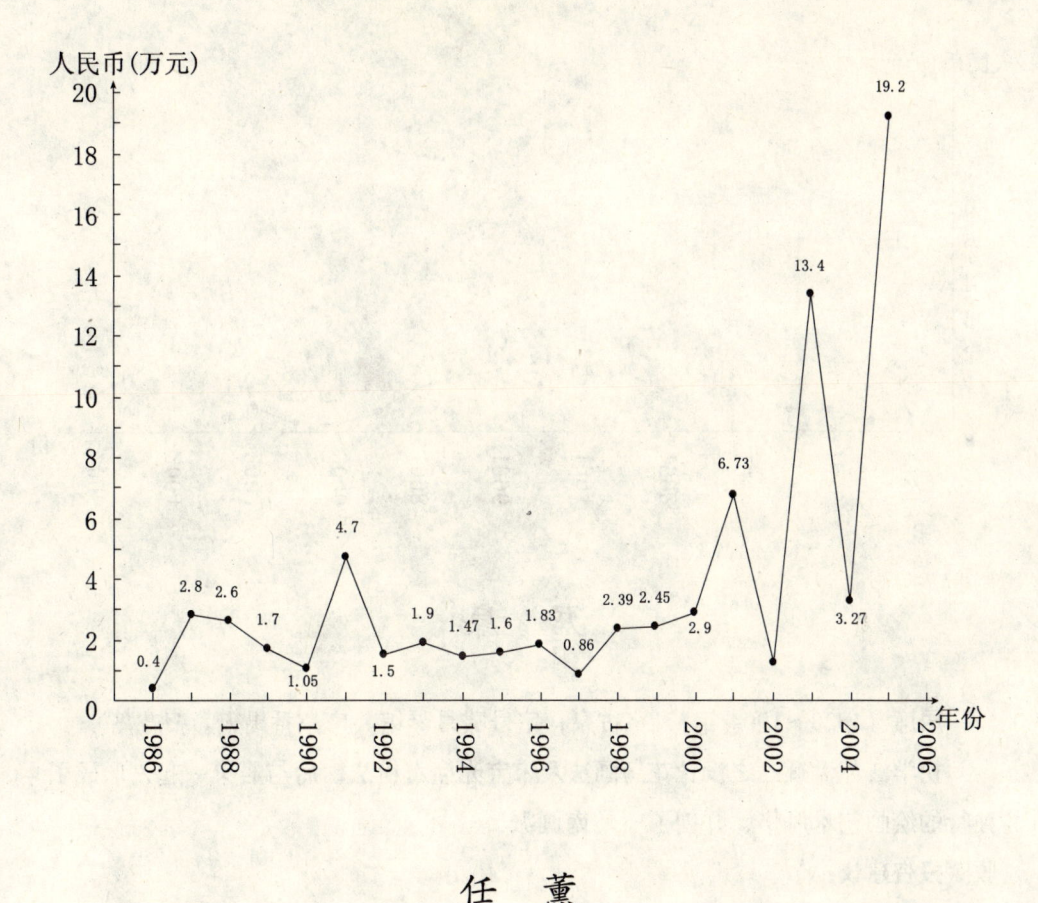

人民币(万元) 任薰作品拍卖价格走势图

任 薰

任薰（1835～1893年），任熊之弟，字阜长，室号恰受轩。浙江萧山人。擅画人物、山水。

幼随其兄任熊学画，以人物画见长。多用双钩法作画，笔墨精巧，构图布局深邃，赋色淡雅轻妍。后期画风一变，精气忽生，小幅作品逸妙，大幅作品气势壮美。总体画风与其兄相差不大，同受陈洪绶画风影响较多，作品内容结合现实生活，深受当时民众喜爱和欢迎。

收藏投资建议：

任薰的作品自20世纪80年代出现在香港的拍卖市场上。数量较多，其人物题材的价格高于花卉题材的作品价格。90年代以后，任薰的作品开始出现在内地拍场上，但作品不多，价格并不高。宜适用于喜爱任伯年作品，又受财力限制的藏友，择真而藏。

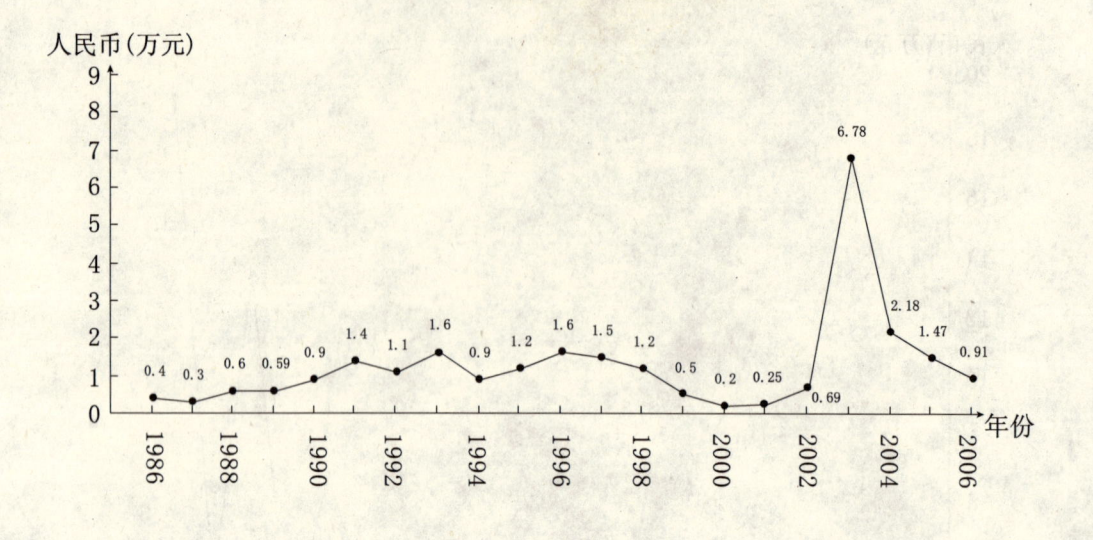

人民币(万元)

居廉图表数据（1986-2006）：
0.4, 0.3, 0.6, 0.59, 0.9, 1.4, 1.1, 1.6, 0.9, 1.2, 1.6, 1.5, 1.2, 0.5, 0.2, 0.25, 0.69, 6.78, 2.18, 1.47, 0.91

居 廉

居廉（1828~1904年），字古泉，室号啸月琴馆。广东番禺人。擅花鸟。

初学江苏孟觐乙之没骨花鸟画法及宋宝光撞水粉法，后与居巢一起，形成了独特的绘画艺术风格，开创了"岭南画派"。

收藏投资建议：

"两居"的作品市场价格不高，所以只要是真迹，就可遇而藏之，精品更佳。

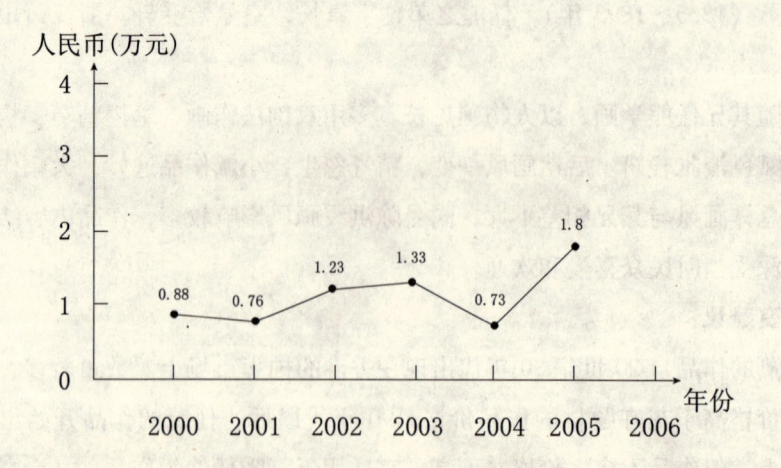

人民币(万元)

居廉图表数据（2000-2005）：
0.88, 0.76, 1.23, 1.33, 0.73, 1.8

居 巢

居巢（1811~1865年），字士杰，巢父，号梅巢，室号昔耶室，今夕庵。广东番禺人。擅花鸟。

居巢初学江苏画家宋宝光、孟觐乙二人没骨花鸟，上追北宋徐崇嗣没骨水墨花鸟，兼取恽寿平之赋彩，一改明清花鸟画之旧俗，形成了自己独特的绘画艺术面貌，并与居廉一道，开创了"岭南画派"。

收藏投资建议：

"两居"作品的市场价格不高，所以只要能定为真品，即可收藏，如遇精品则更佳。

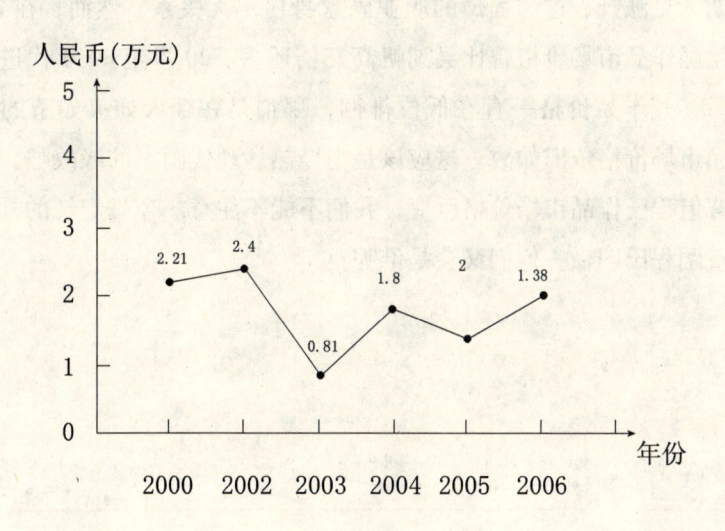

人民币（万元）

年份	2000	2002	2003	2004	2005	2006
价格	2.21	2.4	0.81	1.8	2	1.38

程 璋

程璋（1869~1936年），字德璋，号瑶笙。安徽休宁人。擅花鸟，间作山水、人物。

幼时临画，后从汤润之习传统绘画，并参以西方绘画技法，结合对物写生，独成自家面目。程氏绘画，造型逼真，构图新颖，不入俗套，色彩生动艳丽，有阴阳向背之感强烈。曾与吴昌硕、黄宾虹一道，为"题襟馆"中主要画家，是当时以卖画为生的成功职业画家。

近现代花鸟画家中,擅画工笔草虫者仅数人耳,程氏即为其一。与齐白石、黎雄才、赵少昂等人所画草虫不同,程氏草虫参以西法,不仅形态逼真,体形纤细,且透视明暗关系,赋彩变化,更优于齐、黎两人,以其所绘《九秋九虫图》最为著名。不仅如此,从现存的资料中可知,程氏绘草虫之名,早于齐、黎、赵等人。至于今日,齐白石被誉为花鸟巨匠,所绘草虫售价最高,拍场上一经出现,众人抢争;黎雄才、赵少昂亦成岭南巨子,以山水为最,草虫难觅一见,曾赴香港展出,作于1937年一画上绘14只草虫,纤毫毕现,观者皆叹为奇,唯程氏绘艺风光不在。

收藏投资建议:

程璋的作品在20世纪80年代中期出现在香港的拍卖市场上。市场价格很低,并长期未见涨升,这与程璋的职业画家身份不无关系。然而,在20世纪初期程璋的绘画作品市场价格曾比吴湖帆高三倍还多。20世纪80年代进入香港拍卖市场以后,其作品价格一直在低位徘徊,哪怕是在今天如火如荼的书画市场中,其作品市场价格依旧如故。这应该是当今热炒现代画家的缘故吧。虽程氏精品仍可收藏但程氏作品市场价格巨变,我们不能不注意。今日走红的画家,有相当多的会重蹈程氏旧辙,他们又会是谁呢?

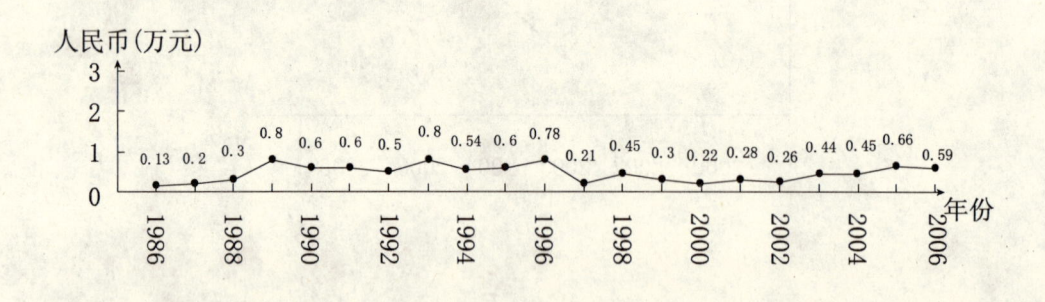

人民币(万元) 折线图数据(年份:价格): 1986: 0.13, 1987: 0.2, 1988: 0.3, 1989: 0.8, 1990: 0.6, 1991: 0.6, 1992: 0.5, 1993: 0.8, 1994: 0.54, 1995: 0.6, 1996: 0.78, 1997: 0.21, 1998: 0.45, 1999: 0.3, 2000: 0.22, 2001: 0.28, 2002: 0.26, 2003: 0.44, 2004: 0.45, 2005: 0.66, 2006: 0.59

丰子恺

丰子恺(1898~1975年),名润,改名仁。浙江桐乡人。擅水墨"漫画"。

自幼习画,后师李叔同,画风一变。其画其思,别具意趣,常以漫画手法、中国画之笔墨配以诗文来表现时事。观其画,不必究其笔墨功力、表现形式是否传统，功力是否深厚，其画中心意，深入浅出，颇得弘一法师之传承，格调脱俗。

收藏投资建议：

丰子恺的作品进入市场较早。虽丰氏作品不多，但丰氏作品的市场价格常有上下剧烈波动。如手中有其作品，可在此位置上择机而出。其人可敬，其画可赏可藏，但不宜投资。

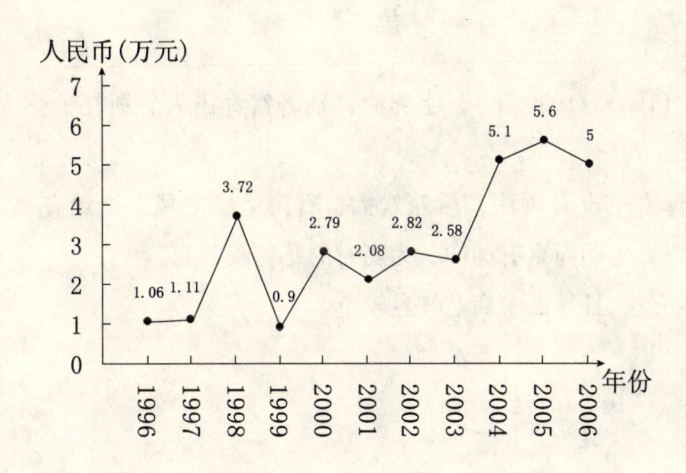

人民币(万元)

1996: 1.06, 1997: 1.11, 1998: 3.72, 1999: 0.9, 2000: 2.79, 2001: 2.08, 2002: 2.82, 2003: 2.58, 2004: 5.1, 2005: 5.6, 2006: 5

倪 田

倪田（1855~1919年），初名宝田，字墨耕，又号破月盦主。江苏扬州人。擅花鸟、人物、山水。

倪田绘画初学王素、后学任伯年，早期画风工细，中晚期画风奔放疏朗，笔墨劲健，设色雅致，得"海派"艺术传承。

唯作品中商品气息较浓，且少自家之面貌。

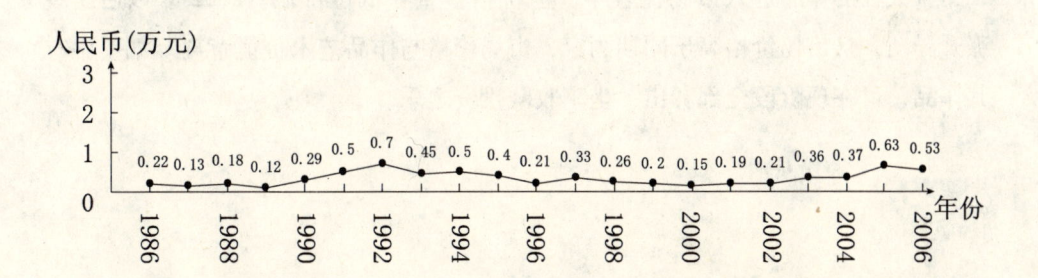

人民币(万元)

1986: 0.22, 1987: 0.13, 1988: 0.18, 1989: 0.12, 1990: 0.29, 1991: 0.5, 1992: 0.7, 1993: 0.45, 1994: 0.5, 1995: 0.4, 1996: 0.21, 1997: 0.33, 1998: 0.26, 1999: 0.2, 2000: 0.15, 2001: 0.19, 2002: 0.21, 2003: 0.36, 2004: 0.37, 2005: 0.63, 2006: 0.53

收藏投资建议：

倪田的作品在 20 世纪 80 年代中期出现在香港拍卖市场上。由于其作品的艺术价值不高，且作品数量较多，虽为普通民众喜爱，但市场价格一直较低。90 年代内地出现艺术品拍卖市场以后，价格依然不高。如手中有其作品，可择机而释。

张大壮

张大壮（1903～1980 年），字养庐，别署富春山人。浙江杭州人。擅花鸟，间作山水。

早期学恽寿平没骨画法，后兼八大、石涛诸家之风。所绘花鸟，以古人为宗，墨法取胜，生动而富有韵律，为当时的花鸟画名家。

唯笔力不逮，且作品中商业气息较重。

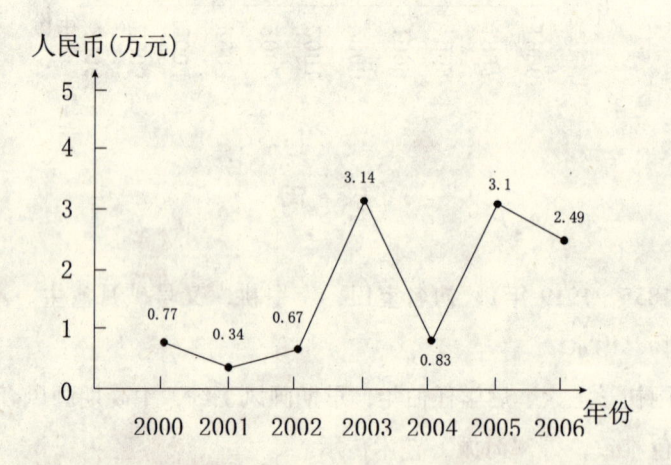

人民币(万元)

年份	2000	2001	2002	2003	2004	2005	2006
价格	0.77	0.34	0.67	3.14	0.83	3.1	2.49

收藏投资建议：

张大壮的作品进入市场比较早，但价格一直在低位徘徊。2002 年以后出现涨升异动，且市场价格高于同期画家，市场价格与作品艺术价值背离。如手中有其作品，可在现阶段全部释出，坐享收藏投资之乐。

唐 云

唐云（1910～1993年），名侠尘，号大石。画室名"大石斋"，题款多用"药翁"、"老药"。浙江杭州人。擅画花鸟，以兰竹著称。

唐云所画花鸟，学自石涛，笔墨灵秀苍润，将"海派"艳丽用色之法融入笔意，潇洒俊秀，画风为之一变。

唯个性风格不明显，在许多"海派"画家中技艺平平。

收藏投资建议：

唐云的作品在20世纪80年代出现在香港的拍卖市场上，起点很低，虽有上涨，但随波逐流，升幅并不明显。在内地艺术品拍卖市场中，也偶有异动。2003年以后随市场整体行情的火暴，也出现价格与价值的背离现象，上涨迅速。如手中有其作品，可择机全部释出。

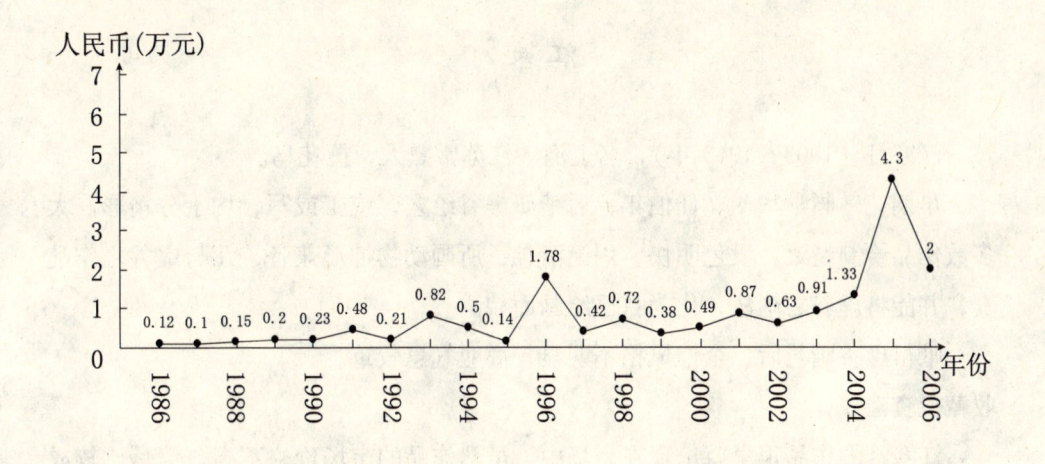

人民币（万元）

年份	1986	1987	1988	1989	1990	1991	1992	1993	1994	1995	1996	1997	1998	1999	2000	2001	2002	2003	2004	2005	2006
价格	0.12	0.1	0.15	0.2	0.23	0.48	0.21	0.82	0.5	0.14	1.78	0.42	0.72	0.38	0.49	0.87	0.63	0.91	1.33	4.3	2

陆 恢

陆恢（1851～1920年），原名友恢，字廉夫，号狷叟。江苏苏州人。擅山水、花鸟。

陆恢绘画，山水学陶焘，却未出王厚祁之樊篱。花鸟学刘德六，受"海派"诸家影响较深，画风工细，商品气息较浓。

收藏投资建设：

陆恢的作品自20世纪80年代中期出现在香港的拍卖市场上，而陆续流入的作品使拍场价格波澜不兴。其存世作品数量不多，并没有给价格带来上升。90年代内地出现艺术品拍卖以后，其市场价格一直在低位徘徊。2003年以后随市场整体火暴而出现了上涨异动，如手中有其作品，可择机全部释出。

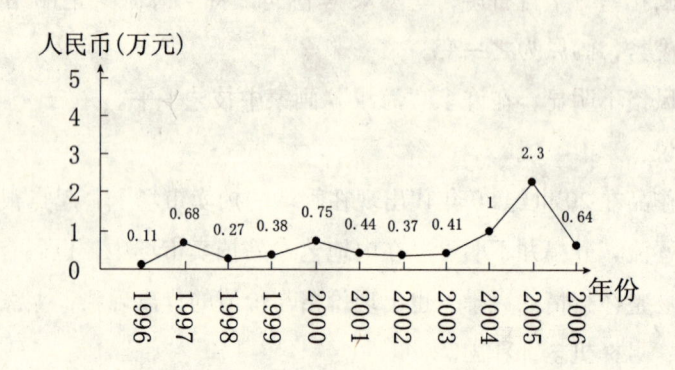

人民币（万元）

年份	1996	1997	1998	1999	2000	2001	2002	2003	2004	2005	2006
价格	0.11	0.68	0.27	0.38	0.75	0.44	0.37	0.41	1	2.3	0.64

江寒汀

江寒汀（1903~1963年），名上渔。江苏常熟人，擅花鸟。

早期花鸟画学华喦、任伯年，后精研虚谷绘艺，或工或写，均十分精彩。大多数作品绘制精致，设色明快，用笔清雅，所画动物神形兼备，几与虚谷之作乱真，并能将虚谷之笔法，化为自己绘画面貌。

唯得虚谷画艺后，个性风格不明显，商业气息较重。

收藏投资建议：

江寒汀的作品很早就出现在市场中。虽然作品的市场价格不高，但是比较成功的职业画家。在香港拍卖市场中的市场价格也较低，并一直延续到了内地出现艺术品拍卖市场。2000年以后，江寒汀作品的市场行情出现了剧烈异动。如手中有其作品，可择机全部释出。

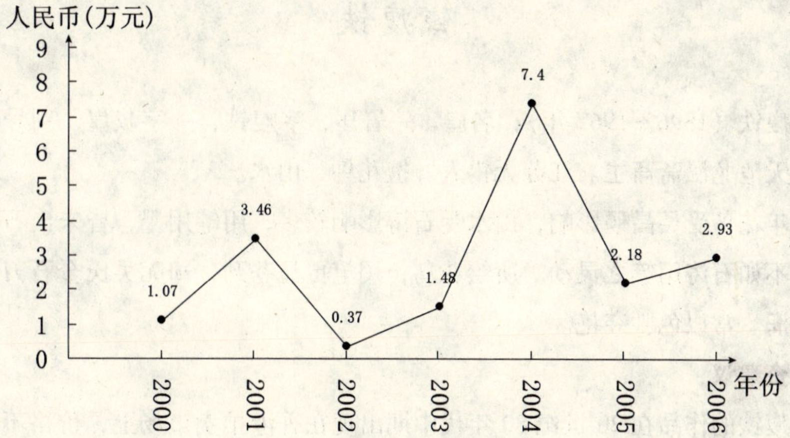
人民币(万元)
9
8
7
6
5
4
3
2
1
0
7.4
3.46
2.93
2.18
1.48
1.07
0.37
2000
2001
2002
2003
2004
2005
2006
年份

张书旂

张书旂（1899~1956 年），浙江人。擅花鸟。

张书旂早年毕业于上海美专，所绘花鸟画，受任伯年、吴昌硕的影响很大。作品多写意花鸟，构图大开大合，用笔奔放，粗笔直取，疏于精微。设色艳丽，以色的变化取胜。唯笔功不深。

收藏投资建议：

张书旂的作品很早就进入了市场，但价格不高，无论是其后的香港拍卖市场还是内地的拍卖市场，其作品价格一直在低位徘徊。2004 年以后随市场整体行情的火暴出现了上涨异动，如手中有其作品，可择机全部释出。

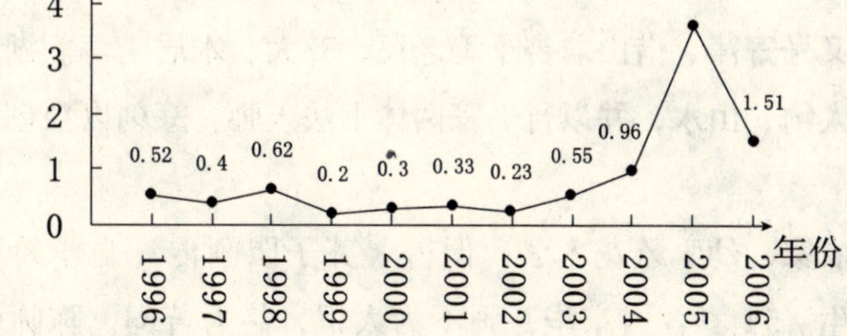
人民币(万元)
5
4
3
2
1
0
3.58
1.51
0.96
0.52
0.4
0.62
0.2
0.3
0.33
0.23
0.55
1996
1997
1998
1999
2000
2001
2002
2003
2004
2005
2006
年份

钱瘦铁

铁瘦铁（1896～1967年），名崖，一署厓，字瘦铁，一字叔崖，别号数青峰馆主，天池龙泓斋斋主。江苏无锡人。擅花鸟、山水。

早年花鸟受吴昌硕影响，山水受石涛影响较多，用笔用墨，皆未出石涛之窠臼，且不如石涛用笔之灵动。所绘花鸟，用笔更显苍劲，却无吴氏金石刀趣中所寓之秀润。常以色胜夺艳。

收藏投资建议：

钱瘦铁的作品在20世纪80年代中期出现在香港拍卖市场上，价格不高，且有起伏。同时的海外市场中同类作品价格也较低。90年代内地出现了艺术拍卖市场以后，价格依然较低。2004年以后出现上涨异动，如手中有其作品，可在此阶段择机全部释出。

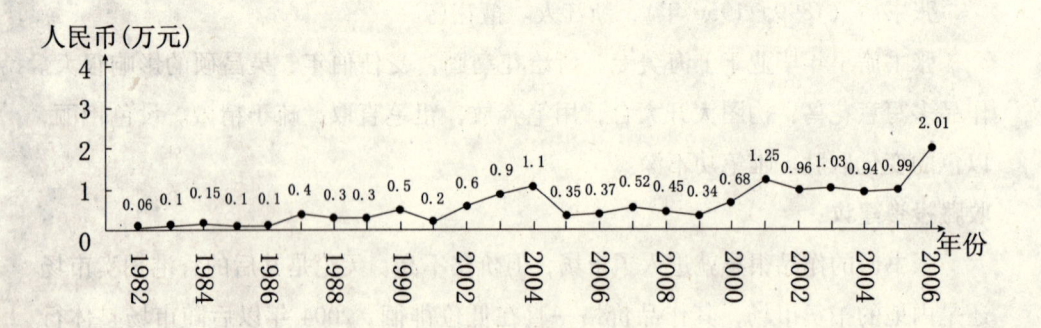

齐白石

齐白石（1863～1957年），原名纯芝，字谓清，小名阿芝，字萍生，号白石、白石翁，又号寄萍、借山翁杏子坞老民、齐大、木居士等。湖南湘潭人。擅画花鸟，间绘人物、山水，并以行、篆两体书法入画，篆刻以独创冲切之法享名于世。

齐氏出身农家，幼学雕花木工，偶得《芥子园画传》自学绘画，后师当地画家，卖画为生。54岁客居京华，画不为人识，甚为苦闷，陈师曾对齐氏的鼎力相助，使齐白石的绘画作品首先打开了日本市场。陈师曾，是齐氏一生中感激

四、收藏篇

不尽的两人之一。徐悲鸿则是另外一人。徐悲鸿见到齐画后,称之为"妙造自然",并力邀齐白石到自己主持的艺专中任教。而其后的波折,更令齐氏对徐悲鸿深受感动,曾感书诗:"士遇知己博无怨,夫得君掖登圣堂",以表感谢之情。

解放后的境遇,使齐氏如艺苑泰斗,每况日上,如日中天。

纵观齐氏一生,不仅鲜花荣誉相伴生前逝后,画价亦节节攀升。尤其从1980年海外拍卖市场开始拍卖中国画后,齐氏书画成为拍场中的常青树。"无齐不成拍",似乎成为拍卖市场的潜规则。

齐氏绘画艺术,得益于天然,无章无法中求法,毫无前人规矩之羁绊。画中之童趣,实为近现代中国画坛之所缺。许多农家物什入画,添生妙意,画中诗词,颇合时弊,往往与观众同感而发。

所绘笔墨,虽言"吾青藤白阳门下走狗",但均为吐故纳新之后为自己之面貌,实为可敬。

其书法绘画之俗功不及当时众多传统派画匠,但傲立于中国画坛80余载而不倒,皆因其"不会画"矣。花鸟中之草虫、论工细者前有程璋,同有黎雄才、赵少昂等公,唯齐氏之草虫,独享画坛。人物之勾描,亦无传统之功力;山水之

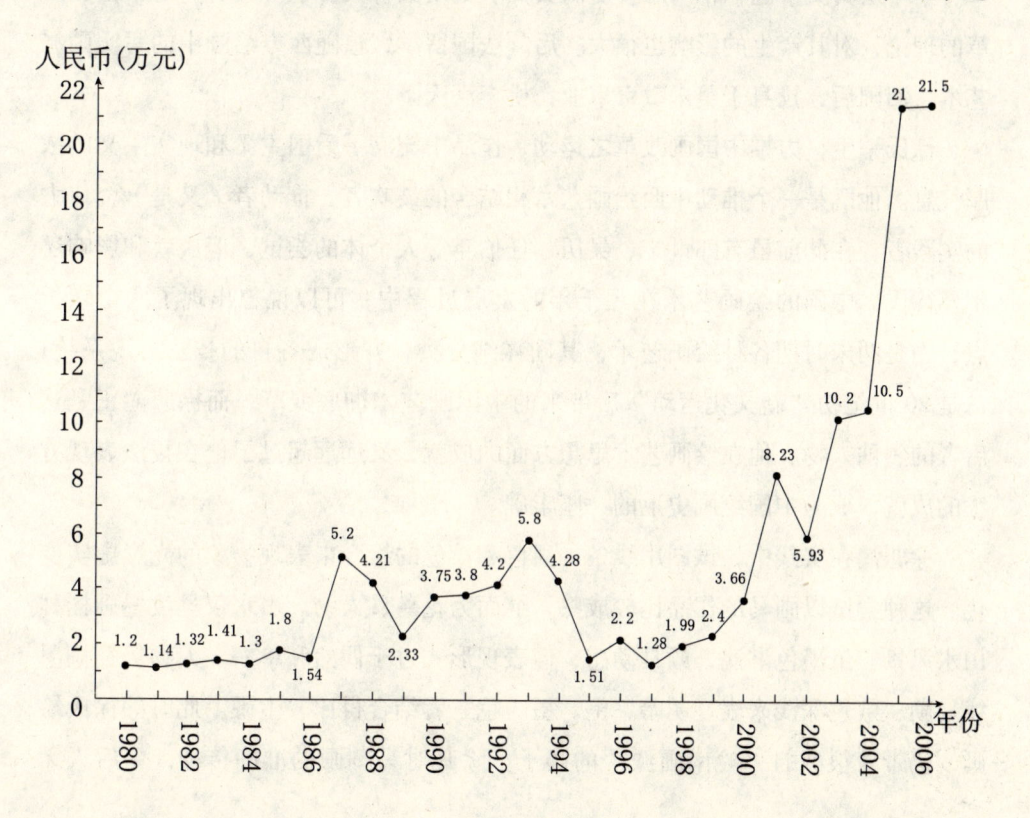

皴擦，无古人之规矩，却能成为佳构，实则白石老人在画自己心中之画矣。

藏白石画山水和人物，实则赏其情趣。切不可以为山水与人物两种国画的最高艺术水准，非齐莫属。

收藏投资建议：

齐白石的作品自20世纪80年代出现在香港的拍卖市场上，成为当时拍场中的亮点，并呈逐步走高之势。内地出现艺术品拍卖市场以后，价格短暂冲高后，稍有回落。虽然市场中齐氏赝品很多，但2003年以后在市场中各股炒作力量的合力下，把齐白石的作品市场价格推高了新的价格中枢。如现手中有齐氏作品，可全部释出。观齐氏作品价格走势，日后应为逐年下降走平势。

徐悲鸿

徐悲鸿（1895~1953年），江苏宜兴人。擅油画、素描、水墨，擅画人物、走兽。

早年从其父学画，稍后画技受高其峰、吴友如等人影响。康有为对中国画变革的理论，对其产生的影响也很大。后赴法国留学，追随西方绘画中的写实画派艺术。回国后，投身于美术教育事业，桃李满天下。

徐氏一生，力推中国画改革之运动，作品中充满了爱国主义和现实主义的浓厚气息。他既是一个推动中西绘画艺术相结合的鼓吹者、推动者，又是一个伟大的实践者。在此前虽有郎世宁、吴历、任伯年等人个体的尝试，但成就和影响还不及徐氏。中国的绘画艺术在几千年的发展过程中，可以说曾出现了两个转折点，一是两宋时期各种绘画艺术，其间详细分类，并形成各自的技法表现系统；二是20世纪初"新文化运动"后带来的中国画艺术彻底变革，而徐悲鸿正是这后者的领袖人物。他在绘画艺术思想方面的成就，又远远超过了他在技法表现方法的成就，成为中国绘画史上的一座丰碑。

徐悲鸿在实践中，试图用线条、墨色和设色的组合来表现物象的光影虚实变化。这种尝试以画马的作品比较成熟，继而为花鸟、人物。山水仅见泼墨画桂林山水风景，虽墨色淋漓，颇具动感，但表现形式过于偶然和单一。人物仍强调墨线勾勒、敷色深浅来表现明暗，笔、墨、色三者结合得比较生硬。此时的徐氏绘画，仍带着很深的"岭南画派"的影子。除其对马刻画的准确传神，令后人无出其右者外，蒋兆和的人物画已是青出于蓝了，花鸟画领域更是满园春色了。

对徐悲鸿来说，绘画作品的市场价值是否能升值百倍并不重要，艺术价值是否能永葆青春也不重要，但他对中西绘画艺术结合的推动所产生的影响是不可估量的。如果把近现代百年画坛中第一的桂冠，授予徐悲鸿，是一点都不过分的。

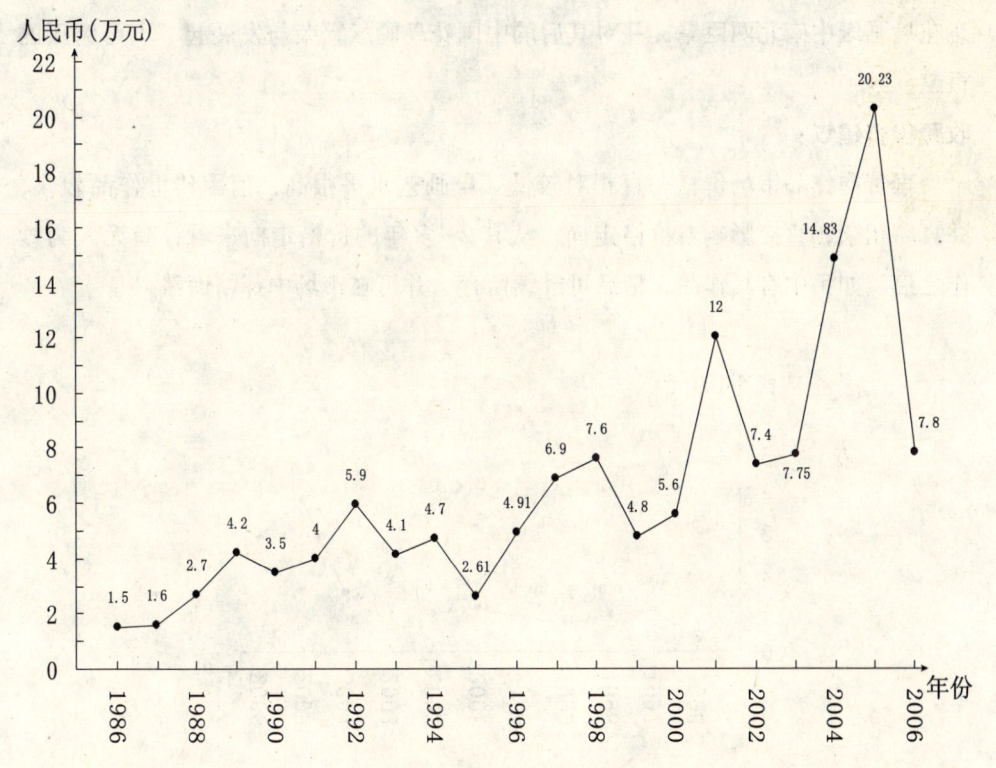

人民币(万元)

年份	价格(万元)
1986	1.5
1987	1.6
1988	2.7
1989	4.2
1990	3.5
1991	4
1992	5.9
1993	4.1
1994	4.7
1995	2.61
1996	4.91
1997	6.9
1998	7.6
1999	4.8
2000	5.6
2001	12
2002	7.4
2003	7.75
2004	14.83
2005	20.23
2006	7.8

收藏投资建议：

徐悲鸿的作品在很早以前就进入了市场，并一直处于市场领先的地位。即使在1949年以后，徐悲鸿的作品内地也属高价之列。当内地出现艺术品拍卖市场以后，徐悲鸿的作品虽未出现过狂热追逐，但一直保持的逐步上升之势。如现在存有其作品，精品可继续留存；一般作品择机而释；如遇精品出现，可在现阶段收藏。收藏投资的重点亦选有思想性且技法全面的人物画作品。

李苦禅

李苦禅（1890～1983年），名英，号励公。山东高唐人。擅画花鸟。

李氏出身贫寒，求学艺专时，以苦学而著称。后追随齐白石，习大写意花鸟，为齐氏诸多门下少有集大成者。

李氏画风一改齐派花鸟之古拙天真，虽学八大但能出其窠臼。略融西法，能渗透传统并有所创新。观其中年以后画作，笔墨功力力透纸背，造型刚拙，构图大开大合，与近现代花鸟画家相比，气势雄大，有出蓝之艺。与潘天寿共为大写意花鸟画坛中南北两巨擘，并对其后的中国花鸟画坛繁荣与发展起了不可磨灭的贡献。

收藏投资建议：

李苦禅作品市场价格一直相对较低。虽画艺水平很高，但因传世作品较多，并真赝相杂，直接影响着价格走向。从其 20 多年的价格走向来看，尚无人为炒作之痕。如手中有其作品，精品可继续留存，并可在市场中择精而藏。

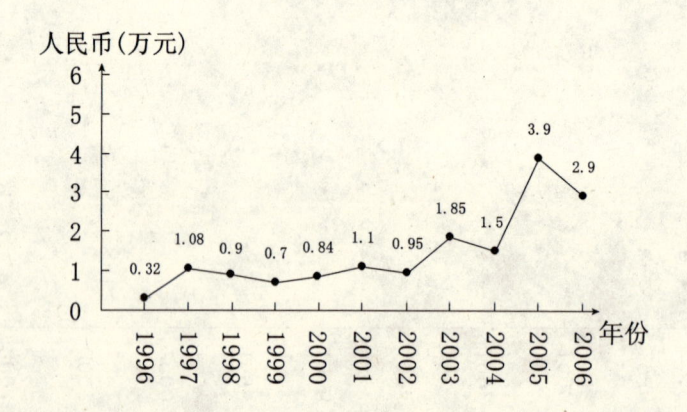

人民币（万元）

年份	1996	1997	1998	1999	2000	2001	2002	2003	2004	2005	2006
价格	0.32	1.08	0.9	0.7	0.84	1.1	0.95	1.85	1.5	3.9	2.9

潘天寿

潘天寿（1897～1971 年），原名天授，字太颐，号寿者等，室名"止止室"。浙江宁海人。擅花鸟，偶作山水。

早年曾师李叔同，后至上海，得吴昌硕点拨，艺事大进。画宗徐渭、陈淳、石涛、朱耷之大写意花鸟，尤善画鹰、八哥、蔬果及松梅。主张"中西绘画必须拉开距离"，创作中追求"至大、至刚、至中、至正之气"。所绘花鸟，意笔工写，是区别当代其他花鸟画家的标志。

构图严谨，苦心经营，一笔一墨，皆深思熟虑，且惜墨如金，一点一划，丝毫不爽，设色逸雅，画风雄大。

唯笔墨构图，略有做作之态，无李苦禅花鸟自然天籁之趣。

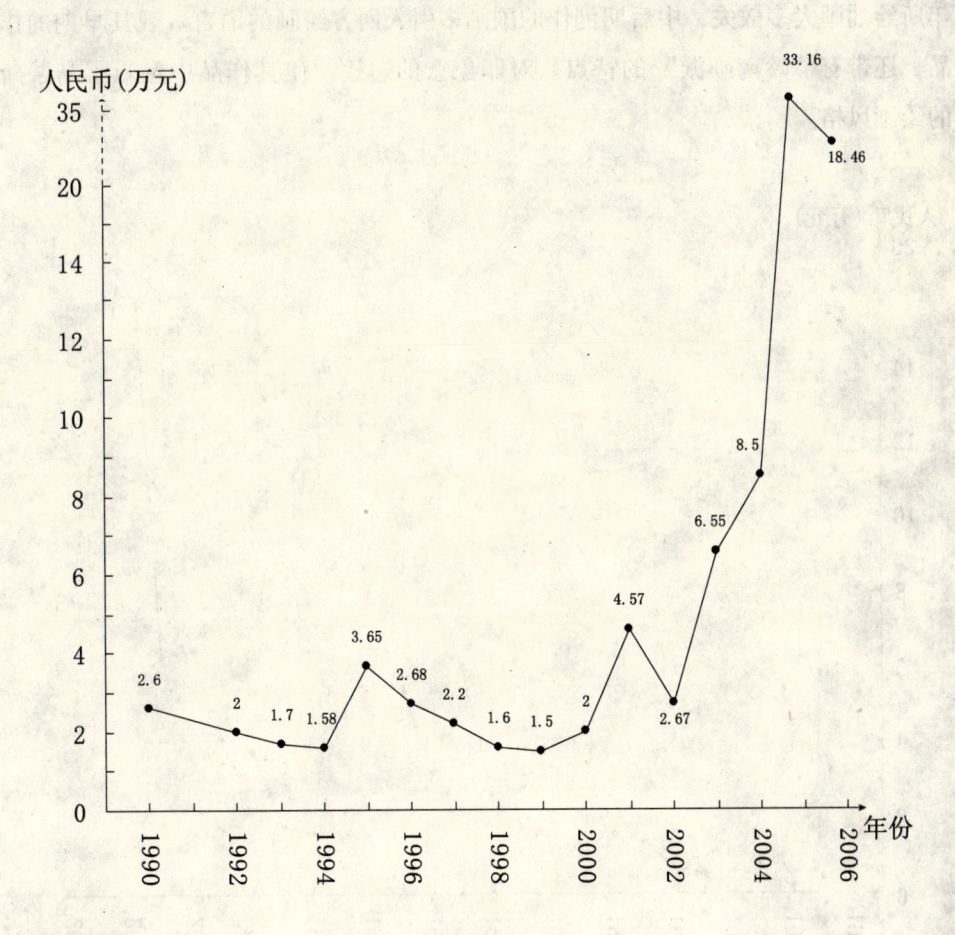

收藏投资建议：

　　潘天寿的作品在20世纪80年进入到香港的拍卖市场，起点很高。由于潘天寿的作品存世较少，其作品一直在高价区间波动。90年代内地出现艺术品拍卖市场后，潘氏作品虽出现不多，且真赝相杂价格上下波动较大。2002年后，潘天寿作品市场价格随市场整体火暴行情而出现上涨异动。如手中有其作品，可在此时将一般作品和真伪存疑的作品全部释出。

林风眠

　　林风眠（1900～1991年），原名林凤鸣。广东梅县人。擅油画和国画中的花鸟、人物。

林氏出身石匠家庭，幼习传统绘画，后赴法国留学，学习西方绘画。林氏早年所绘油画大多散失，中后期创作的国画多引入西方绘画的语言。观其早期的作品，还带有"岭南画派"的特点。对印象派的追逐，使其作品中融入了马蒂斯的绘画风格。

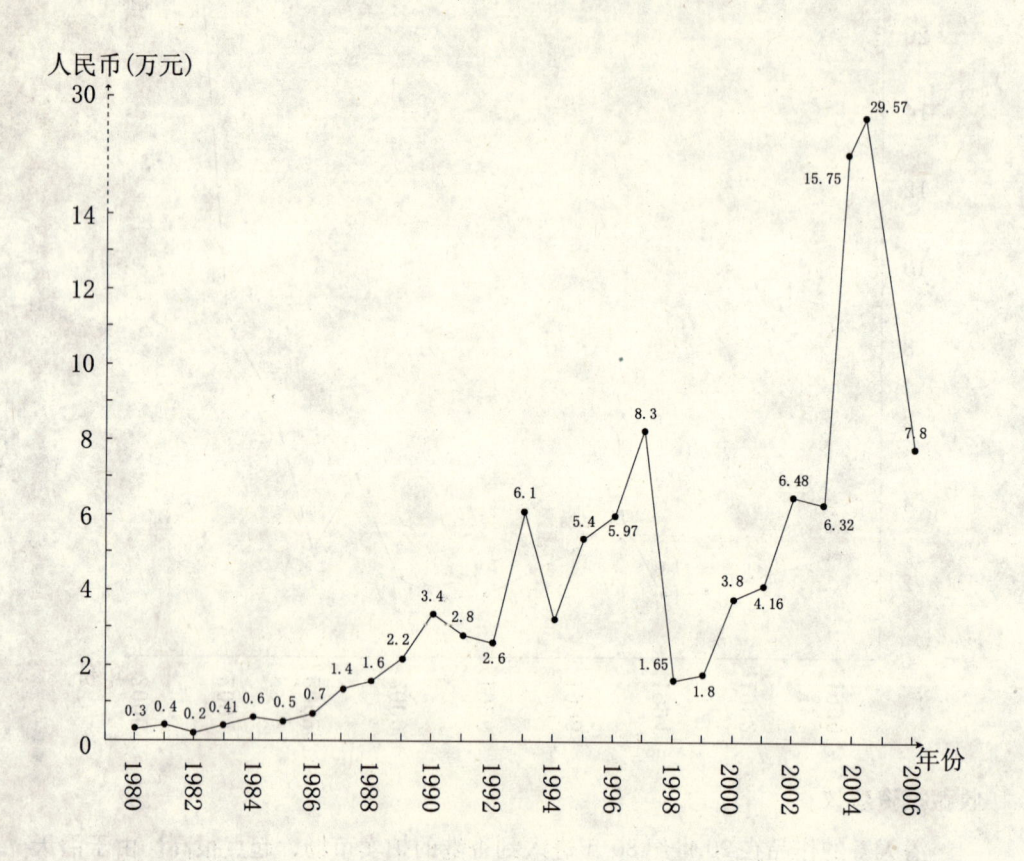

人民币(万元)

图中数据点：
- 1980: 0.3
- 1981: 0.4
- 1982: 0.2
- 1983: 0.41
- 1984: 0.6
- 1985: 0.5
- 1986: 0.7
- 1988: 1.4
- 1989: 1.6
- 1990: 2.2
- 1991: 3.4
- 1992: 2.8
- 1993: 2.6
- 1994: 6.1
- 1995: 5.4
- 1996: 5.97
- 1997: 8.3
- 1998: 1.65
- 1999: 1.8
- 2000: 3.8
- 2001: 4.16
- 2002: 6.48
- 2003: 6.32
- 2004: 15.75
- 2005: 29.57
- 2006: 7.8

年份

林氏贡献，在于将中西两种绘画艺术结合，其画面构成，色彩运用，对光感的表现形式进行了有益的探索。与徐悲鸿的写实性中西绘画艺术结合不同，林风眠更注重自身对世界的认识和表现。画中的仕女，面带幽怨；瓶中的夜花，在沉寂中散放着幽香；展翅的立鹤，永远飞不上蓝天的怀抱，这一切是林风眠思想的真情流露。

对自我思想的追索，弱化了林风眠绘画技法的契合，弱化了对绘画民众性的把握。这一切，源于林风眠个人柔性的孤寂。同时，其绘画艺术形式既受当时的时代所限，又受林风眠自身的水平所限，作品中有许多生涩之处。故其对画坛的影响比徐悲鸿要小得多。

收藏投资建议：

　　林风眠的作品自20世纪80年代初期进入香港拍卖市场，价格属中档水平。1986年始，林风眠作品的市场价格开始上升，已达到每尺万元港币，直追齐白石、徐悲鸿。这个情况出现于在世画家中是十分少见的，这与林风眠晚年寓居香港、作品广为港台及海外藏家认识有关。90年代以后内地出现艺术品拍卖市场，林氏作品时有出现，价格极不稳定，虽林风眠作品的水准参差不一，但市场变化说明了已经有藏家开始关注他的作品。2002年后，林风眠的作品出现了人为炒作的异动，不同水平的赝品也开始多了起来。如我们手中有其作品，可将传承可靠的精品继续保存；一般作品应在此时释出。并且不要在此价位上收藏投资他的作品。

黄永玉

　　黄永玉（1924年~　），湖南凤凰人。擅画花鸟、油画。曾于中央美院任教。

　　早期学西方绘画，后转入中国画创作，以西法入画，用油画笔和水粉色直接在宣纸上敷色，将生宣纸对水质色的渗化与水粉色覆盖力强的特点结合在一起，使画面充满了淡雅与强烈对比之感，应属"变法"的一种尝试。

　　诗、书、画的贯通，使其画中常寓意外之美。其文学中诗歌、小说、杂文、剧作等方面的才能，让人们感受到了一个全才画家的分量。

　　黄永玉的绘画艺术成就，体现在题材、立意、思想诸多方面，不甚讲究的技法，让我们后学有了更大的发展空间。

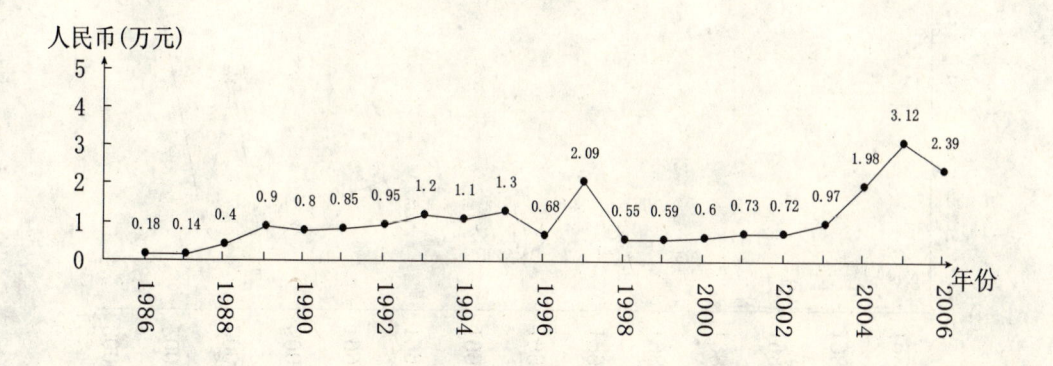

人民币（万元）

年份	1986	1988	1990	1992	1994	1996	1998	2000	2002	2004	2006
	0.18	0.14	0.4	0.9	0.8	0.85	0.95	1.2	1.1	1.3	0.68	2.09	0.55	0.59	0.6	0.73	0.72	0.97	1.98	3.12	2.39

收藏投资建议：

黄永玉的作品在20世纪70年代末出现在国内的流通市场，当时的名气很大。80年代中期开始在香港的拍卖市场中出现，起点不高，少有波动。90年代以后出现在内地拍卖市场中，但市场价格并无惊人之举。2003年以后随整体市场行情火暴而出现上涨异动，如手中有其作品，可在此时择时释出，精品可继续保留一段时间。

于非闇

于非闇（1889~1959年），名照，字非厂，别署又称闲人、老非。山东蓬莱人。擅工笔花鸟。

幼承家学，中年后宗明人花鸟，上追宋元诸家。画风工整严谨，笔墨规矩无论大幅小品，毫无恣肆之态，用笔、用墨、设色、构图均十分传统，与"海派"画家的工笔花鸟画形成了鲜明的对比。

于氏花鸟虽功力深厚，难有人敌，但乏生动自然之态，只取宋人笔墨之形，未得宋人笔墨之神。

书学"瘦金体"，为近现代书"瘦金体"之第一人，但亦未臻登堂入室之境。

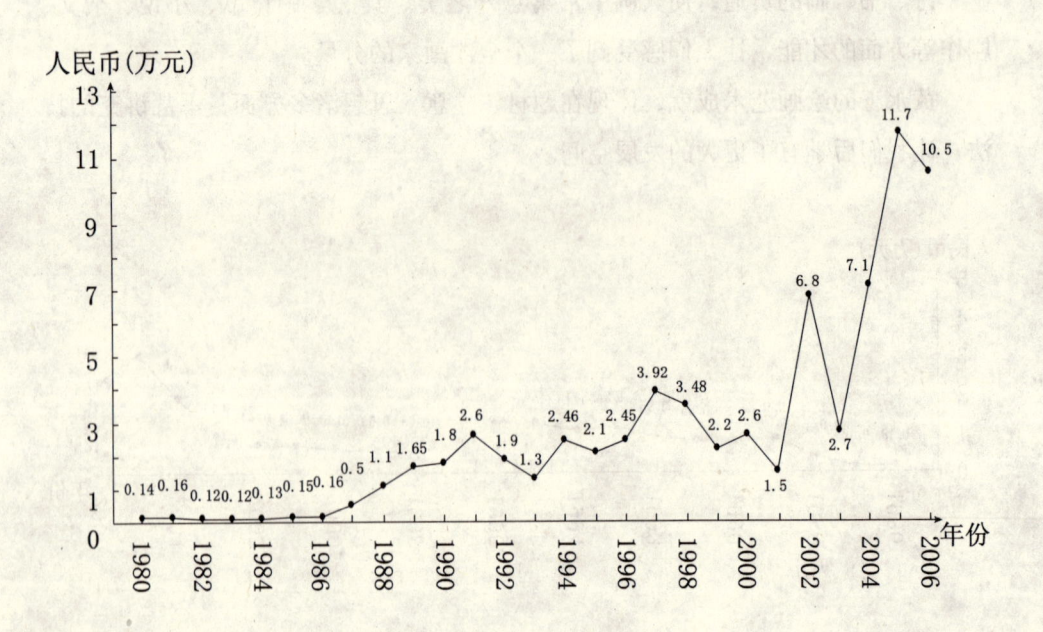

收藏投资建设：

于非闇的作品在 20 世纪 80 年代初期就出现在香港的拍卖市场上，初期的市场价格很低，自 1987 年以后突然上涨，普通作品就上涨了 1～2 倍，精品上涨幅度更高。这缘于他的作品题材雅俗共赏，风格清新艳丽，并多数是 1949 年以前的作品。90 年代内地出现艺术品拍卖市场后，于非闇作品市场价格稍有下滑，后便逐步上涨。亚洲金融危机曾让于非闇的作品价格出现较大的下落。2003 年以后随整体市场火暴行情而出现上涨异动，如手中有其作品，可在此时择时而释。

王雪涛

王雪涛（1903～1982 年），字迟园。河北成安人。擅画花鸟。

初学王梦白，后兼取齐白石、陈半丁之笔意，设色清新艳丽，用笔兼工带写，构图平中求奇，笔锋转化多变，笔墨精到，处处见巧成拙，尤以牡丹、荷花、草虫见长，形神兼备，在近现代的花鸟画坛中独辟蹊径，自成一家面貌。

唯笔势略失大气，设色艳丽夺目，略显火暴。

收藏投资建议：

王雪涛的作品很早以前就进入了市场，虽然价格一直不高，但不妨碍他成为一名成功的职业画家。90 年代内地出现艺术拍卖市场后，其价格曾出现过异动，但随后长时间在低位徘徊。2003 年以后随整体市场行情火暴而大幅上涨，如手中有其作品，精品可存一二，其他作品可在现阶段全部释出。

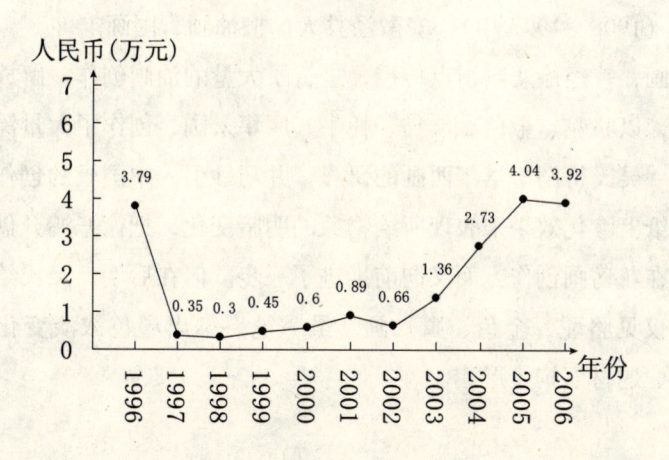

郭味蕖

郭味蕖（1908～1971年），山东潍坊人。擅画花鸟，间作山水。

早年曾学西画，后从传统入手，笔法追明人笔意，所作花鸟画，兼工带写，擅以勾勒法作小写意花鸟。画风融吴昌硕、齐白石之法，尤以笔法，雄健为最，用墨、用色浑厚不俗，构图奇险。

唯作品的个性不甚突出。

收藏投资建议：

郭味蕖的作品进入市场时间较早，但长时间来一直在低位徘徊。2004年以后随市场整体行情上涨出现异动，但有下滑趋势，如藏有其作品可等有人炒高后再择机释出。如仍下滑，可持画等待，但不要再从市场中收藏。

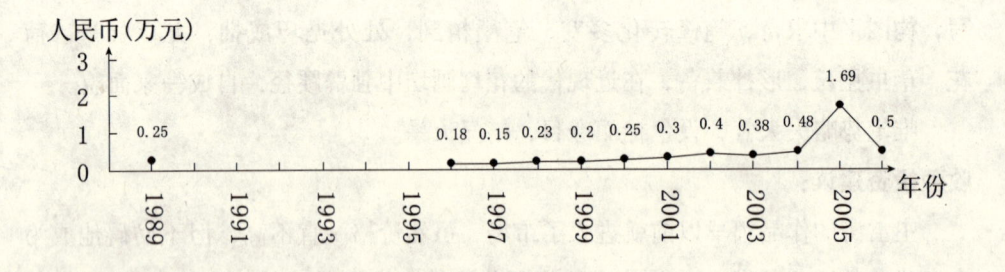

人民币(万元)

数据点：0.25 (1989)、0.18 (1997)、0.15、0.23、0.2、0.25、0.3、0.4、0.38、0.48、1.69 (2005)、0.5

年份

吴作人

吴作人（1908～1997年），安徽泾县人。擅油画、国画走兽。

自幼习画，曾经徐悲鸿指点传授，进行了大量的油画创作。解放后转向了中国画的创作，以骆驼、金鱼、熊猫、牦牛、鹰隼入画，创作了大量深受人们喜闻乐见的作品。吴氏得助于早年西画的研习，并巧妙引入中国画的创作，利用国画水墨在生宣纸上渗化效果来表现所绘物象的明暗变化，把徐悲鸿开创的中西融合绘画之法，在花鸟画创作方面又向前推进了一步。但在后期，吴氏绘画表现内容不甚丰富，仅见骆驼、金鱼、鹰入画。虽一笔点染出墨色浓淡变化，更生动流畅，但技法、题材多拘于形式。

收藏投资建议：

  吴作人的作品进入市场时间较早，20世纪80年代初期就进入了香港的拍卖市场，整幅画作价格常有不俗表现，但由于画幅较大，导致每平尺的价格并不很高。而吴作人曾任全国美协主席，对其画价产生了明显的影响。总体而言，吴氏作品一直在市场波动中比较正常地运行。2003年以后，吴氏作品的市场价格随市场整体行情上涨而出现异动。如藏有其作品，可全部抛出，并且不要再行收入。

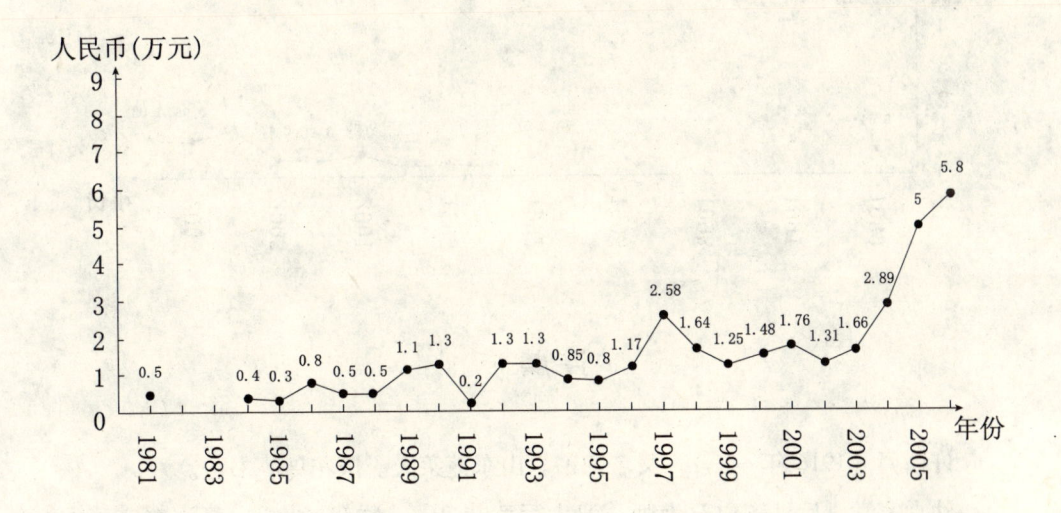

人民币（万元）

（图：1981—2006年价格走势，数据点：0.5、0.4、0.3、0.8、0.5、0.5、1.1、1.3、0.2、1.3、1.3、0.85、0.8、1.17、2.58、1.64、1.25、1.48、1.76、1.31、1.66、2.89、5、5.8）

崔子范

  崔子范（1915年~ ），山东莱阳人。曾任北京画院副院长。擅画花鸟。

  中国近现代画坛以画享名的大家中，崔子范又是唯一有着早期革命经历的干部。师拜齐白石，让他早年心中萌动的艺学心愿得以光大。

  崔子范的花鸟画是真正的大写意，气势雄浑，笔墨交错纵横，常以大块的墨或色来表现物象的相互关系，达到了写之意境。

  可贵的是，他的用笔施墨，完全违反了前人的传统，给我们带来了新意。也正是因为他虽有违传统之胆魄，但缺乏功力的打造，所以他的画中表现形式易单调，缺乏发展的持久性。

收藏投资建议：

　　崔子范的作品曾于20世纪70年代末到80年代走红中国内地，是当时少数几个著名画家之一。80年代末走进香港的拍卖市场，起点不高，鲜有剧烈波动。90年代的内地拍卖市场，表现得较为平淡。2003年以后曾随整体市场火暴行情有上涨异动，如手中有其作品，精品可存一二，一般作品可现阶段择机全部释出。

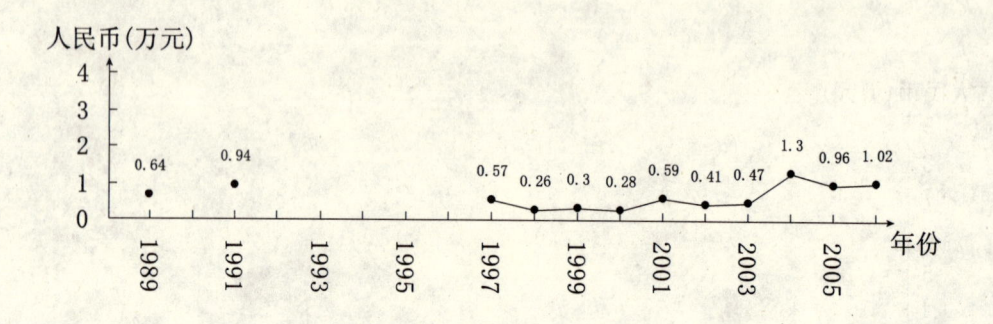

人民币（万元）

年份	1989	1991	1997	1998	1999	2000	2001	2002	2003	2004	2005	2006
价格	0.64	0.94	0.57	0.26	0.3	0.28	0.59	0.41	0.47	1.3	0.96	1.02

许麟庐

　　许麟庐（1916年~　），又名德麟。山东蓬莱人。擅花鸟、书法。

　　幼承家学，后拜齐白石为师，习大写意花鸟。"物我皆春"，是许麟庐画艺的思想基础，更是画家本人之心照。

　　许麟庐的花鸟画笔墨精到，更讲求变化，一改齐白石花鸟之古拙风貌，取八大之清冷，融老缶之艳丽，对许多花鸟画坛之后学有很大的影响。

收藏投资建议：

　　许麟庐的作品进入市场较早，但价格一直在低位徘徊。20世纪70年代，成为当时的著名画家，但当时所有人的作品都很便宜，其价格亦不高。90年代内地出现拍卖市场后，许麟庐的作品价格一直不高。2003年以后随整体市场行情火暴而出现上涨异动，如藏有其作品，精品可存一二，一般作品可在现阶段择机全部释出。

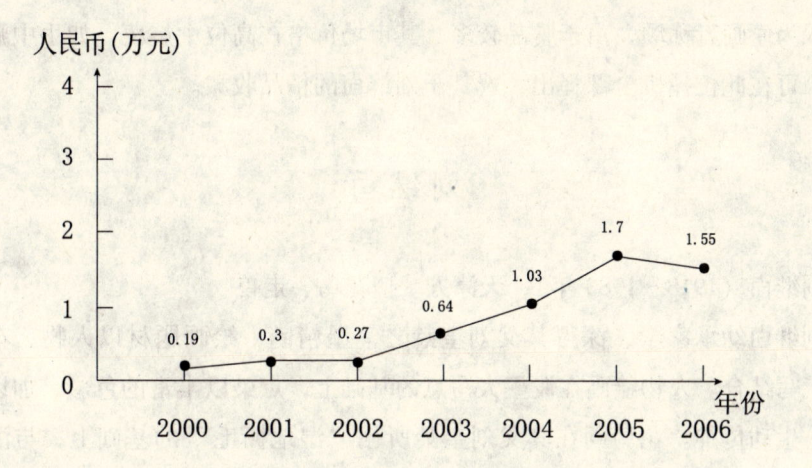

[图表：人民币(万元) 2000-2006年
2000: 0.19, 2001: 0.3, 2002: 0.27, 2003: 0.64, 2004: 1.03, 2005: 1.7, 2006: 1.55]

刘奎龄

刘奎龄（1885～1967年），字耀展。天津人。擅花鸟、走兽。

自幼习画，曾学西方绘画技法，重视对景写生。所画花鸟、走兽，早年取法宋元典雅精谨之风，继而融明代吕纪，清代沈铨之画法，敷色亮艳生动，并首创"湿地撕毛"之技，使画中花卉、禽鸟造型刻画精细，质感层次丰富，色彩光影真实，为近现代工笔花鸟画变革之大家。

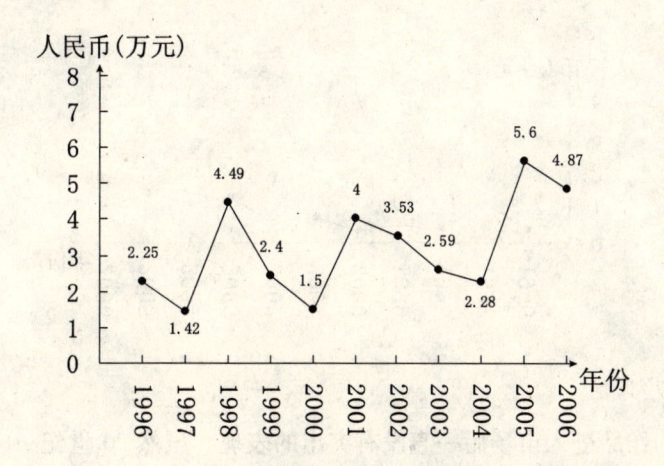

[图表：人民币(万元) 1996-2006年
1996: 2.25, 1997: 1.42, 1998: 4.49, 1999: 2.4, 2000: 1.5, 2001: 4, 2002: 3.53, 2003: 2.59, 2004: 2.28, 2005: 5.6, 2006: 4.87]

收藏投资建议：

刘奎龄的作品在1949年前就进入了市场，但市价并不高。90年代内地出现艺术品拍卖市场以后,刘奎龄的作品颇受追捧。虽其作品思想性不强,但画工精细,深为懂画者称颂,由于赝品较多,其市场价格在高位中震荡。如手中藏有其作品,可在此位择机全部释出,选其子刘继卣的精品收藏。

刘继卣

刘继卣（1918~1983年）,天津人。擅花鸟、走兽

刘继卣幼承家学,深得其父刘奎龄之笔墨精髓,绘画题材以人物、花鸟为主,工写结合。人物绘画在泼墨大写意的基础上,点染以丰富的色彩,加以准确造型,生动传神。花鸟画在其父刘奎龄所创"湿地撕毛"的基础上,与泼墨染彩相结合,愈加生动,洒脱。

刘继卣所画动物,弱化了其父同类作品中紧密的背景,并巧借生宣纸的渗化功能,使画中各类动物动感十足,神态逼真,并对后世的动物绘画产生了很大的影响。

刘奎龄、刘继卣父子对花鸟画的发展贡献颇大,同时也是近现代中国画坛中父子继美者中唯一难分高下的。刘继卣在小写意动物绘画艺术方面甚至已超过了其父,至今尚无出其右者。

唯刘继卣作品的题材略显单调,类似重复作品较多,这应与刘继卣生活的时代所限有关,给我们留下了遗憾。

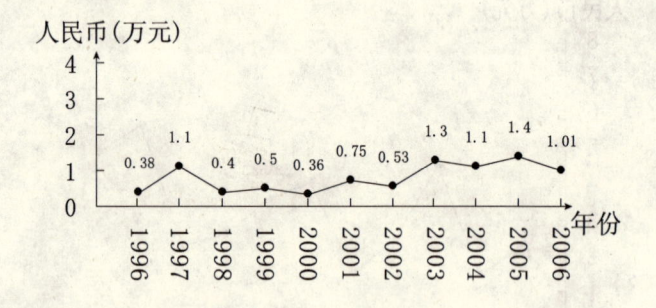

人民币(万元)

年份	1996	1997	1998	1999	2000	2001	2002	2003	2004	2005	2006
价格	0.38	1.1	0.4	0.5	0.36	0.75	0.53	1.3	1.1	1.4	1.01

收藏投资建议：

刘继卣的作品进入市场后一直没有突出的表现,虽然20世纪70年代刘继卣的作品非常受人称颂,但其英年早逝,为艺术、为市场留下了遗憾。90年代以后的内地艺术品拍卖市场中,刘继卣的作品出现数量不多,并无精彩表现。而现

在整体行情的火暴,也未太多影响其价格变化,但市场中有人收集其作品的迹象出现,如手中有其作品,可继续保留,并择机收藏其精品。

曾多次提醒这个市场不正常。一本刘继卣当年所绘的全品相《鸡毛信》少儿连环画,虽页数不少,但终为印刷品,居然能卖到 5 万元,而其绘画真迹的平尺价格却远低于此。这对连环画而言是个风险,对绘画投资来说或许正是个机会,而这种机会才是收藏者的用心之所。

田世光

田世光(1916~1999 年),字公炜。北京人。擅工笔花鸟。

早年入京华美术学院学国画,并拜张大千为师。早期作品多工笔花鸟,晚年变法小写意。《英姿万古》、《春晖》,为其早期的代表作品。

田世光的工笔花鸟,笔墨淡雅,设色艳丽而不失沉稳;小写意花鸟,兼工带写,以熟绢纸上施小写意之法,别具一格,为近现代工笔花鸟绘画艺术的代表人物之一。与于非闇相比,唯笔墨之功力稍逊一筹。

收藏投资建议:

田世光的作品进入市场时间较早,但表现一般。90 年代内地出现艺术品拍卖以后,田世光的作品价格一直处于低位徘徊。2003 年以后随市场整体行情火暴出现小幅上涨异动,如手中有其作品,可在此处择机释出,精品可少量保存。

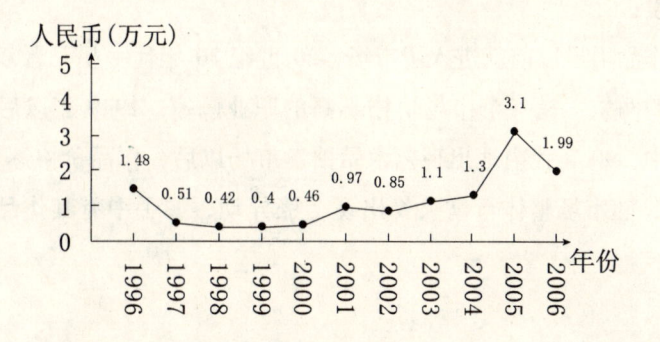

马 晋

马晋（1899~1970年），原名锡麟，字伯逸，又号云湖。北京人。擅走兽。早年从宫廷画师赵书村学画，专攻郎世宁绘画作品。后拜金城为师，成为中国画学研究会成员，为当时北京地区的著名职业画家。

马氏绘画，深得郎世宁之精髓，笔墨工细精致，设色融西方绘画艺术之法，渲染出物象明暗关系，立体感很强。所摹郎氏作品，几能乱真。

马晋绘画虽传统笔力深厚，但画中光影设色变化拘谨，构图关系细碎，仅学郎画之皮毛。

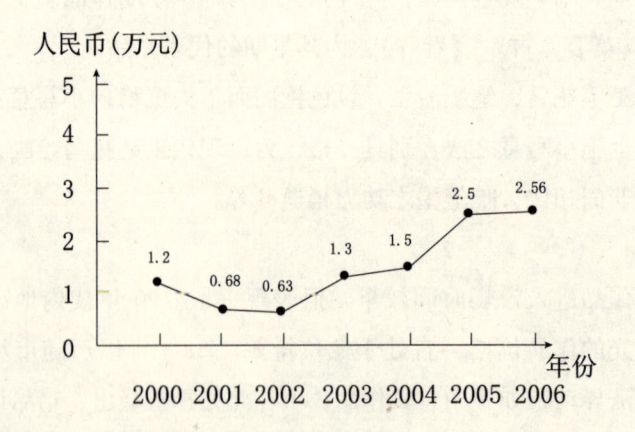

人民币（万元）

年份	2000	2001	2002	2003	2004	2005	2006
价格	1.2	0.68	0.63	1.3	1.5	2.5	2.56

收藏投资建设：

马晋的作品很早以前就进入了市场，20世纪30年代一幅马晋双面书画走兽扇面可换面粉两袋，是一个市场价格不高的职业画家。1949年以后作品就很少出现在市场中，90年代内地出现艺术品拍卖市场以后，作品价格逐步上浮走高。2003年以后，随市场整体行情火暴出现上涨异动，如手中有其作品，可择机全部释出。

高剑父

高剑父（1879~1951年），名仑，字剑父，号尉廷。广东番禺人。擅花鸟。早年从居廉学画，后东渡日本，学习西洋绘画和日本绘画，接触到日本当时绘画艺术的各个流派和画家,并受到日本绘画艺术的深刻影响,回国后成为"岭南画派"的杰出代表人物。

对高氏绘画艺术影响最深的,应该是当时日本国内的"外光派"及"朦胧体"的画家。高剑父在居派花鸟绘画用笔内敛、以书入画的基础上,吸收了日本绘画艺术中对光的感受,弱化了线条的骨法作用,强调了墨与色彩的结合,形成了自己的独特绘画艺术风貌。

收藏投资建议:

高剑父的作品,在20世纪80年代香港尚未出现拍卖市场以前,就已在国际市场上流通,受港台地区收藏家的追捧。拍卖市场出现后,高氏作品在市场中表现得非常活跃,价格较高,且走势平稳。90年代内地出现艺术品拍卖市场后,其作品价格稍有回落。2003年以后,随整体市场火暴行情而出现上涨异动,如手中有其作品,可择精品继续收藏,一般作品在现阶段释出。

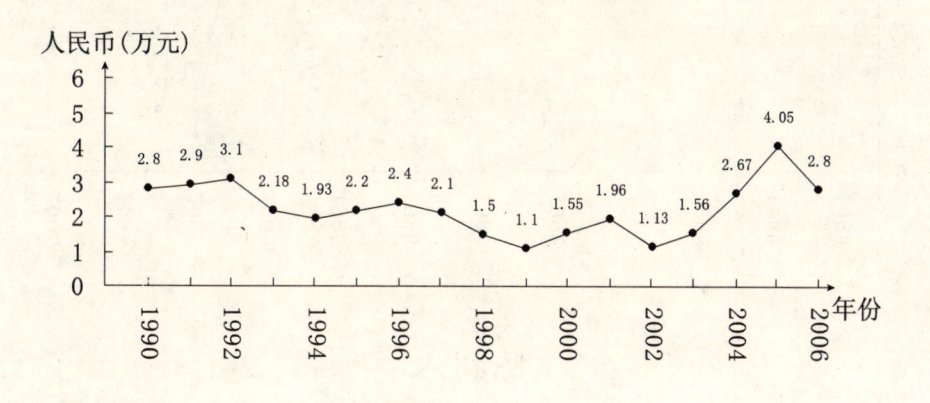

人民币(万元)

年份	价格
1990	2.8
1991	2.9
1992	3.1
1993	2.18
1994	1.93
1995	2.2
1996	2.4
1997	2.1
1998	1.5
1999	1.1
2000	1.55
2001	1.96
2002	1.13
2003	1.56
2004	2.67
2005	4.05
2006	2.8

高奇峰

高奇峰(1889~1933年),名翁,字奇峰。广东番禺人。擅花鸟。

早年习画,后留学日本,与高剑父、陈树人并称"岭南三杰"。

高奇峰绘画技法受日本绘画艺术影响很大,讲求用笔圆润,轻入细出,笔墨轻盈柔和,用色恬静,整体作品的构图、笔墨、设色风格闲逸,秀婉清丽。

唯讲求过多,有板结之病。

收藏投资建议:

高奇峰的作品自20世纪80年代中期出现在香港拍场上就受到追捧,每幅作品甚至卖到了10万元港币之上。1990年上拍的《松鹤延年》被拍到了104万港币,超过了许多近现代画家,这也包括了他的哥哥高剑父。90年代内地出现艺术品拍卖市场后,其作品价格受当时港台地区影响,依然在高位徘徊,高出了许多近现代大家。2003年以后随整体市场行情火暴出现异动,如手中有其藏品,精品可继续收藏,一般作品择机全部释出。

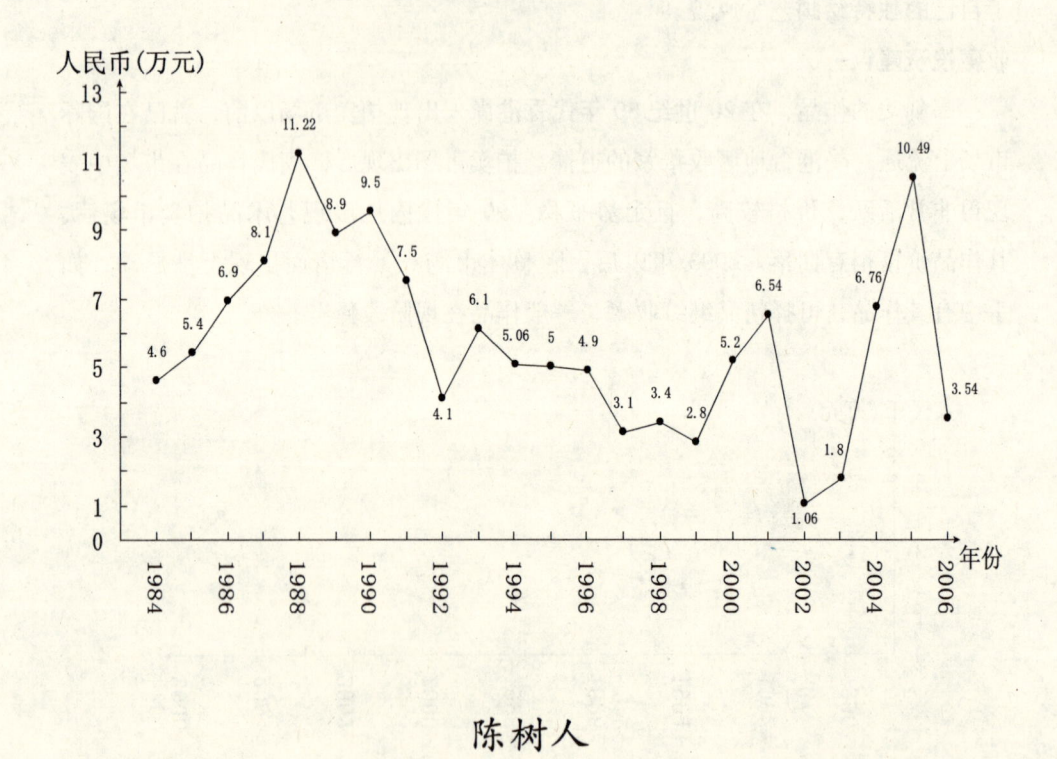

人民币(万元)

年份	1984	1985	1986	1987	1988	1989	1990	1991	1993	1994	1995	1996	1997	1998	1999	2000	2001	2002	2003	2004	2005	2006
价格	4.6	5.4	6.9	8.1	11.22	8.9	9.5	7.5	4.1	6.1	5.06	5	4.9	3.1	3.4	2.8	5.2	6.54	1.06	1.8	6.76	10.49	3.54

陈树人

陈树人(1884~1948年),名韶,原名政,字树人,别署猛进,晚号安定老人。广东番禺人。擅花鸟。

早年从居廉学画,后留学日本,与"二高"并称为这一时期的"岭南三杰"。陈氏绘画艺术受日本绘画艺术的影响很深,多以没骨法以色直接入画,但笔墨不如"二高"强劲内敛,画意软美,设色艳俗,画风直白。

收藏投资建议:

陈树人的作品自20世纪80年代中期出现在香港的拍卖市场上,虽初期价格较低,但上升速度比较迅速,这与陈树人的画作享誉较早、深受香港收藏界喜爱的原因有关。90年代内地的艺术品拍卖市场上,陈树人的作品价格一直在低位

人民币(万元)

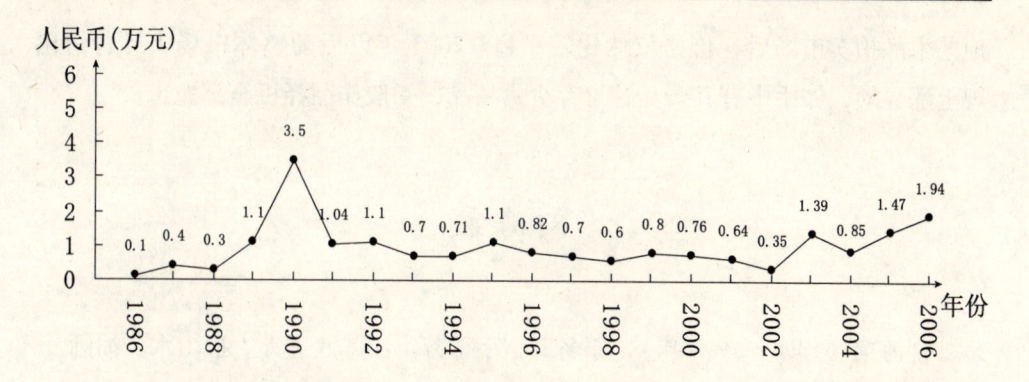

[图表：1986-2006年价格走势
0.1, 0.4, 0.3, 1.1, 3.5, 1.04, 1.1, 0.7, 0.71, 1.1, 0.82, 0.7, 0.6, 0.8, 0.76, 0.64, 0.35, 1.39, 0.85, 1.47, 1.94]

徘徊。2004年后随整体市场行情火暴而出现上涨异动，如手中有其作品，择精而藏，一般作品释出。

赵少昂

赵少昂（1905~1998年），原名垣，字叔仪。广东番禺人。擅花鸟。

早年师从高奇峰学画，后寓居香港，成为一名成功的职业画家。所画花鸟，用笔快入轻提，用色明丽，并根据所绘物象的变化，直接以色入画，力求用色表现出物象的明暗、光色变化，为岭南画派之花鸟画大家，曾被徐悲鸿称之为"中国第一人，当无出其右"。据传，早年齐白石曾托人求赵少昂画蝉一面。

然赵氏绘画之构图偶显单薄，用笔、用墨、设色时有草率之弊，题材内容的商业气息较浓。但所作花鸟，仍不失为岭南画派中之大家。

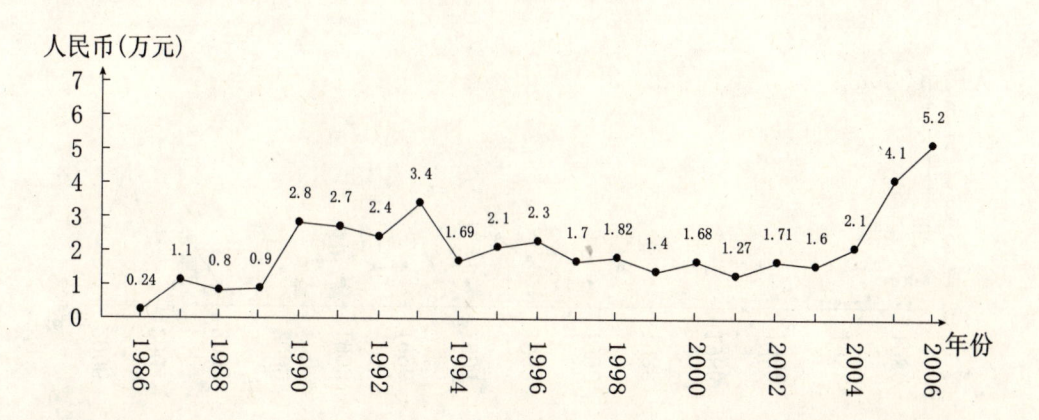

人民币(万元)

[图表：1986-2006年价格走势
0.24, 1.1, 0.8, 0.9, 2.8, 2.7, 2.4, 3.4, 1.69, 2.1, 2.3, 1.7, 1.82, 1.4, 1.68, 1.27, 1.71, 1.6, 2.1, 4.1, 5.2]

收藏投资建议：

赵少昂的作品在香港拍卖市场中虽价格不高，但较受欢迎。90年代进入内地艺术品拍卖市场后,价格依然比较平稳。2003年以后随整体市场火暴行情出现上涨异动,如手中有其藏品,可存少量精品,一般作品择机全部抛出。

刘海粟

刘海粟(1896~1994年),原名槃,字季芳。江苏武进人。擅山水、油画。

自幼习画,早年学习西方绘画艺术,并创办美术学校,培养美术人才,为开拓中国美术教育事业做出了很大的贡献。其所绘油画《前门》参展于法国秋季油画沙龙。晚年改修中国画,以泼彩闻名于世。

刘氏绘画讲求深入生活,提出"黄山是我师,我是黄山友"。用笔、用墨、用色以大胆著称,以西法入画,形成了对比强烈视觉冲击力。唯法度有失严谨,许多思想流于形式。

收藏投资建议:

刘海粟的作品很早就出现在市场中,抗战时期曾举办画展筹款支援抗日。解放后的作品多由国家统一收购后出售。20世纪80年代初期即有他的作品送往拍卖市场,虽市场热情很高,但市场价值较低。90年代进入内地艺术品拍卖市场以后,价格一直在低位徘徊,偶有异动。2004年以后,其作品价格随整体市场行情火暴而出现上涨异动,后出现下滑,如手中有其藏品,可择机全部释出。

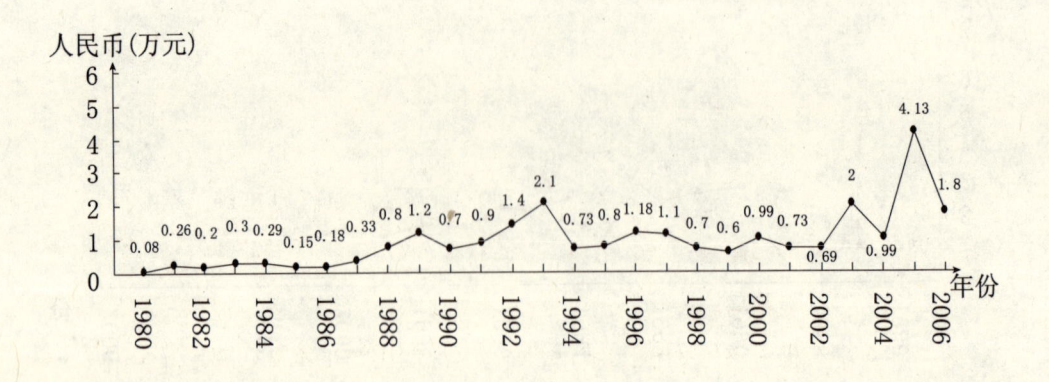

朱屺瞻

朱屺瞻（1892~1996年），号起哉，二瞻老民。江苏太仓人。擅花鸟，间作山水。

自幼习画，虽曾学过西方绘画，但其绘画风格仍未脱传统风貌，"海派"的风格十分明显，没有十分特殊的个性。晚年变法，将儿童天真之性融入，但与齐白石之天真还有天壤之别。西方绘画意识的透入，使其画呈华丽之风，设色斑斓之态。

唯对西画的认识只浮于浅层次，对表现形式的追求多于内涵的追求。

收藏投资建议：

朱屺瞻的作品自20世纪80年代中期出现在香港拍卖市场，90年代出现在美国纽约拍卖市场上，价格不高，进入内地拍卖市场后，也继续在低位徘徊。仅在2004年以后出现上涨异动，如手中有其作品，可择机全部抛出。

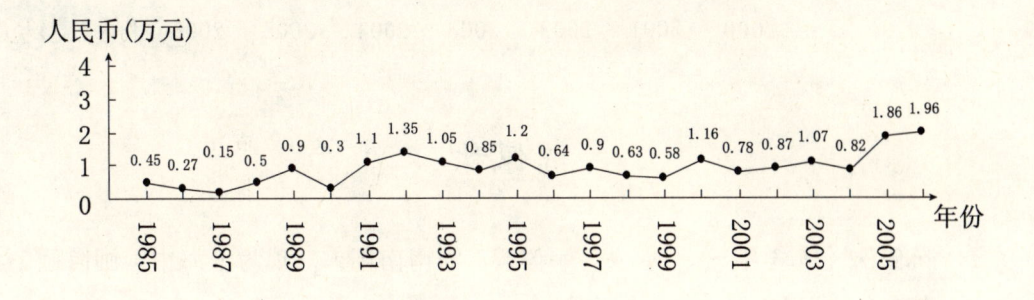

陈之佛

陈之佛（1895~1962年），号雪翁，室名流憩庐。浙江余姚人。擅花鸟。

自幼习画，早年赴日留学，专攻工笔花鸟，取两宋之法与日本绘画相融，淡化了中国传统工笔花鸟画中线条的主导地位，使画面中笔、墨、色的交融更加柔和，色彩明快淡雅，整体风格清冷而幽雅。画面构图平中求奇，物象造型准确。

唯笔墨设色略有呆板之态，墨色浮满。

收藏投资建议：

陈之佛的作品很早就进入了市场，是一个成功的职业画家。但在内地初期的艺术品拍卖市场中表现一般，价位很低。2003年以后随市场整体火暴行情而出现涨升异动，比较受江南一带的藏家青睐，如手中有其作品，可在现阶段全部释出。

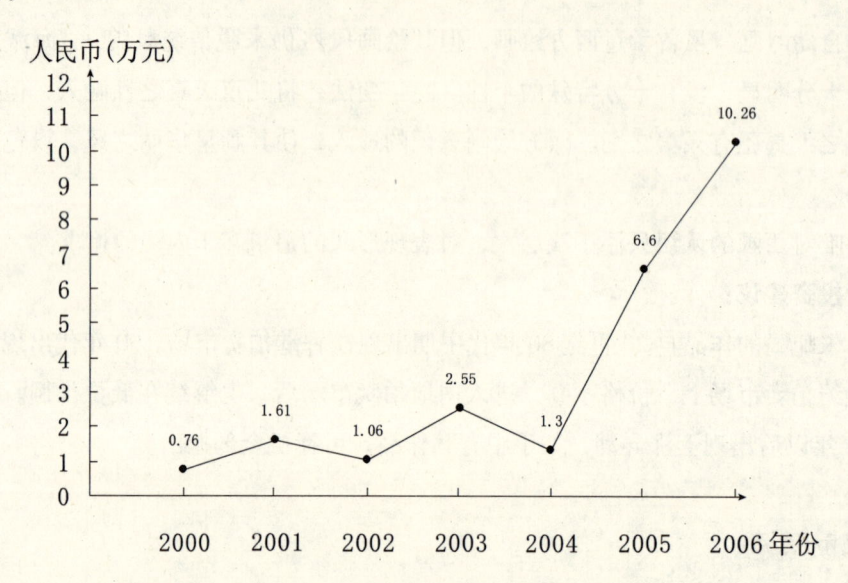

年份	2000	2001	2002	2003	2004	2005	2006
人民币(万元)	0.76	1.61	1.06	2.55	1.3	6.6	10.26

陈佩秋

陈佩秋（1923年~　），女，字健碧。河南南阳人。现为上海中国画院画师。擅花鸟、山水。

所画山水、花鸟，兼工带意，取法传统，其早期工笔绘画，水平尚可，为同代女画家中之杰出者。后多取写意之法，笔墨秀润，设色大胆，晚年则以势取胜。

虽自成一家风格，但乏发展之代表意义。

收藏投资建议：

早年陈佩秋的作品并不被市场所重视，作品价格处于低位。2000年以后突然出现躁动，并有惊人之举出现。如手中有其作品，可在现阶段全部释出，让那些出"天价"者和我们一起分享快乐。

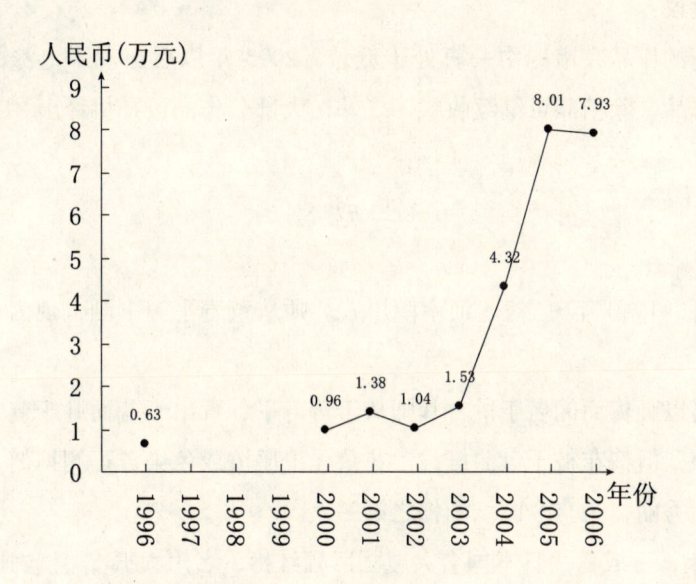

[图表：人民币(万元) 1996: 0.63, 2000: 0.96, 2001: 1.38, 2002: 1.04, 2003: 1.53, 2004: 4.32, 2005: 8.01, 2006: 7.93]

喻继高

喻继高（1932年~　），江苏人。现为中国美术家协会理事。

喻继高的工笔花鸟画是在70岁这一年龄层中最出色的。今天人们的功利心态，让许多画家远离了工笔画的领域，能独守传统工笔花鸟者，寥寥无几。

喻继高早期的工笔花鸟画中，突出对线的功力把握，设色更接近于南方画家特有的甜美之风，陈之佛的影响在画中时隐时现。时至今日，画风为之一变，一些外来的技法被融入画中，像利用纸绢特点的撞彩之法及物象的明暗关系表现，也更多地出现在画中。但构图笔墨方面，还是十分传统的。

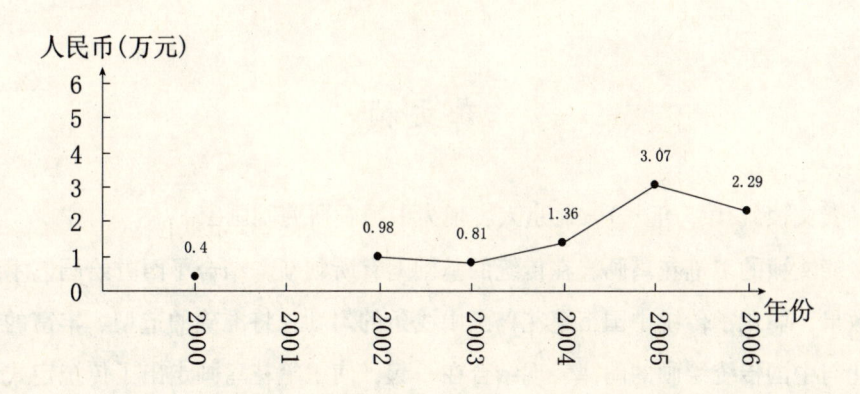

[图表：人民币(万元) 2000: 0.4, 2002: 0.98, 2003: 0.81, 2004: 1.36, 2005: 3.07, 2006: 2.29]

收藏投资建议：

喻继高的作品在市场中一直处于低位，2003年以后出现了上涨的异动。如手中有其作品，除精品可继续收藏一二外，大部分作品可择机释出。

王成喜

王成喜（1940年~　），河南南川人。师从董寿平习书画，现为中国美术家协会理事。

王成喜以画梅而闻名于世，其师从于董寿平，青出于蓝而胜于蓝，虽无董师笔墨之老辣，但梅花枝干盘曲挺拔，花朵无论墨渲或色染，正侧抑俯，均分明暗向背，丰满秀丽，为当今画坛画梅之第一人。

1985年，王成喜为日本国会大厦画巨幅红梅，名声大振，且愈画愈精。

收藏投资建议：

王成喜的绘画作品很多，这直接影响了他的作品市场价值。20世纪90年代初期，王成喜的作品在内地的市场价格起点不高，这种现象一直延续到了现在。如手中有其作品，可藏精品一二，大部分一般作品可择机释出。

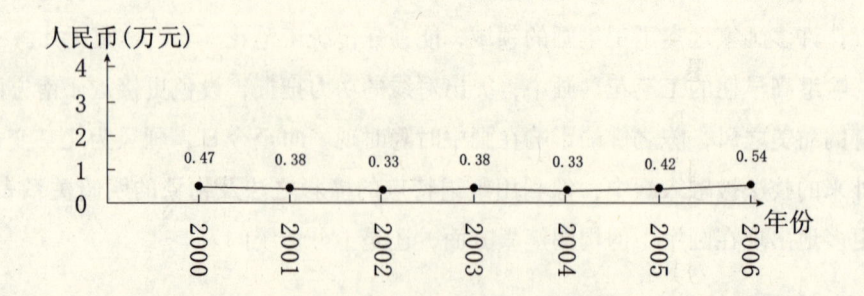

年份	2000	2001	2002	2003	2004	2005	2006
人民币（万元）	0.47	0.38	0.33	0.38	0.33	0.42	0.54

龚文祯

龚文祯（1945年~），北京人。现为中国画研究院画家。

龚文祯的工笔花鸟画，在传统的基础上有所创新，结合了西方绘画艺术的光色效果，弱化了传统中国工笔花鸟画中线条的勾勒，将准确的造型、丰富的色彩变化与中国传统绘画的韵律表现结合在一起，使工笔花鸟画走出了传统定式的束缚，别开生面。如画中物象更加生动，则愈佳。

收藏投资建议：

龚文祯作品价格进入市场后一直不高，与其作品的艺术价值有所背离。如手中有其作品，可择精品而藏，还可在目前价位上继续收藏其工笔花鸟精品，写意作品则可择机而释。

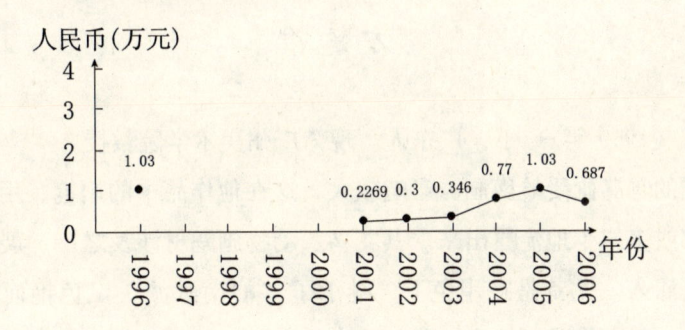

崔如琢

崔如琢（1944年~　），寓居美国。

崔如琢的花鸟画笔力雄健，墨色浑厚，构图奇险，小得李、潘二人之妙。用笔苍而不拙，用墨厚而不浊，巧用水渍滋生变化，得李苦禅之真传；而整体布局，笔墨之交错，则源自潘天寿，化李、潘于一家，实属不易。

观其赴美归国后之作品，虽无形式大变，但人生旅途之感受，尽浸图画中，又多了几分沧桑。

所画山水画与其花鸟画相比，虽有气势，但乏笔墨之功。

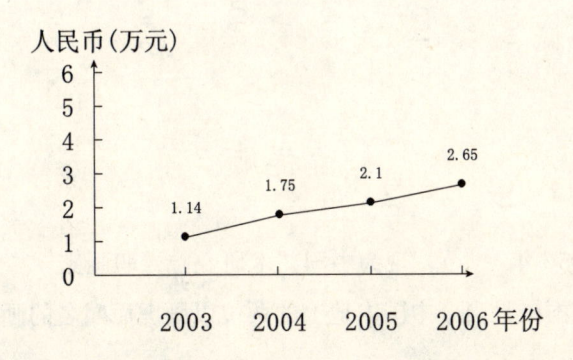

收藏投资建议：

崔如琢的作品进入市场时间较早，20多年前，每平尺价格仅为3元，后虽价格仍不高，但受市场喜爱。2003年以后崔如琢的近期作品又出现在内地拍卖市场中，并出现有多种异动。如手中有其作品，除少量花鸟画精品外，大部分可择机而出。

方楚雄

方楚雄（1950年~ ），广东人。现为广州美术学院教授。

方楚雄的花鸟画受岭南画派影响较大，这在他作品中的用笔、用墨、设色及题材方面都或多或少地流露出来。其花鸟、动物画题材涉及之广，展示了画家对生活的广泛深入。尤其是在用色上，继承了"岭南画派"赋色艳而不俗，繁而不乱的特点，每幅作品都给人以赋色丰富的享受，与饱满的构图一同成为方氏绘画的特点。

唯其画中笔墨不甚精到，缺少功力用笔。

收藏投资建议：

方楚雄的作品进入市场较早，数量很多，但价格不高。只是在近两年来才出现作品价格上升的异动，如手中有其作品，精品可存一二，其他作品可择机释出。

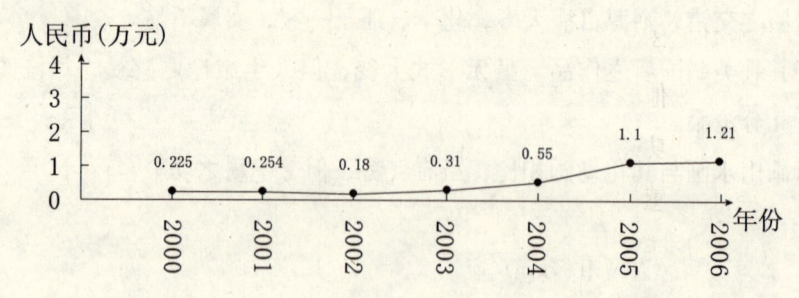

人民币(万元)

年份	2000	2001	2002	2003	2004	2005	2006
	0.225	0.254	0.18	0.31	0.55	1.1	1.21

孟祥顺

孟祥顺（1956年~ ），现为中国艺术研究院专职画家。

孟祥顺和宋雨桂是当今中国内地上的两位以画虎而闻名的画家。百兽之王在他们的笔下，生动传神。孟祥顺更是把虎头形象作为一种独特的表现形式，把纤细的写实技法与粗放的构图相结合，延展绘画艺术的魅力，用湿地撕毛之法绘制走兽，始于刘奎岭、刘继卣父子，鲜有后学，宋孟两人是这少数继承发扬者中之伯仲。

唯孟祥顺用笔墨极工细，但点景之水平略逊于宋雨桂。

收藏投资建议：

孟祥顺的作品进入市场时间不长，价格走势平稳。2004年以后随着市场行情火暴而出现小幅上升异动，如手中有其作品，除少数精品外，可考虑在现阶段全部释出。

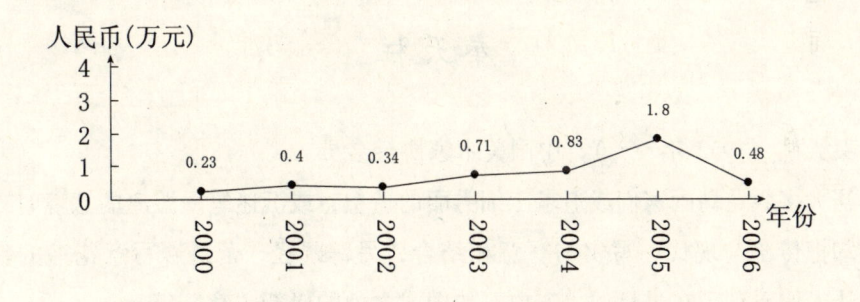

江宏伟

江宏伟（1957年~ ），江苏无锡人。现为南京艺术学院美术学院教授。

当一个画家用他的作品和诗文去影响和改变了观众的情感时，我们是否就可以说这个画家是成功的画家？这幅作品是成功的作品呢？江宏伟便是当今花鸟画坛中少数能用作品感动观众的画家之一。

当工笔画法施用于生宣纸上时，用笔的难度无疑增加了画家对心境的磨炼。而作品中流淌出的情感，既是画家对生活的期望，也是画家对观者思绪的启迪。

画家在用心营造着作品洋溢着的气氛，清新隽秀，静穆素雅，这是江宏伟画中的最可取之处，唯用笔仍需锤炼。

收藏投资建议：

江宏伟的作品进入市场时间较长，价位不高，走势平稳，但现在与其风格相近的画家很多。2003年以后随市场行情火暴而出现上升异动。如手中有其作品，精品可留一二，一般作品择机而释。

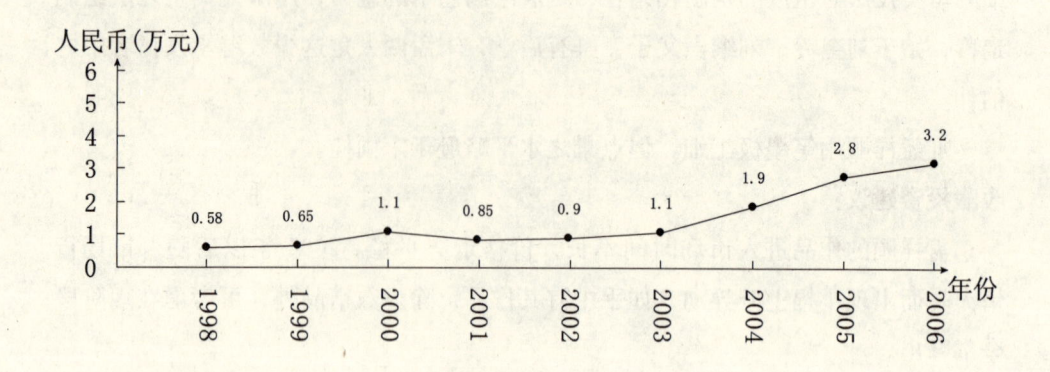

人民币(万元)

年份	1998	1999	2000	2001	2002	2003	2004	2005	2006
价格	0.58	0.65	1.1	0.85	0.9	1.1	1.9	2.8	3.2

秦天柱

秦天柱（1952年~ ），中国美术家协会会员。

当大多数花鸟画家们或追求工细秀丽的造型，或沉迷笔墨游离的意境时，秦天柱却把传统与现代、写实与写意相结合，另辟蹊径，营造着写意花鸟的新天地，让人们看到了在吴昌硕、齐白石的图式之外的崭新"意"境。

中国的大写意绘画，究竟是写谁之"意"，不同画家有不同的理解。大多数画家机械地仿摹着前人的图式，把古人或洋人的心境被当成自己的心境去张扬，这也是几百年来只有一个"八大"的症结所在。

秦天柱的写"意"，是所绘物象之情与自我之心互动而成的，奔放中寓精微，工细中寓雄大。

收藏投资建议：

秦氏作品进入市场时间不长，且价位不高。如手中有其作品，精品可留一二，一般作品可择机而释。

任 重

任重（1976年~ ），现为宁夏美协会员。

任重之画，多见为工笔山水、人物、花鸟。涉猎广泛，画法工细，在现代画坛中，能仔细认真地在工笔绘画上用功者，已属少见。

然工笔之妙不在构图之繁，用笔之细不在敷色之多，个中之奥，只有遍写宋元诸家后，自然水到渠成，笔下生花。民国画风曾步明清之后尘，但摹古无成，创新无路，实则今人学画之。

虽其笔力稍弱，画风过于追求华丽，但对于青年画家而言，已属不易。

收藏投资建议：

任重的作品进入市场时间不长，但价格上下变化剧烈。如手中有其作品可在此时全部抛出，让你与新的藏者一同快乐。

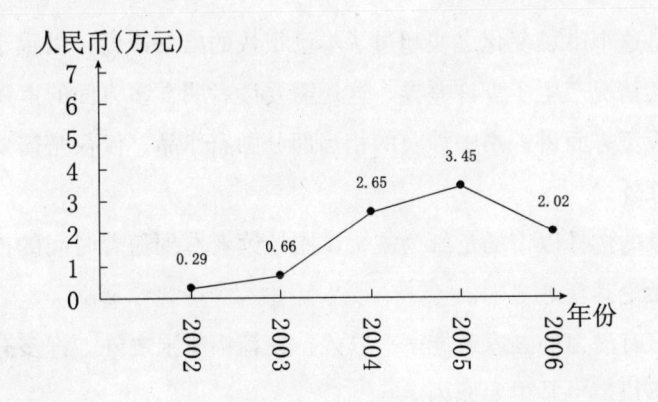

后　　记

　　遗憾的是这个市场变化之快超过了本已很快的出书速度，以致于书中有些数据与市场真实情况产生了少许差异，这还需要读者朋友多方面的审视考虑。

　　从收藏投资方面讲，书中涉及的相当部分画家作品，仅仅是需要我们关注而已，投机者除外。

　　书中画家的选择以市场走红为主，试图让读者看到随着时间的推移，他们的起落沉浮，无论其新老之别。

　　还有许多有潜力的画家未能一一收入，在篇幅所限之外，许多有潜力画家自身与市场的不稳定也是主要原因。

　　市场是残酷的，相信在20年以后，书中140多位画家的艺术地位，会有三分之一以上的将落入尘埃；百年以后，他们之中的许多人，也只能在画史上流下个名字。从投资角度上讲，许多画家就像格林童话《灰姑娘》中的宝马香车和美貌侍女，当历史的钟声响起时，它们就会变成原来的南瓜和老鼠。如果您能从书中看出他（她）们的未来，是我最大的快乐。